Sense of Learning Achievements of Postgraduate Students Series

研 究 生 学 习 获 得 感 丛 书

How to be an Outstanding Postgraduate Student:
Based on the Perspective of Deep Learning

如何成为优秀研究生：深度学习的视角

主编　李臣之

SPM 南方传媒
全 国 优 秀 出 版 社
全国百佳图书出版单位 广东教育出版社
·广　州·

图书在版编目（CIP）数据

如何成为优秀研究生：深度学习的视角 / 李臣之主编
.—广州：广东教育出版社，2022. 8
（研究生学习获得感丛书 / 李臣之主编）
ISBN 978-7-5548-4774-9

Ⅰ. ①如… Ⅱ. ①李… Ⅲ. ①研究生—学生生活
Ⅳ. ①G645.5

中国版本图书馆CIP数据核字（2021）第273583号

如何成为优秀研究生：深度学习的视角
RUHE CHENGWEI YOUXIU YANJIUSHENG：SHENDU XUEXI DE SHIJIAO

出 版 人：朱文清
出版策划：郝琳琳
责任编辑：王燕行
责任印制：佟长缨
装帧设计：邓君豪
出版发行：广东教育出版社
（广州市环市东路472号12-15楼 邮政编码：510075）
销售热线：020-87615809
网 址：http://www.gjs.cn
E-mail：gjs-quality@nfcb.com.cn
经 销：广东新华发行集团股份有限公司
印 刷：广州小明数码快印有限公司
（广州市天河区高普路83号B栋C5号）
规 格：787 mm × 1092 mm 1/16
印 张：20.75
字 数：415千
版 次：2022年8月第1版
2022年8月第1次印刷
定 价：78.00元

让每一位研究生享受获得感

王立生

2015 年 2月，习近平总书记在中央全面深化改革领导小组第十次会议上提出要“把改革方案的含金量充分展示出来，让人民群众有更多获得感”。自此以降，“获得感”这一概念迅速引起了广泛的社会共鸣，成为研究者关注和讨论的热点。“获得感”作为新兴热点也进入教育领域研究者、从业者的视野，并延伸出“学习获得感”等相关概念，成为研究焦点。

学校教育以学生发展为中心，其使命在于让学生全面而充分地发展。学校及教师不能单以学生学业成绩为导向，而应充分关注其学习获得感。学习获得感的缺乏必将影响学生的学习投入程度和学习体验，带来过度焦虑、学业倦怠甚至休学离校等一系列问题，个别学生甚而因为看不到学习与发展的希望而滋生极端行为。因此，探究学习获得感的内在机理，探寻学习获得感的提升规律，寻找学习获得感的生成路径，从而深化教学改革，推动深度学习，提升学习质量，既具有重要的理论价值，又有很强的现实指导意义。

研究生教育是我国国民教育体系的顶端，研究生是我国教育金字塔的高层次人才，研究生教育水平是国家科教融合创新水平的最高体现，肩负着服务国家总体战略，支撑各项事业发展之大任。教育部、国家发改委、财政部联合发布的《关于加快新时代研究生教育改革发展的意见》中的总体目标方面提出“到2025年要基本建成规模结构更加优化、体制机制更加完善、培养质量显著提升、服务需求贡献卓著、国际影响力不断扩大的高水平高质量研究生教育体系；到2035年，初步建成具有中国特色的研究生教育强国。”我国研究生教育总体目标的实现，需要落实到每一个研究生培养单位，需要最大限度地提升研究生的学习获得。因此，让每一位研究生有更多的学习获得感，应该成为研究生教育的基本追求。

我国研究生教育发展迅猛，目前在学研究生已达300万人。在规模迅速发展的同时，研究生就业、“延毕”等问题也越来越受到关注。关于研究生就业，有调查发现，2017年专业型硕士生“已确定就业单位”的比例为62.3%，学术型硕士生为59.3%，而博士生为48.9%。[①] 2017年全国博士生离校调查数据显示：博士生的平均延期率为39.68%，其中有48.15%的延期时间为1年，19.05%的延期时间为2年，延期半年和超过2年的比例分别为13.01%和12.50%。[②] 学者进一步对人文社科专业延期博士生影响因素进行探究，认为“课程体系缺乏与导师指导缺位是博士生延期的催化剂，低效的制度执行与低迷的学术氛围是博士生延期的潜在温床。”[③] 因此，在研究生规模快速发展的当下，尤其需要进一步重视内涵与质量建设。《关于加快新时代研究生教育改革发展的意见》适时提出“坚定走内涵式发展道路，以立德树人、服务需求、提高质量、追求卓越为主线”，是新时代我国研究生教育的指导思想，高质量发展已经成为新时代研究生教育发展的总体遵循。

研究生教育高质量发展的显著特征是学生的高质量发展。学生发展全面，学习获得充分，学习获得感不断增强，是高质量研究生教育的基本样态。因此，重视研究生学习获得感是对时代诉求的回应。研究生教育需要彰显学习立场，指向学生发展，强调学生学习主观感受。正如《关于加快新时代研究生教育改革发展的意见》要求的那样，培养单位“要完善质量控制和保证制度，抓住课程学习、实习实践、学位论文开题、中期考核、论文评阅和答辩、学位评定等关键环节，落实全过程管理责任，细化强化导师、学位论文答辩委员会和学位评定委员会权责，杜绝学位‘注水’”。唯有如此，研究生学习获得感的提升和研究生教育的高质量发展才能落到实处。

笔者很高兴看到李臣之教授及其团队在研究生教育研究方面所做出的努力。呈现在我眼前的这套“研究生学习获得感”丛书，集中体现了研究生学习获得感研究的重要取向。《研究生学习获得感探究》一书以定量研究为主，辅

---

① 于菲、邱文琪、岳昌君：《我国研究生就业状况实证研究》，《学位与研究生教育》2019年第6期。

② 高耀、陈洪捷、王东芳：《博士生的延期毕业率到底有多高——基于2017年全国离校调查数据的实证研究》，《研究生教育研究》2020年第1期。

③ 杨青：《博士生为什么延期了——人文社科博士生延期毕业原因及作用机制分析》，《中国高教研究》2021 年第7期。

以文献研究、案例研究、比较研究等方法，对研究生学习获得感的由来、立论基点进行了较为系统的分析，并自编量表检测研究生学习获得感现状，分析其核心影响因素，针对存在的关键问题提出提升研究生学习获得感的主要策略。《如何成为优秀研究生：深度学习的视角》一书主要采用定性研究，辅以比较研究、案例研究、文献研究等方法，揭示学习规划、深度阅读、课堂深度学习、深度反思、深度表达、闲暇生活与学术学习如何统一，揭示研究生学习获得感提升的重要价值，进而提出相应的改进与提升策略和路径。《研究生教育研究方法》一书则是从指导研究生“学会研究”的角度，有针对性地总结研究问题的提出、定量研究、定性研究、案例研究、行动研究、研究伦理与规范等。三本书从不同角度阐述研究生学习获得感的提升，相互联系又互为补充。

纵观国内外研究生教育研究，在政策制度、教育评价、课程教学等方面成果颇丰，但与学习获得感直接相关的研究成果并不多见。在国外，已有的研究主要分布在结果导向教育、学习满意度、主观幸福感、学习体验等领域，其中不乏有价值的值得借鉴的研究成果。在我国，获得感研究在政治学、社会学等领域已有相当丰富的成果，但在教育学领域对获得感的探究明显不足，而研究生学习获得感研究则更是一个新的领域，值得大家进一步深度探索。

我相信，学习获得感研究将成为教育研究的一个重要方向，也将为研究学生学习、教育质量提供新的视角。就目前情况看，我国研究生学习获得感研究尚处于起步阶段，虽取得了初步的成果，但仍存在诸多不足，亟待广大研究生教育研究工作者深入探究，逐步完善。

希望李臣之教授及其团队在研究生学习获得感研究这条道路上越走越远，越走越好。

（本文作者为国务院教育督导委员会国家督学、中国教育发展战略学会副会长、教育部学位与研究生教育发展中心原主任）

前　言

高质量发展是当代社会发展的价值追求，教育高质量发展是世界各国社会和谐、稳定、可持续发展的基石。研究生教育是教育体系的金字塔尖，其质量水平直接决定着高端人才的培养成效，也影响着各国参与人类命运共同体建设的层次和水平。因此，我们要把提高质量作为研究生教育的主线。

世界发达国家越来越重视研究生教育的高质量发展，如英国针对学术型研究生的科研经历在全国高等教育机构中发起系统性调查，紧扣研究生科研经历中的关键维度，关注科研体验中的过程变量，在全国范围内获取研究生科研体验的数据，并通过严格的程序与技术提供准确的研究生科研体验信息，为高等教育机构研究生教育质量的改进提供重要决策参考。[①] 我国于2014年出台了《关于加强学位与研究生教育质量保障和监督体系建设的意见》，强调“提高质量是研究生教育改革和发展最核心最紧迫的任务”。[②] 我国目前在校研究生已经达到300万，较建国之初规模增长迅速。我国总体的博士研究生历年实际毕业人数与当年预毕业人数之比约为0.4∶1[③]，按时毕业率一般为40%左右[④]。在研究生规模发展转向内涵发展的过程中，质量是研究生教育的生命线。研究生教育过程需要树立全面质量观，以学生为中心，以质量为立场，关注研究生学习体验与感受，认真倾听学生的声音，将研究生视为研究生教育的直接参与者，切实保证研究生教育的高质

---

① 郭月兰、汪霞：《“英国研究生科研体验调查”述评》，《高教探索》2018年第5期。

② 国务院学位委员会：《教育部关于加强学位与研究生教育质量保证和监督体系建设的意见》，2014年2月12日，http://www.moe.gov.cn/srcsite/A22/s7065/201402/t20140212_165554.html，访问日期：2021年10月20日。

③ 李海生：《美国博士生学业完成的困境及原因分析》，《全球教育展望》2014年第11期。

④ 刘文、廖炳华、廖文武：《我国博士生延期毕业实证研究》，《现代教育科学》2016年第8期。

量发展。

让每一个研究生都优秀，每一所研究生培养机构都优质，每一位研究生导师都卓越，是研究生教育高质量发展的理想，而机构优质、导师卓越，说到底都是为了让研究生优秀。为此，“研究生如何才能优秀”就成为研究生教育高质量发展的重要问题，无论是研究生培养机构还是研究生导师，都有必要探究这个问题。本书基于课题组研究生学习获得感前期研究，参考和借鉴研究生教育研究相关成果，结合29位优秀研究生受访者提供的第一手资料，针对研究生学习过程中普遍存在或遇到的焦点问题，如学术阅读、课程学习、学术交往、闲暇生活、婚恋等，尝试探究“研究生如何才能优秀”这一耐人寻味又有意义的大问题，借此为探寻研究生培养方略提供一定研究基础，也期待为高质量研究生教育发展做出力所能及的努力。

在整理分析优秀研究生访谈资料的过程中，我们发现，规划、阅读、反思、表达、兴趣、动力、专业社群营造、闲暇生活、婚恋等等是他们使用到的关键词汇。而深度学习似乎也是研究生追求的学习方式，尽管他们在访谈过程中并没有过多地直接使用“深度学习”这个概念，但会提到深度参与、深度投入、持续坚持等等。通过学习深度投入、学习过程的深度参与，以及有较高水平的学习获得感，我们感受到这些优秀研究生的学习达到了一定的“深度”，认识到研究生的“优秀”与“深度学习”有一定的关联度。于是，就有了本书的写作框架。

仅仅通过分析优秀研究生的访谈资料来回答“如何成为优秀研究生”或者基于深度学习分析“研究生如何才能优秀”，仍然很困难。所以在研究过程中，我们也广泛参阅深度学习、学习科学、研究生学习、研究生教育等相关文献资料，同时借助同研究生交往过程中长时间的观察、互动所获得的感受与体验，综合运用案例研究、比较研究、调查研究等多种研究方法，尝试找出“如何成为优秀研究生”这一问题的答案，期望能够对研究生的学习与发展有所帮助。

由于时间仓促，本书难免存在错误。不妥之处，敬请各位方家批评指正！

目 录

第一章
研究生学习规划与深度学习

“凡事预则立，不预则废。”学习也是这样。不少研究生在谈及学习时往往会强调规划之必要，认为规划在引领其学习或促进深度学习方面发挥着重要作用。研究生的学习深度与学习规划二者之间似乎也有着某些关联，值得深入剖析。

第一节　研究生学习规划的功能与问题

任何事情，事前充分准备就可能成功，没有准备就可能失败。大到社会、国家发展，小到一个单位、个体的发展，实际上都需要认真谋划，做好规划，否则就难以取得预期的发展成效。规划，一般指个人或组织制定的比较全面长远的发展计划，是对未来整体性、长期性、基本性问题的思考，设计未来整套行动的方案。规划与计划基本相似，规划具有长远性、全局性、战略性、方向性、概括性和鼓动性。对于研究生学习而言，3～5年的学习计划尽管难以同“长期性”挂钩，但考虑到研究生学习计划对其学习及发展的战略意义，姑且也称为规划。在研究生教育管理、教学与指导过程中，培养机构和导师不难发现，部分研究生重视规划，让自己变得优秀，也有一些研究生根本不重视规划，甚至有的干脆就没有规划，学习成效低下。个中缘由值得剖析。

一、预则立：规划的功能

规划的本质是一种谋划，是对组织发展目标和未来实践活动的战略谋划。战略规划的核心是确立价值追求，制定战略目标。[①] 著名的教育规划组织国际教育规划研究所认为：“规划不是一项纯粹的技术，而是一门适应环境、注重实效的艺术。而且不同的国家，具体情况迥异。”[②] 对于研究生个体发展而言，规划既是技术也

① 高书国、杨海燕：《中国教育规划的价值追求与模式转型》，《中国教育科学》2019年第2卷第4期。

② 联合国教科文组织国际教育规划研究所：《教育规划基础》，上海教育出版社，2009。

是艺术，需要科学的指导。

（一）未来是设计出来的

历史、现实、未来是事业发展时间轴上的三个节点。回望历史，以史为镜，可以知兴替。面对现实，针对问题，有助于寻求发展之道。面向未来，精心谋划，有助于明晰发展方向和行动路径。从一定意义上讲，任何组织或个体的未来发展都是“设计”出来的。

1．谋、断、行是事业发展的支点

善于谋划、明断决策、有序行动，是事业成功的基础。无论是个人的发展，还是国家、社会的发展，都需要精心谋划，做好顶层设计。从某种意义上说，任何个体和组织的规划能力，是其基础实力与发展潜能的象征。一个组织没有规划，它的发展就失去了方向；一个个体规划能力较弱或没有规划意识，其发展就会变得盲目和曲折。1928年至1932年，苏联实施第一个五年计划，这是人类历史上第一次按照预先编制的详细计划进行建设的开端，同时也是人类大规模社会主义现代化建设事业的开端。[①] 1955年7月，第一届全国人民代表大会第二次会议通过《中华人民共和国发展国民经济的第一个五年计划》，其中提出教育事业五年建设的计划和工作重点，此后党中央一直及时颁布教育发展规划，引领我国教育事业健康发展。习近平总书记指出：“规划科学是最大的效益，规划失误是最大的浪费，规划折腾是最大的忌讳。”因此，对任何发展而言，不仅要有规划，更要谨慎规划、合理规划、落实好规划。

我国改革开放成就巨大，举世瞩目，中国成为全球最具有活力的新兴经济体，其中最为重要的因素应该是科学而具前瞻性的设计——“摸着石头过河”与顶层设计的巧妙结合。[②] 一座城市的发展同样离不开科学规划，深圳作为经济特区的代表、改革开放的典范，建设成就显著，但如果没有一代伟人在中国南海边画出的一个“圈”，可能就没有今天深圳快速、高质量的发展。从某种意义上说，深圳这座城市就是“设计”出来的。

---

① 肖立辉：《五年规划的价值意蕴》，《吉林党校报》2021年1月1日。

② 姚树洁：《“摸着石头过河”与顶层设计有效结合——中国40多年改革开放伟大奇迹的关键》，《人民论坛》2019年第19期。

2. 人的学习与发展同样需要规划

对于个人发展而言，规划伴随一生。如果个体有持续规划的能力，其一生就会不断挑战自我，超越自我，获得较好的发展。如果随波逐流，听天由命，则可能留下遗憾。《大学》有云："知止而后有定，定而后能静，静而后能安，安而后能虑，虑而后能得。"这告诉人们，只有知道应该达到的境界，才能够使自己志向坚定，进而能够镇静不躁，心平气和，思虑周详，最终才能够有所收获。所以，人生若要不留遗憾，当立远志，坚如磐石，不断积极进取，对人生目标、事业归宿要有明确认知和合理设计。

人生志向与人的理想、远大目标密切关联，影响人生发展。周恩来自小就确立了伟大志向——为中华之崛起而读书！李大钊、陈独秀等革命先锋志士，终其一生，为探寻中国的出路在何方而不懈努力，编辑发行《新青年》，助推新文化运动，终成一番伟业，留名青史。如王夫之所说"人之所以异于禽兽，唯志而已矣"，志向远大也是成功学习的关键。如张载所说"人若志趣不远，心不在焉，虽学无成"，志趣是成功学习的心理条件。个体的学习规划源于学习的志趣境界，反过来促使学习者稳定志趣，遇到困难也不会轻言放弃，反而将困难视为挑战，催生更强烈的学习情感和坚强的意志。"任何有意义的工作，包括学习活动在内，都离不开意志的参与。只有具备坚韧不拔、百折不挠的意志品质，才能勤学苦练，以苦为乐。"[①] 规划搭建了志趣、情感、意志转化递进的桥梁。

就局部与整体、个体与组织的关系来看，集体或组织的整体规划能提升个体的系统思考力，帮助个体看到自己所做的具体工作在整个组织中的全局性意义，以及对自身长远发展的价值，进而提升每个人的归属感和责任感，提升人的学习动力，发挥人的主观能动性。而个体的学习与发展规划，则进一步有利于处理个体与集体或组织发展之间的相互促进关系，有利于把个体的发展融入集体的整体发展之中，通过整体发展带动或激励个体的发展，并通过个体的发展推动集体或组织的发展。个体规划和组织规划统一起来，相互依存，互相促进，有利于实现个体主动学习和创造性学习，进而促进人的主动发展。

① 袁振国主编《当代教育学》（第4版），教育科学出版社，2018，第97页。

3．研究生学习与发展需要规划

研究生需要加强规划教育。研究生对照毕业要求、培养目标，以及自身职业生涯规划及理想，借助导师指导、同伴分享、亲友互动，认真谋划研究生生涯的每一个阶段，最大化利用有限的时间，对于提升研究生学习获得感有着十分重要的意义。研究表明，“各种社会关系中，对于职业决策影响的重要性由高到低依次是导师、父母、恋人、朋友和同学。导师在学术上的地位、对本专业的了解、在本行业的人脉等因素都是导师影响力的重要来源。”① 因此，研究生导师需要高度重视研究生发展规划，学校也要鼓励导师指导研究生进行学习与发展规划。

从某种意义上讲，研究生学习质量是“规划”出来的。没有规划的学习容易迷失方向，没有学习目标的学生很可能会得过且过或虚度时光，中途退学，或在毕业时得不到学位。台湾历史学家王汎森先生受邀在花莲教育大学教育研究所做了名为“如果让我重做一次研究生”的演讲，深入浅出地分析了如何做研究生。时光不可能倒流，不留遗憾的唯一途径就是精心规划，让每天的时光充满意义。

有研究指出，“课程设置、教育与社会需要吻合度、参加挑战性创造工作、课堂主动性、科研活动和职业规划等因素对研究生发展质量的影响较为显著”。② 实际上，不仅职业规划与研究生发展质量有明显关联，研究生学习规划，包括学习与身体管理、学术交往、科研、婚恋等的规划或计划都会影响研究生发展质量。

为考察优秀研究生的学习体验，探究研究生应该如何处理学习与交往、科研、阅读、表达、婚恋等等之间的关系，课题组对不同学科专业的26位优秀学术型研究生进行了访谈研究（受访研究生基本信息见本书附录1），考察研究生的学习与规划之间的关系，进一步探究研究生如何才能优秀。

结果发现，所有受访研究生都有属于自己的长期、中期或短期学习规划，大多数研究生都做了短期规划，也有部分研究生长、中、短期规划兼涉，无论这些规划表现形式怎样，都在不同程度上对研究生的学习产生了影响，见表1-1-1。其中约65%的研究生认为规划对自己的学习与发展产生了大的影响，只有一位同学觉得学习规

① 张丽莉、赵启芝：《医学研究生生涯规划现状调查研究》，《西北医学教育》2008年第6期。

② 冯斌、刘培森、郑小林等：《研究生发展质量影响因素调查与分析》，《中国高教研究》2013年第2期。

划的影响小，而这位同学获得了国家奖学金，而且觉得“国家奖学金还是比较容易拿到的”（C-M-20201211-X）。大多数研究生认同学习规划对自身发展的重要作用。

表1-1-1　26位优秀学术型研究生的学习规划类型及其认为规划对学习与发展的影响（*代表学习规划类型，△代表有影响）

序号	规划类型			影响			序号	规划类型			影响		
	长	中	短	大	中	小		长	中	短	大	中	小
1			*	△			14		*			△	
2			*		△		15	*			△		
3			*		△		16			*	△		
4			*		△		17	*			△		
5		*				△	18		*	*	△		
6		*		*			19			*	△		
7			*	*			20		*			△	
8	*				△		21			*	△		
9		*	*	*			22			*	△		
10	*			*			23			*	△		
11		*	*	*			24	*			△		
12		*			△		25			*	△		
13	*				△		26			*	△		

也有一些受访研究生认为自己不怎么刻意去规划，但经过细心分析后发现，这些受访研究生其实很注重短期“规划”。也许这算不上规划，只能称为细致的计划或周全的安排，但无论怎样，有成效的学习背后定有规划。这种规划时间有长有短，内容有多有少，对学习的影响有大有小。一些受访研究生明确表示，“学习规划对我的影响比较大”（L-M-20201211-X），认为“学习规划非常重要”（G-F-20201222-X）。目标感比较强的研究生一般会把规划作为学习行动的一种依据，“一旦认定了这个目标，我就会把它拆解成一个一个的小部分去完成”（G-F-20201222-X），进而把规划所包含的目标任务逐一落实。许多受访研究生在访谈中都肯定了规划对学习促进、方向引导、目标达成的积极作用。

“学习规划对我的影响非常大。我研一研二时认真做学习规划，每天都过得非常充实，目标达成度也很高，但是现在没有做学习规划，一个任务在脑子里想了很久，还是没有落实，就一直拖着没有完成了。”（J-F-20201228-X）

“你必须要想好自己未来的规划。很多研究生都是一直在玩，到找工作时才唉声叹气，然后随便找个工作，这是不正确的。你读研究生，就要想清楚：三年之后到底要做什么？是不是适合自己？要怎样调整心态？当发现不合适的时候，你就要静下心来想一想怎样调整。”（L-M-20201208-O）

研究生的学习规划对其学习的影响是通过“学习效率”来调节的，或者说，学习规划、学习效率、学习影响之间存在一定的关系。“如果没有做学习规划，学习效率会很低”（M-M-20201209-O）。因为学习效率与专注力有密切关联，“高度集中注意，专心致志。它是节省学习时间和提高效率的关键所在。”[①]“收心”是“专心”的心理前提。

“学习规划对我的影响还是比较大的。一般来说，完成规划之后，我会更专心于一件事情，做的时候还会去想是否有什么东西没有做，这样效率会更高一些。”（L-M-20201211-X）

总体上看，受访研究生肯定了学习规划对学习的影响及作用力，只是“力”的方向、作用点、大小可能有些差异。从力的“方向”来看，大多认为影响是积极的，规划会让研究生的学习生活变得充实，没有规划的则会为缺乏规划而“唉声叹气”，但也有受访研究生认为规划落实不到位，会打击自信心；从力的“作用点”来看，规划主要通过“收心”促进“专心”、产生“效率”，进而对学习获得产生影响；再从力的“大小”来看，“很大”“挺大”“有一些”各有侧重。为什么规划能对研究生学习产生明显的作用力呢？可以从“目标”“内容”上来理解：

“学习规划让我能够对目标完成有更清晰的认知。刚刚开始研究生生活时，导师和专业课老师都不建议我们过早去实习，导师多次对我强调，如果不打算继续深造，其实也就只有这三年的学习时间，而后面有几十年的时间工作，所以要充分利用好读书的时间。因此，我逐渐建立自己读研的目标，读研并不只是为了提高学历，而是要真的学到东西，要达到作为一名研究生应有的水平。”（C-F-20201221-C）

“我在研究能力、思维、做事做人上会有规划。在思维能力训练上，我紧跟老

① 雷先泽、黄剑：《培养专注习惯 提高学习效率》，《四川教育学院学报》2002年第18卷第6期。

师，在课程作业上有自己的思考，并积极与老师们交流；在研究能力上，我从模仿到有自己的行文思路，再到独立完成写作和发表；在做人做事上，我始终秉持负责、靠谱的风格。课程学习不是研究生的全部，因此我加入了研究生会，发掘了自己新的能力，并且对事物有了更多认识。”（C-F-20201221-C）

由此可以看出，研究生学习目标认知、目标确立、目标达成，都是伴随着规划形成而出现的，没有规划就没有目标。所以，规划之于研究生学习与发展至关重要，用他们的话说就是“想做成任何事情都需要规划，不同点在于规划的形式以及是否能够按照规划去执行”（C-F-20201221-C）。

（二）规划之于研究生学习的功能

为加深研究生学习与规划关系的理解，有必要进一步分析规划之于研究生学习的功能。优秀研究生成长的经历大多表明，善于制定并有效实施规划对研究生学习与发展有着重要作用，集中体现在导航、督促、诊断检核及学习效率提升四个方面。

1. 规划之于研究生学习的导航功能

导航，本为运用于汽车航向指引的技术，此处借以表达规划对研究生学习方向的引领。实际上，研究生学习是一个又一个的探究之旅，旅途充满发展的无限可能性、丰富性和不确定性，影响学习的方向、方法与过程。科学合理的规划有助于预测和把握这些可能性和复杂性。“一个合理且能够去实现的规划能够让人不迷茫，清晰地度过研究生的每一个阶段。”（G-F-20201222-X）学习规划的目标导航功能十分明显。

“学习规划能够（引导我）更好地实现目标，甚至超额完成目标。本科期间，我很好奇有些人是怎么做到兼顾学习和活动的，没想到自己在研究生期间也做到了，虽然做得还不够好，但确实在学习成果、个人能力、思想上得到了很大的进步。”（C-F-20201221-C）

规划是一个过程，当一个阶段性规划结束之后，紧接着需要制定下一个规划。因此保持当前规划与下一个规划之间衔接的连续性，更能发挥规划引导学习者发展的作用。对于一个阶段性规划而言，规划目标所对应的各个任务也有一定的顺序，可以引导学习者按部就班，按照任务的先后顺序依次完成。

“要全力以赴地在短期里完成短期目标，一定要全力以赴，不要浪费自己的时间。另外一点是完成短期目标后要有长远的规划。”（L-M-20201208-O）

“学习规划包括我要做什么和花费多长时间去做，再给要做的事情排顺序，某件事情的时效性比较强，我就要先把这件事情做完；时效性不强的事情，我就会放到后面，尽量保质保量地完成。”（L-M-20201211-X）

规划的核心与关键是发展目标。“不迷茫”“优先级”“目标导向”“按照标准往上靠”与规划目标有密切联系。没有目标，研究生就容易失去发展方向，也可能缺乏阶段性和递进性，就不可能一步步朝着自己的愿景发展。

2. 规划之于研究生学习的督促功能

依据规划的发展目标推进学习任务，可以保证研究生在学习期间各项工作不会偏离既定发展目标，同时依据研究生学习与发展的具体情况，反思、评估、修订发展目标、任务及其进程。学习规划实际上也就是研究生学习期间的“线路图”或“学历案”，尽管研究生在学习过程中难免会遇到一些难以预期的问题与出乎意料的困难，但作为研究生学习过程的规划，相应的目标、任务、保障措施仍然必要。通过对规划实施过程中的各种情形进行预估，可以立足不同阶段的实际，及时调整目标与任务。

“精细的规划更能对我起到督促作用”（L-F-20210130-X），可以督促学生“快点做事情”（L-F-20210130-X）。规划对学习有明显的督促作用。反过来，如果没有规划，就没有具体的目标，学习也就失去了紧迫感，“会觉得还有很多时间可以慢慢完成，但是当你把要做的事情细化到具体的时间点，具体每一天做什么事，甚至是上午做什么事、下午做什么事，那你心中就会很清楚了，就不会拖延到明天再做”（J-F-20201228-X）。如此，应该完成的任务也就不会被拖延。所以，“学习规划对我的影响非常大，我每天都过得非常充实，目标达成度也很高。（如果没有规划，我会）在脑子里想很久，但没有落实，一直拖延下去”（J-F-20201228-X）。或者在不知不觉中“温水煮青蛙”，在不知不觉中成为“延毕生”。正如某研究生反思道：“我连续‘摸’了十天‘鱼’（偷了十天懒），‘摸鱼’的时间总是过得很快也很快乐，但是当我去看计划本的时候，我就知道这十天我什么都没有干，就会有种紧张感。”（L-F-20210130-X）

规划之所以会对研究生学习起到督促作用，关键在于规划会让研究生知道自己该干什么，清楚自己前行的目标。规划好似一盏明灯，照亮前进的道路。“我在时间规划上会更加明确，对研一、研二、研三各个阶段的规划，我也会提前思考和制定，这样会让我更加清楚自己的目标。”（L-F-20210130-X）

“我做毕业论文的数据分析时有多个模型。我安排一天分析一个模型，在规划里面，把今天要分析什么模型、以什么为中介变量写下来。当天晚上做完之后，我会把这个模型的结果记录下来，再根据这个模型的情况写明天的规划，这样就会比较清楚。”（J-F-20201228-X）

因此，好的发展规划可以引领研究生参照一定“方向”“内容”“标准”“顺序”按部就班、有条不紊地推进学习计划，做到心中有数，不拖沓，不“摸鱼”。规划也像是一个无声的师傅，站在旁边，时刻提醒着是时候该做什么，应该做到什么标准才符合预期，如此督促研究生一步一步达成阶段性目标，人不仅心里踏实，还能有阶段性获得感。伴随无数次阶段性喜悦，最终实现研究生总体目标。

3. 规划之于研究生学习的诊断检核功能

规划就像一面镜子，研究生在学习过程中，可以不时地拿出来照一照，看看任务是否完成。规划中的各个阶段目标犹如学习过程中的阶段性检核工具，对于诊断问题、评估达标、检核成效具有积极的作用，用受访研究生的话说，“Deadline（最后期限）确实是更好的生产力”（C-F-20201221-C）。“（规划中的）目标很重要，有了目标之后，你就可以制定周计划、月计划，并考察计划完成程度。比如说要看多少文章，或者要搞懂哪些知识点……要把目标分成几个子目标并按月细化”（B-M-20201210-O），如此，可以避免学习拖沓，处理好学习与学术、闲暇生活的关系。受访研究生大多表达了类似的看法：

“我不是一个学习效率特别高的人。身边厉害的人太多了，与他们相比，我不觉得自己是一个在学习方面特别有效能感的人。即使只按自己的节奏来看，我也会感觉自己效率不是很高。我很清楚我自己有点懒，有时候没有那么踏实和认真，也知道自己能做得更好。如果不做学习计划（规划）的话，我就不会看得这么透彻，可能就是含含糊糊地完成任务，拿一个硕士文凭，仅此而已。但是因为我有比较详细的目标，知道我的水平和我的目标之间存在一定的差距，也因此对

自己不太满意。这个计划的存在能让我更加客观地看待和评估我自己。”（L-F-20210130-X）

不难看出，一方面，人的学习潜能是客观存在的，但如果不认真做出谋划，可能就没有机会重新认识自我，找到自己的优势与劣势，也就不会有恰当的发展定位，进而学习活动的展开就不见得顺利，成效也会相应地打折扣。另一方面，因为有了规划目标的驱动，学习活动会变得更加“自觉”和“自动”，每一次学习任务的完成，每一个阶段性目标的达成，都会增加自我效能感，进而增强学习自信心，自信心是进一步学习的坚强后盾。“从三年的整体上来看，通过制定学业计划，我变得更有自信了。当制定一个计划并完成它的时候，我得到的获得感和自信心比得高分或者什么荣誉的时候来得更高。因为得到荣誉是大家都能看到的，但是计划是写给自己的。如果能够完成计划，我会觉得很有自信。而且，当我觉得有些事情不尽如人意的时候，我会寻找自己的思考方式或者学习方法上的问题，而不是懊恼自己没有努力或者浪费了时间。”（L-M-20210116-C）

需要补充的是，研究生学习规划的制定，要根据其所在学校内外部环境条件、自身学习基础以及资源等要素做出系统分析。通过了解所在学校学术发展状况、清楚学校在一定区域环境中所处的层次和水平，可以确立研究生个体在环境中的“自我定位”；通过对所在学校的学科发展、师资队伍、管理制度、学术资源、学术文化等各方面已取得的成绩，以及个体存在的问题与困难等方面的自我剖析，寻找到恰当的发展目标和合适的发展措施。在研究生学习过程中，阶段性地对照学习规划的目标、任务等，可以检核目标达成具体情况，借助自我剖析和自我诊断，发现难以实现的规划内容，更为重要的是为研究生学习促进提供了一个良好的参照系。

4．规划之于研究生学习的效率提升功能

世界是过程的集合体。研究生在学习过程中，同一学习时段往往会遇到多个任务，一旦处理不好就会出现任务混乱，滋生焦虑情绪，进而影响学习效率。科学而合理的规划有助于区分事情的轻重缓急，分辨什么是最重要的，从而帮助学习者对学习任务进行合理排序，保证较为理想的学习效率。正如某受访研究生所说：

“我是先完成最紧急的任务，根据deadline（最后期限）执行规划。如果我先做不是很紧急但很重要的任务的话，内心还是会想着紧急的那件事情，所以我是把必

须先完成的一些任务完成了，或者以更快的效率去完成紧急的任务，再多抽出一点时间完成后面的，相当于把前面的任务时间压紧一点，后面就可以拉长线去做重要的事情，可以做得好一点。”（C–F–20201230–C）

“我会根据deadline（最后期限），把那些优先级比较高一点的任务挑选出来，放在前面先去做。虽然我每天都有目标，知道每天要做什么，但是其实不一定做得完。有可能今天列了好多个目标，最后发现只做了几个。但是没有关系，因为我是按优先级做的，至少我把重要的事情先做了，所以也还好。”（L–M–20201221–C）

一般而言，按照任务重要、紧急级别划分对提高效率有积极作用。研究生也觉得任务级别区分很有必要，有助于推进任务的完成：

“我每次要去做一件事情的时候，只要定了计划，我就会把它做完。但有时候，如果我觉得这件事情不是很重要并且时间比较宽裕，那这件事情我可能很久都不会去做。我是需要排优先级，把任务都放进计划里，然后才会按时去完成，一件事情如果没有排进计划，基本就会拖很久。”（C–F–20201230–C）

研究生会基于短期计划，进一步细化任务分派，便于检核、评估与反思，从而产生学习成就感，而这种成就感又会进一步激励研究生不断前行：

“我做学习规划，我有个本子，上面有月计划，我会在前面的总览部分把月计划的重点写出来，包括本月必须完成的任务和尝试完成的任务，就类似试卷上的必答题和选答题；然后把月计划分段，比如哪一周应该完成什么；再把周任务写到每一天里面。我每一天都会有计划，但有一段时间，比如复习雅思考试之类的，可能每一天的计划都差不多，但我还是习惯把它记下来，每次完成一个任务后在后面画钩，我就觉得特别有成就感。这种成就感特别能激励自己，我已经写完两本了，看着就特别骄傲。我觉得做学习规划是一个很好的习惯，对我的学习影响很大。我有时候也会在后面写当天完成计划的情况反思，但不是每天都写。”（J–F–20201228–X）

可见，正因为有学习规划的存在，研究生的学习方法和学习方式往往也会做出一些创新性的设计。优先级、反思、时间管理等都恰当地嵌入到学习过程中，不但能让研究生获得相应的满足感和学习成功感，甚至给研究生带来更高的学习期望。

实际上，影响效率的因素是多方面的。效率高的人往往会在一定时间内快速处理多个事务。研究生交往半径较中小学生更大，交往面更宽，学校与社会之间的距离缩小了，专业与专业之间的交往增加了，所以研究生在日常生活中可能会遇到临时事务，在此种情况下，若没有发展规划，就很可能深陷繁杂事务难以自拔。反之，如果有预先规划，就会根据发展目标，有意识地回避一些不重要的事务，或对照规划，确立顺序，从而提升学习效率。

二、研究生学习规划有待进一步重视

就日常观察与指导研究生过程中的体验而言，与优秀研究生形成鲜明对比的是，一般研究生很少规划学习与发展，学习盲目，没有明确目标，得过且过。浅表学习，缺乏深度，效能低下，学习动机水平不高，动力不强……这些都在一定程度上与研究生缺乏学习规划或学习规划欠科学有关。值得注意的是，一些优秀研究生也不太注意长期规划，规划内容局限于学习，对规划执行本身的规划还没有引起重视。因此，研究生需要进一步重视学习规划。

（一）着眼当下具体任务，长期规划意识不强

研究生是否有规划，规划到何种程度，规划目标多长远……这些问题实际上很复杂，可能与自信心有关，也可能与成就动机、导师指导风格有关。有调查指出，50.02%的受调查学生没有规划研究生阶段的学习科研，而是“走一步算一步”或者“听导师、父母安排”；① 一项对民族院校硕士生的调查显示，导生交流存在职业规划关注度不够的问题，23.2%的研究生对学业成就规划持“走一步算一步”的态度；② 大部分研究生在读研期间仅仅是为了达到毕业要求，完成毕业论文即可，职业目标不清晰，缺少规划。③ 不难发现，尽管一些优秀研究生意识到了规划对自身学习与发展的重要价值，但仍有不少研究生缺乏规划意识，不愿规划，也不会规划。

在优秀硕士研究生群体中，有意进一步深造、攻读博士学位的，往往注重长期

① 马强、蔡茂华、刘运春：《当前硕士研究生学习情况调查及分析——广东省13所高校硕士研究生学习情况调查报告》，《高教探索》2013年第2期。

② 敖俊梅：《民族院校硕士研究生学习生活现状调查与问题分析——以S民族大学为个案》，《民族教育研究》2014年第5期。

③ 施维：《硕士研究生生涯规划教育现状分析与应对策略》，《亚太教育》2015年第10期。

规划，会自觉考虑到硕士阶段结束后的打算，对硕士研究生阶段的学习过程也有着不一样的设计；而没有深造打算的研究生更多注重短期的规划，如一周甚至一日的活动设计：

“我不做长远的规划，一般我的规划就只有一周，确定一下我这一周要做什么事情，然后完成到什么样的程度。”（C–F–20201230–C）

“我是以周为单位制定规划的，制定时把目标量化。比如说，这一个月我要完成多少阅读量，我会平均分摊到每一周，每一周选定关键词，检索一些文献和书籍进行阅读，平均到每一天……一定要让这个数据可视化。”（G–F–20201222–X）

这些研究生之所以不愿意做长期规划，大多是因为他们认为长期规划“太宽泛”“不知从何入手”“难以把握”，转而注重“当下”，关注目标达成：

“我自己把控不住长期规划，而且当下比较重要，我一般是看这周有什么重要的事情，比如说哪些文献必须看完、看多少篇，我这周就会大概定一个目标，然后去完成。”（C–F–20201230–C）

“制定规划的时候，我遇到的首要问题是规划太宽泛、不细致、难以达到……就很容易陷入没有学习动力的境地。在规划中加入具体的行为，就有达成目标的紧迫感、收获感，更利于后续的实施。”（G–F–20201222–X）

有些研究生也可能认为自己没有必要做长期规划，因为不同导师的指导风格不同，不同研究生的思维的独立性也不一样，有的研究生关注微观；有的擅长宏观设计，大方向跟着导师走，具体任务具体计划；有的喜欢长远谋划；有的则不想太远，过好当下就行；有的则喜欢特别细致的安排：

“到研究生阶段，我更多的是跟着老师走，老师会给科研任务，给一个大方向，然后我自己决定细化的安排。老师给了一个任务，但没有说deadline（最后期限），我至少会给老师结果和反馈，比如第一天做了什么，第二天做了什么……将任务细化到天，比如说这个任务之前做了一个图像的检测，第一天熟悉框架，第二天做算法模型，然后第三天跑数据集。”（B–M–20201210–O）

无论是大方向跟着导师、小环节任务自己计划，还是自己确定主题任务、自己做具体计划，都能够保证学习效率，取得不错的成效：

“我是一个不太喜欢做表格型规划的人。我觉得把规划写出来然后画钩的方式是比较死板的，这种方式会让我很焦虑，因为我总是关注我还没有做完什么，而不是关注我已经做了什么。我每天早晨起床之后就会在脑子里面想一遍，确定大概什么时间需要做哪些事情，而不是精确到十分钟之内做什么。”（Z-F-20201213-C）

虽说在缺乏个人长期规划的情况下，部分研究生跟从导师做课题也能取得不错的学习成效，但研究生的系统性规划能力却难以得到锻炼，其高阶思维能力也很难有提升。

如果研究生能够在目前注重日计划、周计划、月计划的基础上进一步做出更长远、更宏观的规划，即做出整个研究生阶段的系统性规划，那么学习成效可能会更加显著。

此外，不愿意做长期规划还可能与学科属性及导师指导方式有关。理工学科研究依赖实验室，依托课题，没有课题和实验室就无法展开学术研究。而课题研究过程本身有较强的计划性，从课题申报、课题开题、实验数据的搜集、整理、报告撰写、论文投稿、论文修改直到发表都有一定的先后顺序。研究生即使没有规划，也可以大致随着课题研究的逻辑展开自己的学习过程。

理工类学科研究生导师的指导方式也基本上是围绕实验室、论文撰写、论文发表的过程与研究生进行学术交流，而文科及艺术、体育类研究生导师则会带领学生做社会调查、深度访谈、现场考察等。文科类导师的研究不一定依托实验室，不一定立足于课题；导师指导学生学习也不一定完全跟从课题的逻辑，学生可以把自己感兴趣的研究问题作为探究的对象，因此，文科类研究生学术研究主题选择的开放性、自由度要更大一些，其学术生活就需要更多地依靠自己的设计与规划，否则就容易过上放养型生活。

（二）规划内容局限于学习，缺乏深度学习途径规划的系统关照

尽管经过了本科四年的学习，研究生的学习方式似乎仍然没有发生根本性转变，少数研究生的学习规划思维甚至仍然停留在高中阶段，规划内容很细致，但很单一，除了学习还是学习，学习场所主要也还是图书馆和教室，社会性比较弱，研究生早已形成习惯，似乎也很乐在其中。这些延续下来的学习习惯对研究生学习方式产生的影响很大，或者说，是研究生学习方式的稳定性促使其养成了学习习惯。

“研究生3年，我没有休息过一天，一天都没有。这是我个人的习惯。我每天早晨8点下楼，8点半到达图书馆，上午保证3个小时的有效学习时间，就是到11点半；下午2点半到5点半也学习3个小时，（一共）就是6个小时。如果在这6个小时里面，我能保证4个小时高效学习的话，那其实我得到的东西已经很多了。晚上我就看闲书或者做其他压力比较小的事情。形成这样的习惯之后，如果我哪一天不看书，我就会觉得虚度了时间，所以我其实是没有周末的。我放松的方式就是看其他书，我是一个非常爱看书的人，对于看剧或者逛街那些，我不是很感兴趣。”（Z-F-20201213-C）

看得出，到图书馆学习和阅读已经成为这位研究生三年基本的生活方式，他甚至“一天不看书就觉得是虚度光阴”，非常勤奋刻苦。但值得进一步思考的是，研究生的读书与实践、交往等不可分割，否则阅读会因为缺少丰富的研究生生活而显得枯燥，会因为脱离于高阶思维、问题解决、实践体验而欠缺深度，会因为脱离于广泛的社会实践、科研体验而失去深度探究的旨趣和研究的意蕴。下面的受访案例则进一步说明了一周整体时间设计较之于系统关照的距离：

“一个星期七天，我基本上会有五六天在图书馆度过。我基本上早上8点半到9点之间会到图书馆，学习一个上午，中午11点半到下午1点是我吃饭的时间。1点到2点半左右是我午休的时间，我会在图书馆外面散步。前两年学习压力比较大的时候，我可能会一直学习到晚上9点才回宿舍。”（Z-F-20201222-X）

这两位受访研究生学习规划很满，图书馆是其学习的主要场所。他们除了看书还是看书，午休也只是在图书馆外散步。尽管这样的学习规划很紧凑，能让研究生学习取得明显成效，但总体上与高中生活样态类似，没有体现出研究生学习的特殊性。因此，需要进一步探究的是，研究生通过类似案例中的周安排、年规划能够帮助其完成哪些任务？完成质量如何？学习深度怎样？进而有必要思考：研究生阶段结束时，研究生应该成为什么样的人？研究生阶段的努力能够为其一生的发展奠定哪些基础？

研究生学习绝非孤立存在，学术研究、社会服务、交往体验、实践创新等本身就是学习，这些学习还进一步同身体发展、闲暇生活紧密联系在一起，更离不开人生理想的指引。只有当学习规划与这些要素整合起来，统筹协调，才可能促进研究生深度学习的发生。

（三）缺乏对规划执行的规划

受访的26位优秀学术型研究生基本都重视规划，其中12人重视长期规划。但是，无论是何种类型的规划，他们都较少谈到对规划执行的设想。

实际上，规划的有效实施需要一定的保障措施，需要研究生处理好与同伴、导师的关系，安排好学习与社会活动、实习实践、科研体验等。较之本科生而言，有的研究生还需要考虑家庭、工作等更多因素，尤其是教育专业在职硕士、博士研究生，还需要处理好工作、课程学习、课题研究、家庭生活之间的关系。一些教育专业博士研究生撰写毕业论文很艰难，甚至最后拿不到学位证书，这种情况就与他们的工作、学习、家庭矛盾协调不到位有关系。

为此，研究生学习规划需要本着实事求是的基本原则，科学评估自身发展基础、发展条件和发展环境，立足发展优势，寻找发展机会，思考发展劣势，应对发展挑战，合理设计保障发展目标实现的系统性措施，包括资源开发与利用、身体健康保障、时间设计等等。否则，再理想的学习规划，都可能因为缺乏恰当的保障而被搁置。

第二节　基于深度学习制定学习规划

研究生学习规划在本质上是研究生对自身发展的定位与设计，其根本目的在于推进研究生的深度学习，帮助研究生实现其人生阶段性理想。因此，研究生制定学习规划也应该基于深度学习的追求，有计划、有步骤、有效地推进学习进程，让自己在学习期间能够享受学习获得感。

一、研究生要基于深度学习制定学习规划的原因

这是由研究生的性质所决定的。研究生学习不同于本科生学习，应追求学习的深度。规划制定需要基于深度学习的视角。

（一）何为研究生？

顾名思义，研究生就是做研究的学生，在研究中学习，在学习中发展。“研”表示细磨，“究”表示“深究”，研究生的学习就是针对研究问题，细致推敲，深度归因，寻找解决问题的答案。大胆假设、小心求证贯穿研究生学习过程始终。研究生就是在真实的研究过程中获得研究能力、收获研究情感、锻造学术素养的。离开研究过程，学术素养就无法养成。研究生不仅要注重阅读，更要强调跨界阅读、批判性阅读，“尽信书则不如无书”；研究生不仅要重视知识学习，更要批判性地看待知识，还要运用知识“做出东西来”；研究生不仅要重视课程学习，更要强调通过对话、讨论、质疑、自主学习等方式学习这些课程。

“大学生基本上是来接受学问、接受知识的，然而不管是对于硕士研究生还是博士研究生而言，都应该准备要开始制造新的知识，我们在美国得到博士学位时都

会领到看不懂的毕业证书，在一个偶然的机会下，我问一位懂拉丁文的人上面的内容是什么，他告诉我：‘里头写的是恭喜你对人类的知识有所创新，因此授予你这个学位。’中国原本并没有博硕士的学历，在西方他们原本的用意是恭贺你已经对人类普遍的知识有所创新，这个创新或大或小，都是对普遍的知识有所贡献。这个创新不会因为你做本土与否而有所不同，所以首先我们必须要很用心、很深刻地思考，研究生和大学生是不同的。”①

（二）研究生学习需要追求“深度”

1. 研究生学习要超越浅表学习

浅表学习是对零散的、无关联的内容不加批判地机械记忆，学习内容脱离生活实际，与学生以往的经验缺乏关联，学生无法学以致用。深度学习则是对学习内容积极主动的理解、联系和结构的建立、基本原理的追求、相关证据的权衡、批判反思和应用。②为进一步探究深度学习的本质内涵，在文献整理的基础上，③④深度学习与浅表学习的学习状态、学习过程、学习结果等层面的差异对比分析如表1-2-1所示。

表1-2-1　深度学习与浅表学习的差异对比分析

对比项目		深度学习	浅表学习
学习状态	投入程度	高投入程度、沉浸、主动	低投入程度、被动
	学习动机	内部动机，学习源于提升自身能力需求	外部动机，学习源于外部压力
学习过程	学习目标	学习者高阶思维能力得到发展，解决复杂问题	学习者获得低阶思维能力，掌握基本知识和基础技能
	记忆方式	在理解的基础上记忆	机械记忆
	知识加工	知识内化，并与已有的认知结构建立联系，高度整合知识结构	简单符号加工，不与已有的认知结构建立联系

① 王汎森：《如果让我重做一次研究生》，http://jds.cssn.cn/xscg/xslw/201605/t20160506_5249526.shtml，访问日期：2021年8月7日。

② 刘月霞、郭华主编《深度学习：走向核心素养》（理论普及读本），教育科学出版社，2018，第16页。

③ 张浩、吴秀娟：《深度学习的内涵及认知理论基础探析》，《中国电化教育》2012年第10期。

④ 杜娟、李兆君、郭丽文：《促进深度学习的信息化教学设计的策略研究》，《电化教育研究》2013年第10期。

（续表）

对比项目		深度学习	浅表学习
学习过程	关注焦点	关注解决复杂问题所需的核心知识和元认知的发展	关注解决浅表问题的基础知识和技能运用
	反思意识	自我反思，不断改进	缺乏自我反思
	思维层次	高阶思维（迁移、解决非良构问题能力、发散思维、批判性思维）	低阶思维（了解、记忆、背诵）
学习结果	知识体系	新旧知识联系的、高度整合的、多学科融合的结构化知识体系	孤立的、零散的、不相关的、非结构化知识体系
	学习效率	初始效率低，后逐渐提高	初始效率高，后逐渐减缓
	能力获得	迁移能力、评价分析能力、解决复杂问题能力、元认知能力、创造能力、终身学习能力	解决机械单一问题能力、背诵能力

不难发现，深度学习与浅表学习最核心的差异在于追求高阶思维发展，这不仅体现在学习结果层面，在学习过程中也离不开高阶思维能力的运用。所谓高阶思维，是一种以高层次认知水平为主的综合性能力，它超越了既定信息的能力、问题求解的能力、元认知的能力和评价能力，是批判性的态度，是作为自主学习者的能力，也是对事物或现象做出合理判断的能力。①

浅表学习不仅在基础教育阶段随处可见，不少本科生也常陷入浅表学习的思维误区，比如有受访研究生表示："本科生跟高中生差不多，老师讲课就听，把作业完成好，考试前刷一下题就过了。"（L-M-20201214-C）更有甚者认为："本科的时候是填鸭式教育。"（G-F-20201222-X）浅表学习的学习方式是难以调动学生的主动性的，会使学习变成仅仅是"颈部"以上的活动。让本应具有创新活力的青年学子对简单符号进行机械加工与记忆，不仅学生的高阶思维能力无法得到提升，学生的学习兴趣和动力也会逐渐丧失。如果研究生依旧延续如此机械、表层的学习理念，且不说"延毕"的概率会增大，单是在以"研究"为根本追求的研究生求学过程中，学生就会深感"痛不欲生"。

"研究生看问题，不仅仅要分析表象，更多地要透过现象看本质。在研究生期

① 钟志贤：《教学设计的宗旨：促进学习者高阶能力发展》，《电化教育研究》2004年第11期。

间，不是说分数要有多高，而是要看对问题有没有新的看法、能不能从不同的角度看问题。”（L-M-20210116-C）

研究生应该具备批判性思维、综合分析能力、透过现象看本质的高阶思维能力。因此，研究生的学习是强调学习者主动、高投入、沉浸式地参与学习，强调在批判理解核心知识的基础上，对知识进行联系、整合的深度加工，进而建立结构化的知识体系，其过程尤其重视元认知能力和高阶思维能力的发展。

2. 研究生学习要追求学习的深度

与本科生学习相比，研究生学习有着自身的独特性。受访研究生普遍认为研究生学习与本科生学习有很大差异，既有外界环境、学习条件的差异，也有学习目标、学习内容、学习方式的差异，最为重要的差异集中体现在学习与研究的深度（难度）、自主的强度（主动投入度）、目标的清晰度（自我监控度），以及学以致用、为人处世等方面。表1-2-2是26位受访优秀研究生眼中研究生学习与本科生学习的差异，从中大致能够看出研究生学习的深度追求。

表1-2-2　研究生学习与本科生学习的差异

项目	本科	研究生
学习内容	所学内容可能是一个圆圈的1/4（Z-F-20201222-X）	所学内容可能就是一个点，学习偏重理论知识（Z-F-20201222-X）
学习样态	知识的学习（M-M-20201209-O）	知识的研究（M-M-20201209-O）
学习广度与深度	追求范围的广度（L-M-20201221-C）；学习范围更广泛（L-F-20210130-X）	追求学习深度，找准一个方向，持续钻研下去（L-M-20201221-C）；更加专、精、深（L-F-20210130-X）
学习水平	课程更多是通识性质的，学很多类型的知识（Z-F-20201222-X）	更专业（Z-F-20201222-X）
学习层次	较为基础和宽泛（S-F-20201220-O）	在某个领域比较专深和精研（S-F-20201220-O）
学习方式	有很充实的课程安排（C-M-20201209-O）；上课比较多（L-M-20201213-O）；到写毕业论文的时候，才知道有知网这个东西的存在（J-F-201228-X）	自主实践非常多，需要更强的自主性（C-M-20201209-O）；更需要自己独立思考、学习（L-M-20201227-O）；

（续表）

项目	本科	研究生
学习目标	掌握的知识更广泛，没有那么深入（L-M-20201213-O）	更注重培养自学能力（L-M-20201208-O）；独立思考非常有必要（G-F-20201222-X）
学习体验	到了大学一下子就放松下来，没有很紧张的感觉，感觉我们的学习能力也下降了（W-F-20201213-C）	必须要自主学习、认真学习，然后就是必须要做出点东西。刚开始的时候，我觉得这种转变确实让我感到吃力，很难很难（W-F-20201213-C）
学习管理	很多人会觉得“60分万岁”（L-M-20201227-O）	最重要的还是自控、自律（S-F-20201222-D）

（三）研究生深度学习需要注重学习规划

研究生学习规划的根本目的在于推进研究生的深度学习，研究生深度学习有赖于科学合理的学习规划。因此，研究生制定学习规划也应该基于深度学习的视角。研究生深度学习需要强化自我管理，注重学习规划。无论是从受访优秀研究生所谈学习规划来看，还是从导师与研究生交流互动过程来看，都可以看到研究生在学习过程中没有规划、不愿规划、随意规划、率性落实规划等现象仍然不同程度地存在着，极大程度影响到研究生的深度学习和高质量发展。研究生学习较之中小学和本科阶段学习，具有更为突出的独立性、自主性、探究性和创新性，这就需要研究生加强学习的自我管理、注重元认知、追求高阶思维，善于反思、自我监控、自我调节，要有意识地提高安排自己学习的能力，即制定计划、实现梦想的能力。自我管理是高阶思维的其中一项能力，而自我管理中必然有自我规划。所以，研究生规划本身就是强化自我管理的一种工具，而自我管理的目的就是追求深度学习，让研究生通过深度学习有效完成规划，实现自己的梦想。

二、研究生深度学习的特征及其对研究生规划的要求

了解深度学习的内涵，明确研究生深度学习的特征，是基于深度学习视角做好研究生学习规划的必要前提。而理解研究生深度学习特征不仅是研究生做好学习规划的基本要求，更是制定研究生深度学习规划的基础。

（一）深度学习的内涵

对事物的理解总是离不开其产生和发展的过程，对深度学习内涵的理解也是如此。

1. “深度学习”的提出

计算机研究领域最早提出“深度学习（Deep Learning）”。早在20世纪50年代布鲁姆在“认知领域目标”对认识目标的划分就已蕴含了深度学习的理念，布鲁姆将学习目标分为了解、理解、应用、分析、综合、评价六个维度。[①]“了解、理解”对应的是浅表学习方式，“应用、分析、综合、评价”则是进一步的深度学习方式。教育学专家Marton和Säljö于1976年在《学习的本质区别：结果和过程》中提出深度学习的理念，[②]但并未使用“深度学习（Deep Learning）”，而是使用了“深度处理（Deep Level Processing）”。尽管“深度处理”表述的内容接近现在普遍认同的“深度学习”，但它更侧重学习过程，无法囊括学习结果，研究范围大大受限。20世纪90年代初，Bentz移植了计算机领域的专业术语“深度学习”到教育学领域，[③]为后续深度学习研究的蓬勃发展奠定了强有力的基础。随着教育学界概念的统一，后续国外学者Entwistle以及Biggs等人发展和完善了深度学习和浅表学习的相关理论。[④]2004年美国教育传播与技术协会（AECT）强调，学习的价值在于对知识的深度加工，教育技术学者要关注什么样的技术和资源对深度学习的发展更有促进和支持作用。[⑤]

我国教育学界直到21世纪才逐渐重视深度学习。2005年黎加厚发文探讨深度学习的内涵，认为深度学习是指在理解的基础上，学习者能够批判地学习新思想和事实，并将它们融入原来的认知结构中，能够在众多思想间进行联系，并将已有的知

---

① 安德森等编著《布鲁姆教育目标分类学》（修订版），蒋小平等译，外语教学与研究出版社，2009，第75—80页。

② F. Marton, R. Säljö, On Qualitative Differences in Learning: I — Outcome and Process, (British Journal of Educational Psychology 46, 1976).

③ V. M. Bentz, Deep Learning Groups: Combining Emotional and Intellectual Learning, (Clinical Sociology Review 10: 1, 1992).

④ T. W. Smith, S. A. Colby, Teaching for Deep Learning, (The Clearing House: A Journal of Educational Strategies, Issues and Ideas 80: 5, 2007).

⑤ Eric Jensen、LeAnn Nickelsen：《深度学习的7种有力策略》，温暖译，华东师范大学出版社，2010，第12页。

识迁移到新的情境中，做出决策和解决问题的学习，[①] 这被认为是我国研究深度学习的开端。之后，我国深度学习研究步入“新兴期”，安富海、张浩等学者从认知理论出发，丰富了深度学习的理论基础，[②③] 刘红晶利用SPOC助学组促进学生深度学习，[④] 付亦宁借助深度学习进行教学范式改革，[⑤] 教育部成立了“深度学习”教学改进项目，[⑥] 深度学习研究逐步走向深化。

2. 深度学习的内涵

关于深度学习的内涵，代表性看法如表1-2-3所示。

表1-2-3 深度学习内涵汇总

学者	深度学习内涵	时间
Biggs，Kember等	深度学习是一种高水平或者主动地对知识进行认知加工的学习方式，对应的浅层学习则是对知识进行低水平认知加工，例如，重复记忆或者机械背诵。[⑦]	2001
何玲，黎加厚	深度学习是指在理解的基础上，学习者能够批判地学习新思想和事实，并将它们融入原有的认知结构中，能够在众多思想间进行联系，并能够将已有的知识迁移到新的情境中，做出决策和解决问题的学习。[⑧]	2005
Jensen，Nickelsen	深度学习实质上是结构性与非结构性知识意义的建构过程，也是复杂的信息加工过程，须对已激活的先前知识和所获的新知识进行有效和精细的深度加工。[⑨]	2010

① 何玲、黎加厚：《促进学生深度学习》，《现代教学》2005年第5期。

② 安富海：《促进深度学习的课堂教学策略研究》，《课程·教材·教法》2014年第11期。

③ 张浩、吴秀娟：《深度学习的内涵及认知理论基础探析》，《中国电化教育》2012年第10期。

④ 刘红晶、谭良：《SPOC助学群组促进深度学习的策略和方法研究》，《电化教育研究》2017年第2期。

⑤ 付亦宁：《深度学习的教学范式》，《全球教育展望》2017第7期。

⑥ 刘月霞、郭华主编《深度学习：走向核心素养》（理论普及读本），教育科学出版社，2018，第1页。

⑦ J. Biggs, D. Kember, D. Y. P. Leung, The Revised Two-Factor Study Process Questionnaire: R-SPQ-2F, (British Journal of Educational Psychology 71, 2001).

⑧ 何玲、黎加厚：《促进学生深度学习》，《现代教学》2005年第5期。

⑨ Eric Jensen、LeAnn Nickelsen：《深度学习的7种有力策略》，温暖译，华东师范大学出版社，2010。

（续表）

学者	深度学习内涵	时间
安富海	深度学习是一种基于理解的学习，是指学习者以高阶思维的发展和实际问题的解决为目标，以整合的知识为内容，积极主动地、批判性地学习新的知识和思想，并将它们融入原有的认知结构中，且能将已有的知识迁移到新的情境中的一种学习。①	2014
付亦宁	深度学习是以内在学习需求为动力，以理解性学习为基础；运用高阶思维批判性地学习新的思想和事实；能够在知识之间进行整体性联通，将它们融入原有的认知体系进行建构；能够在不同的情境中创造性地解决问题；能够运用元认知策略对学习进行调控，并达到专家学习程度的学习。②	2014
Huberman，Bitter等	美国研究院最新的研究成果是，深度学习是学生对核心课程知识的深度理解以及在真实的问题和情境中应用这种理解的能力。此处的能力有三种：一是认知能力，即深度理解内容知识、批判性思维与复杂问题的解决能力；二是人际能力，即协作与交流；三是内省能力，即学会学习以及学术信念。③	2014
彭红超，祝智庭	深度学习是一种基于理解、追求迁移应用的有意义学习，它通过促使学生深度参与学习、适性地采用高级学习策略来促进高阶知能的发展，以实现这些知能在全新情境中的应用或新高阶知能的生成。④	2020
郭华	深度学习是蕴含多方面的学习，是学生感知觉、思维、情感、意志、价值观全面参与、全身心投入的活动，是指向具体的、社会的人的全面发展的，是形成学生核心素养的基本途径。⑤	2016

显然，已有相关研究大多强调深度理解、迁移应用，此外也有注重深度投入、高阶思维、整体关联、反思批判等。这些特征也可能在一定程度上体现在高效学习、有效学习中，为此，有必要区分有效学习、高效学习与深度学习。

杨勇认为，“有效学习是指学生积极参与并高效率地获得新知、提高能力和培

① 安富海：《促进深度学习的课堂教学策略研究》，《课程·教材·教法》2014年第11期。

② 付亦宁：《本科生深层学习过程及其教学策略研究》，博士学位论文，苏州大学高等教育学系，2014，第20—21页。

③ M. Huberman，C.Bitter，J. Anthony，et al.，The Shape of Deeper Learning：Strategies，Structures，and Cultures in Deeper Learning Network High Schools，Washington，D.C.：American Institutes for Research，2014.

④ 彭红超、祝智庭：《深度学习研究：发展脉络与瓶颈》，《现代远程教育研究》2020年第1期。

⑤ 郭华：《深度学习及其意义》，《课程·教材·教法》2016年第11期。

养情感，在多方面取得进步的学习活动。所谓有效学习，应该是学生积极主动地去学习、探求和感知，学生越主动效果越好，这个过程越短、花费的时间越少就越有效。”[①] 可见，有效学习的学习理念以结果为导向，以花费时间长短和获得新知的多少为衡量指标，学习质量却难以保证。美国学者琳达·达林–哈蒙德认为：“高效学习是当今在新技术支持背景下所提出的一种新的教育思想，强调高效学习就是要教会以下内容：批判性思考、获取信息，解决问题，反思和改进自己的工作，并且创造新的想法、产品和解决方案。”[②] 从个体层面看，具备这些能力确实能在未来高速发展的社会较好地适应以及促进自我实现，但却忽略了一个关键问题——人是群居性动物，特别是在愈发追求高精深专业化的时代，交流协作是不可或缺的能力。

有效学习、高效学习和深度学习在学习目标、学习投入、教师参与、学习效率、学习方法等层面上的差异如表1–2–4所示。

表1–2–4　有效学习、高效学习、深度学习的差异

层面	有效学习	高效学习	深度学习
学习目标	获得新知、提高能力、培养习惯	发展高阶思维、解决复杂问题	发展高阶思维、解决复杂问题
学习投入	积极主动	积极主动	积极主动、高投入
教师参与	教师引导	教师引导	教师引导
学习效率	效率高，时间短	用时长	初期效率低，后期效率高
学习方法	掌握良好方法	高级策略	高级策略
反思意识	——	自我反思，不断改进	自我反思，不断改进
思维要求	低阶思维	高阶思维	高阶思维
能力获得	学会学习能力	批判思维能力、解决问题能力、创造能力	批判思维能力、迁移能力、解决复杂问题能力、交流能力、有效合作能力、学会学习能力、创造能力

不难发现，有效学习的学习目标要求低，强调学习时间尽可能短，学习方法要求低，思维层次侧重低阶思维，即获得知识。有效学习是比浅表学习略高一层次的学习方式。深度学习与高效学习是包含与被包含的关系，高效学习和深度学习都是以发展高阶思维为核心的学习理念。与高效学习相比，深度学习的学习投入状态更

① 杨勇：《有效教学与有效学习的方法和路径》，《课程·教材·教法》2014年第3期。

② 琳达·达林–哈蒙德：《高效学习：我们所知道的理解性教学》，冯锐等译，华东师范大学出版社，2010。

高、能力获得的要求也更多，即深度学习是高效学习的进一步发展。

立足上述分析，深度学习可以从广义上理解为“强调不断发展高阶思维能力，并能解决复杂情境中的问题的学习”。从狭义层面上讲，深度学习在教师的引导下，强调学习者主动、高投入地参与学习，要求在批判理解核心知识的基础上，对知识进行建构、整合的意义加工，进而建立结构化的知识体系，强调高阶思维能力和元认知能力的发展，并能灵活迁移知识，运用高阶思维解决真实情境中的问题。

（二）研究生深度学习的特征

迄今为止，有关研究生深度学习的研究仍然没有引起研究者足够的重视。通过中国知网以“篇名”搜索“深度学习”“研究生深度学习”，截至2021年8月2日，深度学习相关文献达55 634篇，仅有6篇论文论及研究生深度学习，其中2篇为硕士学位论文。赵春鱼等对研究生深度学习类型、科研体验现状及其关系进行了研究，[①] 陈明选、张康莉对促进研究生深度学习的翻转课堂进行了研究，[②] 王辉等通过问卷调查包容型导师风格对研究生创新行为的影响进行了研究，[③] 田莉、戴弘梧研究课程评价如何促进学术型硕士研究生深度学习。[④] 显然，较之深度学习研究，研究生深度学习研究非常薄弱，研究文献量极少，涉及研究生深度学习的内容范围也比较窄。但已有研究从科研体验、课堂设计、导师风格、学习氛围等角度探究了研究生的深度学习，对后续研究仍然有重要启发。尤其是站在学生的立场上，倾听学生的声音，从体验角度探讨研究生的深度学习，值得重视。研究生深度学习应该既具有深度学习的一般性，又有区别于其他阶段的特殊性。研究生的深度学习是在导师的引导下，研究生积极主动、全身心参与研究、专业社群活动，在交往学习过程中，建构结构化的知识体系，培养元认知能力，最终获得高阶思维的持续发展。因此研究生的深度学习应具备六大特征：批判理解、深入参与、结构整合、联动迁

---

① 赵春鱼、杨璐、邵悦：《研究生深度学习类型、科研体验现状及其关系研究》，《文教资料》2020年第19期。

② 陈明选、张康莉：《促进研究生深度学习的翻转课堂设计与实施》，《现代远程教育研究》2016年第5期。

③ 王辉、王录叶、陈旭：《包容型导师风格对研究生创新行为的影响研究——创新自我效能感的中介作用与深度学习的调节作用》，《当代教育论坛》2021年第2期。

④ 田莉、戴弘梧：《促进学术型硕士研究生深度学习的课程评价——以教育学专业课程实施为例》，《上海教育评估研究》2019年第6期。

移、反思优化、高阶思维。

1. 批判理解：不做“人类复读机”

深度学习的发生是建立在对核心知识的有意义理解和内化的基础之上的。何谓“有意义理解”？著名认知心理学家奥苏伯尔对此作出解释：“有意义的学习是语言文字符号所代表的新知识与学习者认知结构中已有的适当概念建立起非人为性和实质性联系的过程。”[①] 基于理解的学习不是“小和尚念经——有口无心”，不是摇头晃脑的念念有词，不是执着于“倒背如流”，而是尽量做到“意会”。“意会”意味着能有效解码字面符号传递出的内在信息，也就是说，即使换一种说法，其含义仍能表达得八九不离十。

研究生的学习离不开大量的文本阅读，但缺乏理解的阅读就好比读者与作者之间中断了通讯连接。“以前老师会推荐很多书，但这些书很难看懂，不知道（书里讲的）是什么”（C-F-20201230-C）。阅读是站在巨人的肩膀上获取更多的“间接经验”，是获取信息的重要途径之一，是知识输出的重要前提。理解是知识内化的基础，研究生深度学习的发生始于理解，没有理解的学习等同于“人类复读机”，只会人云亦云谈何“优秀”？

区别于基础教育以及本科阶段的学习，研究生的学习是不存在“标准答案”以及“绝对权威”的。正如某受访研究生表示，“研究生要在组会上汇报，现场应答是没有标准答案的”（F-F-20201214-D），不迷信、不盲从是一个合格的研究生理应具备的基本素养。要想研究生的学习有深度，便要有意识地促使研究生运用已有经验和逻辑推理能力有选择性地取其精华、去其糟粕，在研究过程中有意识地训练和提升批判性思维。优秀的研究生在阅读过程中遇到自己观点与文本观点不一致时“会求证……有疑问的话，就要去找证据解决问题。除了问导师，还能再自己另外找书去对比观点的不同。”（J-F-20201228-X）批判的过程就是独立思考的过程，批判加深了对知识的理解，也表明学习者的状态是积极主动且投入的。批判理解既是研究生深度学习发生的第一步，也是研究生变得优秀的重要法宝。

2. 深入参与：主动卷入与交往

有研究生表示，课堂学习并不是最重要的，如“研究生时上课反而不是最重要

① 刘儒德、陈琦主编《当代教育心理学》（第3版），北京师范大学出版社，2019，第116页。

的”（J-F-20201228-X）。文献学习和课堂学习固然重要，但仅有间接经验获得的学习是很难达到一定深度的。研究生的学习组织形式不再以传统的班级授课制为主导，而是采用了导生制。“研究生阶段会有导师，有些导师会指导得比较细致，有的导师会让我们自主学习，定期汇报学习的成果。我们遇到了问题可以跟导师交流。而本科生就没有导师这个概念，基本上都是上大课。”（C-M-20201211-X）读研阶段，课堂不再是学生学习的主阵地，取而代之的是“课题组”和“实验室”的师徒传授方式。由导师牵头，组建课题组，围绕某个课题开展一系列研究活动，是当下研究生教学活动中的主流做法。

深入参与，能促进研究生的深度学习，让研究生有更多学习获得感。所谓深入参与，就表示要全身心、主动参与到某项活动中，并在交往中得到发展。陈佑清指出：“交往学习的直接结果是，交往主体通过与他人的对话或互动，建构、生成对事物意义的独特的理解，并由此使交往主体的心理结构获得调整、改造和丰富。”[①] 组建课题组、营造专业社群都属于交往学习的学习途径。一个研究项目从立项到顺利结项，需要组内成员积极参与、积极表达、合理分工、理性探讨、群策群力。在学习过程中，组内成员不仅在学识上有所得，其能力也在不知不觉中得到提升。有受访研究生表示：“我觉得需要与他人进行学术交流，你会的他可能不会，你不会的可能他会，两个人讨论，可能一句话就能解决了。同组之间的交流是很有必要的。”（F-F-20201214-D）在交往中学习是极有效率的学习途径，比“闭门造车”的成长快速得多。通过活动的卷入与交往，研究生可以获取更多的信息和资讯、不同的思路和看法。正所谓“三人行，必有我师焉”，要想更加优秀，就要学会在同伴交往中“择其善者而从之”。交往、卷入的程度愈深，研究生深度学习的效果就愈好，距离成为优秀研究生的目标就愈近。

3. 结构整合：生长“个人知识树”

研究生深度学习的另一主要特征便是知识的结构化、整合化。在日常生活中，我们在记忆毫无意义的一串数字如手机号码时，习惯于将其分解，将11个数字分割成3—4节数字串，在多次使用这个号码之后，这串无意义的数字就被记住了。

知识或信息的输入是学习发生的必要条件。记忆必须参与到学习的过程中，深

① 陈佑清：《交往学习论》，《高等教育研究》2005年第26卷第2期。

度学习也需要记忆“核心知识”。学习科学原理中将“核心知识”分为“领域知识”和“策略知识”两类。“领域知识指与一个特定学科明确相关和区分的概念、事实和程序；策略知识主要包括完成任务有效技术和方法以及元认知策略。”[①] 如果研究生对研究领域内的“核心知识”照搬死记硬背的机械记忆方法，其学术研究道路必定充满荆棘，难有乐趣。

信息爆炸、碎片化是当今不可逆转的时代趋势，在浩如烟海的信息中建构自己的“知识树”显得意义重大。20世纪中叶，认知心理学家布鲁纳主张“学习任何学科，主要是要使学生掌握这一学科的基本结构”。[②] 发现知识的内在学科逻辑，将其组建成知识结构，是研究生在深度学习过程中不断修炼的技能之一。制作思维导图便是使知识结构化的其中一个方式。

受访研究生也提到了运用思维导图帮助知识结构化：“我看工具书或者文献的时候会画思维导图，画思维导图的过程可以帮助我梳理知识框架，还可以让我更好地理解知识，方便下次回忆。”（L-M-20201221-C）值得一提的是，心理学研究表明人类短时记忆只能储存5—9个信息块，可见死记硬背的学习方式是不值得提倡的，结构化的知识更有利于人脑对知识的记忆。学习科学也对专家的认知基础进行研究，发现“专家的专门知识是基于丰富的表征结构”。[③] 专家能灵活提取各类信息，很大程度依赖于结构化的知识体系。

整合是对知识的再加工。整合是深度学习认知过程中的关键环节，在建立新信息与已有认知结构的联系之后，整合程度的高低、条理性都会影响后续信息的存储和迁移的效果。学习科学研究表明，“深度学习整合的过程就是建立表征的过程。所谓表征，指概念、信念、事实、模式等知识结构。即大脑在深度学习过程中将知识呈现模块化的结构。”[④]简单来说，即若干低层级的结构被高一层级的结构包含，就好比知识存储在一层套一层的电脑文件夹中。如果电脑文件夹中的文档整理得条理分明，上一级与下一级文件夹的所属关系明确，那便有利于精准定位，快速

① R.基思·索耶主编《剑桥学习科学手册》，徐晓东等译，教育科学出版社，2010，第62页。

② 武霞：《浅谈布鲁纳的认知结构学习理论》，《文学教育（中）》2011年第3期。

③④ R.基思·索耶主编《剑桥学习科学手册》，徐晓东等译，教育科学出版社，2010，第7页。

确定文档的具体位置。大脑的认知结构也一样，缺乏知识的整合，就容易出现无法学以致用的现象。

“课堂上学到的大部分知识都是学过了就变成了一页笔记，课上学到的东西，没有多少能运用到现实中。”（J-F-20201228-X）

研究生深度学习的整合是具有层进性的，即知识内在结构的逐层深化。整合程度越高，表征的内在联系越紧密，越有利于面对其他问题情境的迁移。也就是说，整合程度越高，知识的联系越紧密，越有利于学以致用。优秀的研究生或多或少具备整合知识结构的能力，通过整合知识减轻大脑记忆负担，“压缩”知识，腾出更多的储存空间容纳新的知识；通过整合知识生长“个人知识树”，在解决问题的过程中及时供给“知识包”。

4．联动迁移：跨界组队求共进

世界是普遍联系的。学科与学科之间也存在着固有的内在联系，只是需要研究生在学习过程中去探寻、发现。研究生的学习过程中联动、迁移是区别于本科阶段学习的重要特征。

联动有“联合行动”之意。在研究生深度学习的特征中，联动主要指具有不同学科背景或各有所长的研究生群体进行深度合作，即形成“学习共同体”。优秀的研究生不能只满足于本学科领域的“学富五车”，还要时常与同伴进行思想上的碰撞。研究生深度学习之所以强调联动，是因为通过联动，研究生的语言表达能力、沟通交流能力、团队协作能力都能够在深度合作的过程中得到提升。这些能力的发展有利于研究生步入社会后形成个人的竞争优势。与同伴进行深度合作，必然涉及任务分配、问题讨论、信息分享等种种环节，如果在沟通交流的能力上有所欠缺，那必然会影响合作的效率。在这个过程中，每个参与者都会有意识地准确表达，以期精准传递内心的真实想法。

“和别人一起参与比赛，自己可以得到锻炼，也能够提高团队合作的能力，这些能力对做科研很重要。”（L-M-20201211-X）

除此之外，也有受访研究生表示“跟他人进行学术交流，有利于开阔视野。有很多自己想不到的地方、想错的地方跟别人说，他们能够帮我审视我做的事情”。（L-M-20201208-O）联动学习不仅能提高效率，也能在合作交流中丰富个人的知识面，甚至能让研究生在讨论中发现学科与学科之间值得研究的交叉点，这为创新发展奠定了基础。

优秀的研究生学习离不开“迁移”，善于迁移更有利于快速适应新的研究领域。提到迁移就不得不说学习科学中研究的“适应型专家”，《剑桥学科科学手册》是这样描述适应型专家的：“适应型专家则倾向于不断进化、扩充他们的核心能力，扩展专业知识的广度和深度来迎合需求和兴趣的增长，这就常常要求他们探索新的领域，做一个明智的新手，为获取新知识而从头开始努力。”①能成为专家的人，必定在某个学科领域有所成就，但科学研究毕竟是一项精专的事业，所以即使是专家，在探索新的领域时也需要从零开始。然而专家往往比新手更快地熟悉新的领域的内容，这得归功于迁移。

迁移可以简单理解为“举一反三”。其“一”必须熟练，否则便无法“反三”。“一”就是学习者已有的认知结构。在新的学习情境中，研究生不仅要找到与已有学习情境关键要素的相似点，还要能及时将这些要素从已有认知结构中提取出来，这样才可以理解为迁移的发生。迁移成功的结果就是“成功反三”，迁移效果受熟练度、知识整合程度、对新情境的敏感度影响。在这个日新月异、追求与时俱进的时代，获得具体的知识不重要，重要的是能紧跟时代潮流的能力。无论研究生未来选择的发展方向是深造还是就业，迁移能力在其未来的发展中都会发挥不可替代的作用。

需要进一步补充的是，在研究生深度学习的认知加工过程中，整合与迁移不是单向链接递进的，而是双向促进的关系，即整合促进了迁移的发生，而成功迁移后的经验又继续对知识结构进行整合。研究生深度学习的各个特征之间都是互相影响、互相促进的。

5. 反思优化：元认知“统筹兼顾”

研究生的深度学习必定少不了元认知的参与。在研究生学习过程中，元认知无时无刻不在发挥作用，贯穿深度学习过程的始终。

元认知即认知的认知，是认知主体对自身心理状态、能力、任务目标、认知策

① R.基思·索耶主编《剑桥学习科学手册》，徐晓东等译，教育科学出版社，2010，第30页。

略等方面的认识，同时也是认知主体对自身各种认知活动的计划、监控和调节。① 反思就属于元认知的其中一个范畴。禅语中就有与“元认知”含义相近的词汇——觉知。觉是接触、感触的过程，知是内心接收的结果。觉知的过程必然是全身心参与的过程，这个过程需要个体捕捉外界信息及反馈，并及时向内省察，用心感受，只有如此生命才会进入自发自动的成长状态。

元认知是心理学术语，可以简单理解为反思优化，但绝不是只有反思优化。每个阶段对自我的认识、当下能力的评估、目标的确立、规划的制定，都有元认知参与其中，在这个过程中，元认知扮演着“扫描仪”的角色；研究生就读过程中，建构知识、对任务的落实、心理和生理状态的监控与评估、行为的反思、因时制宜的策略采取，也离不开元认知，此时元认知扮演着“管理员”的角色；在每个阶段的任务结束后，大脑中的绝大部分认知活动停止，元认知却仍在工作，复盘整个任务过程，寻找可优化之处。

“研究生目标都比较明确。如果想要毕业后就工作，就需要找各种实习提升自己的技能；如果想要读博，就需要多发论文。研究生需要自己去找研究方向，或者是老师定好研究方向，自己去研究。研究生得自主一点。”（L-M-20201214-C）

可以这么说，如果研究生学习过程中没有元认知参与，就必然无法做到真正的深度学习，更别说成为优秀的研究生了。

“研究生要全力以赴在短期内完成目标，一定要全力以赴，不要浪费时间。另外，完成短期目标后，自己要有长远的规划。读研究生，你要想清楚：三年之后要做什么？是不是合适？要怎样调整心态？当发现不合适的时候，你就要静下心来想一想怎样调整。”（L-M-20201208-O）

这位受访研究生就提到了学习过程中需要运用元认知调整研究生的生涯规划。

元认知是人类学习与机器学习最大的区别。元认知参与研究生深度学习认知加工的每一个过程和环节，通过对全学习过程的计划、监控和调节，不断发展自身的高阶思维能力，实现真正的深度学习。

① 贲爱玲：《元认知理论指导下的反思型教师教育》，硕士学位论文，南京师范大学课程与教学论专业，2004，第16页。

6．高阶思维：协作创新解难题

高阶思维是研究生深度学习的核心特征。研究生深度学习的最终目的就在于高阶思维的发展以及高阶思维能力的获得，以应对未来更多不可知的挑战。批判理解、深入交往、结构整合、联动迁移、反思优化每一个环节的学习就是为了促使研究生获得高阶思维能力。有学者总结归纳了21世纪核心竞争能力，其中包括：问题解决能力、批判性思维能力、团队协作能力、沟通能力以及创造性思维能力[①]。自明清之际的思想家黄宗羲、顾炎武等人提出“经世致用”观点以来，“致用”这个词就深深影响着中国后世的教育理念。

研究生高层次人才要想在21世纪中有核心竞争力，要想成为优秀的青年人才，必须具备团队协作能力、问题解决能力、创造能力。高阶思维能力所包含的能力有很多，但最关键的就是协作、复杂问题解决、创新的能力。

值得注意的是，研究生并非在毕业之际才能最终获得高阶思维能力，在学习过程中，高阶思维能力就时刻都在或多或少地积累，随着时间的推移，高阶思维能力的表现会愈发明显。这一过程可以用“滚雪球”来形容：初期雪球很小，部分研究生的学习是从浅表学习开始的，他们需要从浅表学习渐渐过渡到深度学习。在学习的过程中，围绕具体的问题，研究生慢慢获得批判理解、结构整合、联动迁移的能力，这些能力又会促进研究生高阶思维能力的发展，这意味着高阶思维这个“雪球”越来越大，研究生协作、问题解决、创新的能力越来越强。而高阶思维能力的增强也必定使学生的批判、整合、迁移能力得到进一步提升，如此周而复始，循环往复，这样的研究生学习过程怎么会没有深度？能这样学习的研究生怎么会不优秀？

“我进师门的时候，压力就很大。老师跟我说过很多次，他想让我拿国家奖学金，所以我压力非常大。拿国家奖学金的前提是发文章，我就去问师兄经验，他就说期末论文好好写，写完之后和同学、老师多交流，改一改也是可以发表的。（于是）我定下了拿国家奖学金的目标，按照国家奖学金的标准努力。其实最开始我觉得这是件与我没有关系的事情，但是老师都那么要求了，只能努力一试。”（C–F–20201221–C）

① C. L. Lai, G. J. Hwang, Effects of Mobile Learning Time on Students' Conception of Collaboration, Communication, Complex Problem—Solving, Meta—Cognitive Awareness and Creativity, (International Journal of Mobile Learning and Organization 3, 2014).

这位受访研究生最终拿到了国家奖学金。论文的发表过程就是复杂问题解决、创新的过程，很多研究生认为发表论文不是自己能力范围之内的事情，但是随着学习方式的转变和学习的逐渐深入，研究生的问题解决能力是可以得到提升的。

研究生终将步入社会，成为社会发展的中坚力量，因此研究生的深度学习要着眼于能力素养的获得，即以协作、问题解决、创新能力为目标。围绕这些目标，有意识地使研究生学习充满深度，“追求卓越，成功必将伴随着你。”

（三）研究生深度学习对规划的基本规定性

规划的目的不是规划本身，就其实质意义而言，规划旨在促进学习，引导深度学习的发生。基于深度学习的研究生学习规划，需要注意以下几点。

1. 研究生深度学习规划要渗透深度学习的理念

深度学习规划的重点不仅在于克服机械学习、浅表学习的弊端，让学生学得主动、积极，更重要的是，研究生深度学习规划要渗透高度投入、深度理解、迁移运用等深度学习理念，要帮助研究生克服长期以来的种种二元对立，“使教师、学生、教学内容（知识）获得高度的统一，使教学内容（人类历史文化、人类认识成果）实现其本应有的价值，使教师、学生在教学中获得最大发展，使学生能够形成有助于未来可持续发展的核心素养。”[①] 为此，研究生深度学习规划需要帮助研究生超越有效学习、高效学习，更加注重意义理解基础上的高阶学习，追求以理解为导向、以深度理解为表征的学习，注重知识的理解、综合运用、创新，引导研究生自我开展深度而又高质量的学习。概而言之，研究生学习规划需要紧密结合深度学习理念，让深度学习依托于规划，让规划根植于深度学习。

2. 研究生学习规划要充分体现研究生学习的深度需求

虽说有效学习是略高层次的学习方式，但这样的学习方式对成为优秀研究生还是远远不够的。因为“都是研究生了，必须要自主学习、认真学习，然后就是必须要做出点东西”。（W-F-20201213-C）

“研究生学习更多的是要求你对概念有深层次的了解，然后把它内化并运用到自己的学术论文当中。”（G-F-20201222-X）

仅仅是在较短的时间里获得知识是无法满足研究生学业要求的，获得知识与综

① 郭华：《深度学习及其意义》，《课程·教材·教法》2016年第11期。

合运用知识还是有一定差距的。优秀的研究生在学习过程中强调高度投入的学习状态，在能力获得层面，不仅要在学习能力上有所得，在思维能力、人际交往等方面都要有所得。正如受访研究生提到“我必须全身心地投入，这样才会达到最好的效果”，（Z-F-20201222-X）“我觉得更多的是独立思考能力的培养，做学术就是要钻研”，（G-F-20201222-X）“读研并不只是为了提高学历，而是要真的学到东西，要达到作为一名研究生应有的水平，包括在研究能力上、在思维上、在做事做人上”。（C-F-20201221-C）仅仅提倡“有效学习”或者“高效学习”不足以促进研究生进步，优秀的研究生知识加工有“深度”，思维认知有“深度”，交流合作也有“深度”。因此，研究生深度学习规划的内容既需要基于学习，又要考虑与学习紧密相连的多方面能力和素养的培育，要帮助研究生在学习之路上走得更好、更远。

3．研究生深度学习规划要有效推进研究生深度学习的发生

对于促进研究生深度学习而言，科学合理的规划是工具，是基础，是催化剂。对华东地区某高校教育学专业共39名硕士研究生进行深度学习现状的问卷调查显示：研究生课堂依然是灌输式的教学方式，学生在深层学习动机、学习投入与深度学习策略应用方面表现不佳。[①]优秀研究生在学习行为上高参与，在情感上高投入，在意志上即使遇到学习困难也能够迎难而上、保持学习动力，在认知上坚守学习理想、学习信念。具备高参与度的研究生的学习兴趣与学习动机都高于其他人，他们能够在行为、智力和情感层面都参与到学习任务中；而低参与度的研究生缺乏兴趣和学习动力。可以说，主动参与、积极建构、坚定笃行是深度学习者应该具备的关键能力。深度学习是个体成长过程中经历的寻求智慧之旅，深度学习的终点不是得到考卷的高分，不是学完就被遗忘的孤立知识符号，而是让个体终身受用的能力。研究生学习规划需要将这些能力转化为具体的指标体系和明确的任务，针对研究生个体的具体情况扬长补短，统筹设计。

① 陈明选、张康莉：《促进研究生深度学习的翻转课堂设计与实施》，《现代远程教育研究》2016年第5期。

第三节　研究生怎样做深度学习规划

促进研究生深度学习的真实发生，有赖于研究生自觉而有效的自我管理，让研究生学习处于自觉自律的活动状态。为此，有必要进一步强化研究生发展规划。

一、研究生深度学习规划制定的原则

制定规划，目标为首。有专家推荐了确定目标的“聪明”（SMART）的方法，即确定的目标应该具有明确性（Specific）、可衡量性（Measurable）、可实现性（Attainable）、现实性（Realistic）和时效性（Timetrackable），[①] 具备这五大特征的目标才是表述恰当的、有实际价值的规划。这对我们制定研究生的学习规划大有益处，尤其是现实性、可实现性、明确性、可操作性、灵活性，这是规划落地的基本要求。为此，制定研究生学习规划需要做到切合实际，可实现，明确、可操作，同时还要适当留白。

（一）现实性

规划是研究生个体为自己的学习与发展量身定制的，每个人的“身”不一样，规划也就不可能一样，要考虑目标是否切合每一个个体的实际情况。正如受访研究生所说的，“规划首先要确定一个切合实际的目标”（C-M-20201209-D），“学习规划要实际一点”（L-M-20201213-O），“制定学习规划，要考虑自身的实际情况，每个人情况不一样”（S-F-20201220-O）。反过来说，如果不考虑自身实

① 斯蒂芬·罗宾斯、玛丽·库尔特：《管理学》（第13版），中国人民大学出版社，2017，第197页。

际情况，过于理想化或好高骛远，研究生在规划实施过程中，还可能因为目标达不到而过分自责，影响学习自信心。

“（规划）不要做得太理想化，因为太理想化的话，你可能也会感觉自己无法完成，或者离完成有差距，就可能让自信心受挫……要根据自己的时间，结合自己的实际，（目标）稍微往上提一些就行了。”（Z-F-20201211-D）

学习规划往往与生涯规划、职业发展规划紧密联系在一起。“大多数研究生毕业后马上就要步入社会，两边都得做好准备”，（L-M-20201208-O）“如果是有这些（硕博连读或就业）打算的话，就要提前把学习和就业的规划制定好，尽量避免两者产生冲突，甚至对自己后续的学习产生影响。”（S-F-20201220-O）硕士毕业考虑就业或深造，博士毕业考虑就业或“进站”，都会影响到研究生阶段的学习目标规划。

“（硕士）研究生不可避免地要思考今后是读博还是就业的问题。在研一、研二的时候，可以多深入思考一下，比如说参加一些学术会议或者写写论文，看会不会对这些事情感兴趣并沉迷其中。如果你有很强烈的学术热情，可以考虑继续深造。深造也分为很多种，有硕博连读、申请考核等等，可以早一点做准备。硕博连读一般是在研二申请，错过了时间，可能就要等到研三的时候才能申请考核，你可以提前想想，或者是向之前申请过的学长请教。如果想要就业，那也要提前（规划），比如去听一下关于就业的讲座，了解一下本专业今后的就业状况。”（S-F-20201220-O）

一般而言，研究生学习与就业取向选择会受到家庭经济、婚恋关系、学习理想、学习兴趣、导师期望、同伴鼓励等多方面因素的影响。尤其是专业博士生、硕士生的学习更是会受到家庭和工作的影响，有的甚至不能如期毕业或拿到学位，成为“延毕生”。有研究者发现“学习主体特征制约、群体文化氛围浸染、培养环境同质化和家工学之间的矛盾是造成教育博士生延期毕业的主要因素”。[①] 因此，在学习与就业之间究竟如何抉择，需要综合考虑再做出综合判断，或者大致确定一个目标，在学习过程中再做出调整。确定下来的目标会影响过程，让学习者正确面对

① 蔡芬、曹延飞、顾晔等：《教育博士生延期毕业影响因素的质性研究》，《学位与研究生教育》2020年第3期。

学习过程中的各种“调节变量”，并及时将其转化为学习资源，促进预期目标的达成。反过来，如果事先没有规划发展目标，则学习者容易被过程中的影响因子所左右，使原本可以达成的较高目标的等次降低。

（二）可实现性

不能实现的规划如同“鬼话”。“我觉得一定要有一个合理，并能够实现的规划”（G–F–20201222–X），“规划不要好高骛远，要尽量设定自己能达到的目标并脚踏实地地完成”（C–M–20201209–D）。尽管规划总是有超前性和预见性，目标不一定能够一一对应、完全落实，但规划的根本功能是引导和促进目标达成，甚至引导到位，在实际实施过程中也出现过目标超额实现的情况。所以，通过精心分析、准确预判，达成切合自身能力的目标仍然是规划恪守的基本原则。

“每个人都不一样，制定规划不能千篇一律，得按照自己的习惯来制定。如果你比较懒散的话，你就要对自己要求严格一点。如果你本身学习比较好的话，做规划的时候就没必要那么严，可以稍微把时间压缩一点。制定学习规划要切合自身的能力，比如说三个小时你规定自己要做哪些事情，但三个小时肯定不可能完成这么多任务，你不能仅仅为了完成任务去做规划。”（L–M–20201213–O）

（三）明确性、可操作性

规划目标明确，突出可操作性，这是规划的基本原则，也是保障规划达成的辅助性规定。规划“最好就是计划比较明确”（Z–F–20201211–D）。如何做到目标明确、可操作呢？目标序列化、可分解，做到阶段目标清晰，并汇总到总目标，“把这个目标分成几个子目标，子目标可以再按月去细化”（B–M–20201210–O）。有经验的导师在指导学生做学习规划的过程中，会要求研究生详细制定规划，遇到粗略简单的规划，就会要求返工，反复修改，直到规划可操作为止。

“明确”的另一种理解是“具体”，具体的目标往往是明确的，因为具体，所以实操性强。

“我会一年制定一个总的目标，然后每个月制定月目标，每天制定日目标。”（L–M–20210116–C）

“我说的月计划包括必做的任务以及有时间的话可以做的任务。第一点，将任务具体到每一天，甚至是上午和下午。第二点，任务里面会再分小任务，比如我早上的任务是完成雅思阅读的复习，再细化为要做多少套真题、要看《阅读真经总纲》多少页……首先是时间线的规划，然后是任务的细分，细分成小点的任务。我有时候会写反思，但我是看心情，当时导师说最好每天都做一下反思，但是我当时没做到。”（J-F-20201228-X）

显然，这个规划比较细致，像是“计划”。实际上，规划与计划是分不开的。规划要落地，就必须细致到计划。当然，这种细致的计划也可以理解为任务。

（四）灵活性

规划是对未来的预设，凡预设的，就不可能完全符合未来发展的真实状况。所以，规划并不等于现实，规划也不能过“实”，而应该像中国山水画一样，有虚有实，为未来的发展道路留下一些美好的空白。“制定学习计划的时候，他们可能把以后要做什么工作一下子就规定死了。”（L-M-20201231-O）这样是不妥的。学习者一方面可以在规划的实际实施过程中实时增加必要的任务，另一方面需要减少不切实际的设计，提高规划的可实现度。

如何留白？抓大放小，留出时间，让位于规划实际执行过程中的需要。规划要关注大任务，要为大任务留出充足的时间。而现实中最容易出现的规划误区是：研究生生涯转瞬即逝，结果大任务都没有做完，甚至根本没有做，完成的往往是所谓“急事”或者“比较急的小事”，最终因小失大。所以，研究生在规划制定的时间表里，一定要把大任务置于首位。

二、研究生深度学习规划的要素与方法

学生规划的关键要素需要相应的规划方法。研究生学习规划的要素，主要涉及学习远景与目标体系、学习任务、学习保障等，为此，研究生需要有较强的规划意识，养成规划的习惯和能力，学会持续规划。

（一）研究生深度学习规划的要素

研究生学习规划旨在引导研究生深度学习，但学习规划不能局限于学习，毕竟研究生的学习同科研体验、学术交往、和谐生活等有着密切的联系，只有当研究生合理处理好了学习、科研、交往、生活之间的关系，研究生的学习才会顺利。

1．学习愿景与目标体系

以终为始，倒逼过程。对终点的期许能反过来引导过程的有效发生。这是规划的特殊功能。因此，为自己的三年、五年或八年的学习预设一个愿景，确立目标体系，有助于研究生学习变得有意义、有期待、值得回忆。正如某受访研究生所说，"你自己要有个长远的规划，你读研究生，你要想清楚：三年之后到底要做什么？是不是适合你的？要怎样调整心态？"（L-M-20201208-O）

长远规划的关键是寻找学习愿景，提出对未来的期许，起到暗示、激励和引导作用，如"三年之后我要成为省级优秀研究生""三年之后我要成功读博士""三年之后我要进博士后工作站""三年之后我要成为一名学科专业和教育学理论水平较高的中学教师"等等。图1-3-1是某研究生的学习规划，以图示的方式展现了研究生阶段的终极目标，并标记出需要具备的能力及需要完成的任务（编制过程详见附录2）。该规划看上去很"复杂"，需要进一步理清思路，但规划态度认真，能尝试从系统角度整体思考，值得进一步分析。

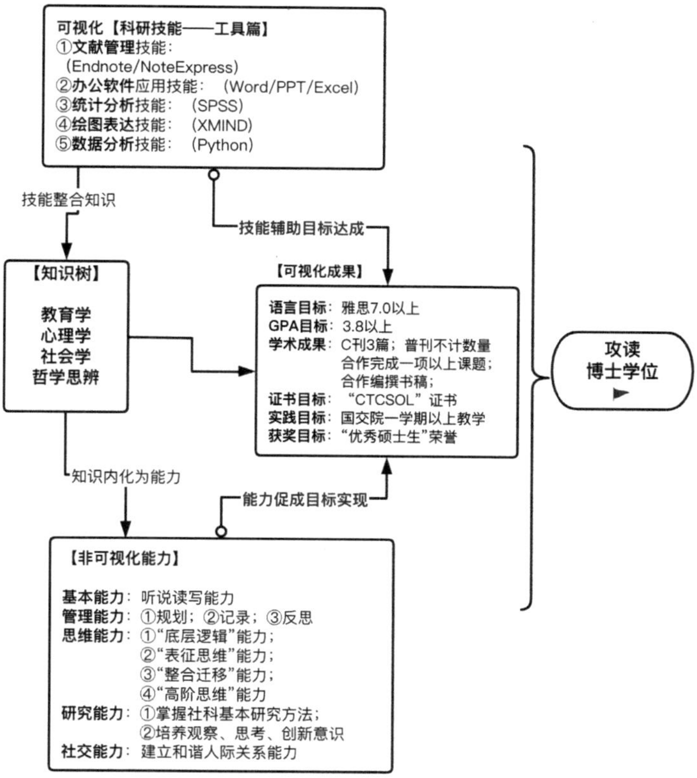

图1-3-1　某研究生的学习规划

调查发现。受访研究生能注意到长期规划的重要性，但不一定能明确地提出对全部研究生生活的期许。而且，研究生对“长期”的理解也不一致，有的将其理解为整个研究生阶段，有的理解为一年。

“我的学习规划包括两个部分：一部分是短期规划，另一部分是长期规划。短期规划通常以月为单位，长期规划以年为单位。我认为长期规划是短期规划的前提。比如，我希望我在这一年获得什么样的成果，短期目标就会以这种长期的目标为依据去制定。我也会去细化短期目标，每个月末做一个小小的复盘，知道我目前已经进展到什么样的程度，后面的进程就会以此为依据进行变动。如果我知道我前一段时间有了什么成果，那么后一段就可能会以这个成果为参照，继续推进下一个工作内容。”（G-F-20201222-X）

值得注意的是，尽管研究生对“长期”的理解存在分歧，但处理好长期规划和短期规划的关系非常有意义，对学习的积极影响也受到受访研究生的认同。复盘也有助于规划的落实，阶段性的复盘对发现规划执行过程中的问题并及时处理很有帮助。

学习愿景的描述需要具体的目标体系配合。目标可以分为学年目标、学期目标、月目标，其好处在于层次分明、层层递进。若要完成学年目标，就必须完成学期目标；若要完成学期目标，就需要完成月目标。越小的目标越容易实现，越能够“看见”，引导个体实现大目标。目标也可以按照类型分配到不同学年甚至学期中，表1-3-1可作为参考框架。

表1-3-1　研究生学习目标体系

时间	文献阅读/本		参加组会/次		学术讲座/场		发表论文/篇			奖学金/次		优秀研究生/次	
	本专业	跨专业	外专业	本专业	外专业	本专业	一般	核心	C刊	国家	社会	省级	校级
第一学年													
第二学年													
第三学年													

规划有了具体的“数字”，也就有了明确的指标，这些指标鞭策和激励研究生不断前进。

2．学习任务

学习目标与学习任务紧密联系，在规划的表述过程中常常将目标与任务放在一起。表1-3-2将目标分解到月、学期、学年，为对应目标分别确定了相应的任务。

表1-3-2　月、学期和学年目标分配

月目标	学期目标	学年目标
1．完成约90篇文献阅读 2．整理、回顾每月的摘录和反思 3．有效积累至少600个英语生词，要求“四会” 4．通读1—2篇时效性强的英文文献	1．系统性阅读导师推荐的四本书，做好批注和摘录 2．做好一个专题报告，发挥学科基础优势 3．完成一篇质量较高的论文，修改完善，大胆投稿	1．研一争取发表1—2篇文章，研二争取发表3—4篇 2．按照规定修读学分 3．找到一个有意义、有延展性、可控、难度适中的研究问题 4．准备好交换（交流）项目所需资料，了解对应学校及专业 5．学会游泳

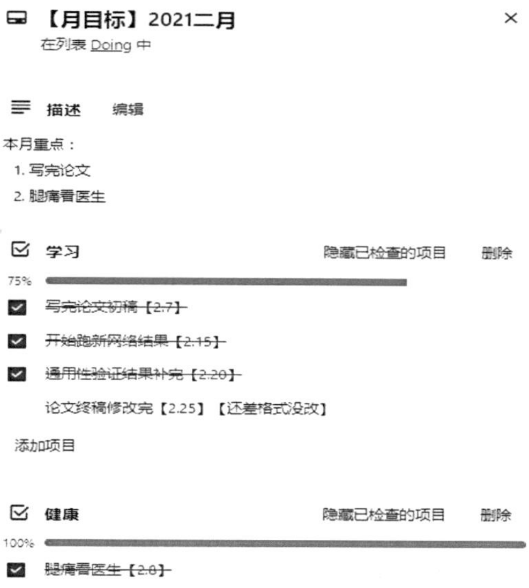

图1-3-2　月目标任务分配

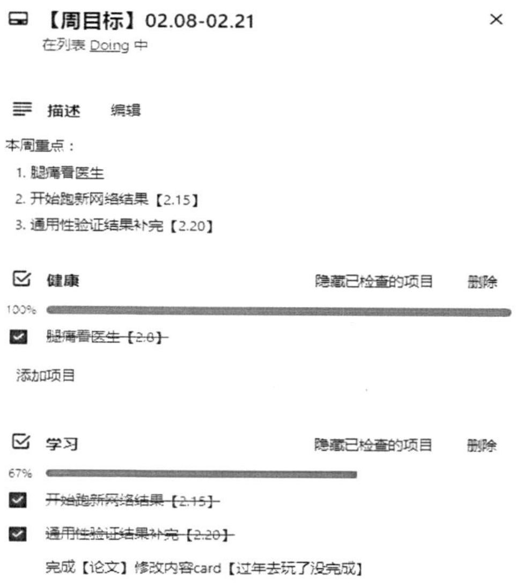

图1-3-3　周目标任务分配

学习任务设计涉及诸多环节，研究生阶段要做的事有很多，哪些任务在哪一环节相对而言更为重要？即不同任务应该恰当地分配在哪些阶段？不同阶段任务完成的质量标准如何？这些都是需要统筹规划的。此外，学习任务设计需要考虑到自身的学习基础、时间分配、环境条件等因素，否则学习任务将难以完成。

“我的方法是‘金币时间管理法’。上午8点半到11点半是我头脑最清晰的时间段，我会构思论文，包括找资料等，而不会做机械的工作……下午2点到5点，我会做一些比较机械的工作。在这两段时间之外，我可以吃饭、睡觉、休息、运动或者回复消息。在固定的一段时间内，把工作认认真真地高效完成，总会比从早到晚一直工作效率要高。”（L-M-20210116-C）

“课余甚至课上的时间，都可以用来学习你想要学习的内容。”（C-M-20201211-X）

研究生除了学习任务之外，还有运动、阅读、参与课题、发表论文等任务，规划时既要设定时间顺序，又要考虑效率，统筹兼顾。

3．学习保障

为确保规划的有效落实，必须确立必要的保障措施。对于研究生学习规划而言，时间保障、健康保障、团队支持保障值得注意。也就是说，研究生需要有时间表、健康规划和团队建设规划。

第一，设计适合自己的时间表。每一个人都有属于自己的作息规律，作息规律影响学习效率和效益。有效的规划只有和效率和效益联系在一起时才有实质性意义。具体的学习任务包括健康方案、人际交往等，尤其需要落实到具体的时间安排上。

“比如写一篇论文，我肯定不能一天之内完成。我前期就会想（规划）：我要花几天去读文献？花几天去整理笔记？花几天去整理论文？这是最初的目标分配。这一点很关键。……我每天把这个目标再分配成小目标，不一定要把它写到纸上或者以表格的形式出现，但是我心里一定很清楚，哪一个目标要先做，哪一个目标要后做，有非常明确的先后顺序。”（Z-F-20201213-C）

第二，制定适合自己的运动健康方案。“身体是革命的本钱”，健康一旦出现问题，再好的学习规划也不能得到有效实施。生命在于运动，学术生命也需要基于健康的身体，只有将运动、健康与学习有机统一起来，才能真正确保规划如期落实。

“你一定要保证自己的身体状态是好的，这样你才有精力去思考，去计划。有时候就算你做的计划天衣无缝，但如果那天感冒了，受伤了，计划也是没法实施的，所以我觉得最重要的是身体保持健康的状态，就算你一点知识储备都没有，你也有精力重新学。如果熬夜熬得第二天完全没有状态，整个脑袋都是蒙的，没有办法思考，就算坚持学习，一天的效率都很低，还不如在宿舍里好好休息一天。状态满分的时候，一个小时的效果比状态不好的一天的效果都好。”（F−F−20201214−D）

第三，制定属于自己的团队建设计划，包括融入师生交流及扩大学术交往圈等。有研究对北京某“双一流”大学的16位研究生进行深度访谈后发现，“师门对研究生发展的影响主要表现为知识、能力与社会性三个维度，不同师门之间非正式的互动、约束机制与权威的组织特征差异，影响了研究生发展的差异。”① 因此，积极融入同学圈，获取团队支持，对于研究生发展十分重要。研究生的学习与发展存在于一定的学术关系中，积极建构属于自己的学术交往圈，在一定程度上会影响研究生的学术视界、思维方式、学术资源。

（二）研究生深度学习规划编制方法

不少导师在指导研究生或观察研究生生活与学习的过程中发现，让研究生做出一份有条理的发展规划并不是一件轻松的事情。有的研究生不愿意规划，觉得跟着导师的规划走就可以，用不着做发展规划；一些研究生即使经过本科多年的训练，仍然没有养成独立自主的精神，凡事存在依赖心理。不久后的将来，研究生离开校园、步入社会，那时不再有导师引领，他们可能无法适应，容易变得迷茫。大多数研究生还是认同规划对自身生涯发展的正面影响，但可能会由于不善规划、无法发挥规划的作用而忽视规划。

1．确立自身学习与发展定位

一般而言，规划需要回答四个问题：我是谁？我要做什么？我如何去做？怎样才能高效地实现目标？四个问题分别针对定位、目标、手段、效率。其中定位是基础，影响其他三个问题。目标还是要定得适当高一点。目标如果制定得稍高一些，最后有可能达到中等水平；而如果制定了一个中等的目标，最后则有可能只能达到低等水平。但是研究生应当注意，要避免脱离实际制定过高的目标以致难以实现。

① 林杰、晁亚群：《师门对研究生发展的影响——基于非正式组织理论的质性研究》，《研究生教育研究》2019年第5期。

“我最近感觉还是要做长远的规划，认清自己到底要做什么。我之前学习比较顺利，一步一个脚印过来，每个短期目标都完成得很好。但是我缺少长期目标，所以出现现在这种情况。我当时没有考虑读博士，读博士之后，可能也只能去当老师。这次的挫折让我思考，重新规划人生，我科研做得好，竞赛成果也不错，去企业的话应该也能行。”（L-M-20201208-O）

研究生需要对自身发展基础做详细分析，较为准确地评估自己，充分认识到自己发展的优势和劣势，找出机会和挑战，再确定发展方向。

“学习规划要把以后走哪条路考虑进去。如果我的专业找工作容易的话，我肯定要为找工作做准备。是否选择继续深造要考虑到能不能一直做学术，因为很多时候做学术跟工作不太相同。既要有长期规划，也要有短期规划，规划实施时实时调整。”（L-M-20201231-O）

确立大的发展方向之后，再对过程中的小目标做适时的调整，或提前，或延后，或提高，或降低，整体上服务于预期的愿景规划。

2．根据自身实际，基于效率规划时间，树立恰当的时间观

时间观反映了人们对时间的看法。有的人视时间为生命，有的人却不懂珍惜时间。只有惜时、守时，科学利用时间，学习才会有效率，更为重要的是，“时间的利用必须同效率联系才有意义”[①]。

“我觉得规划还应该包括对时间的认知，不是说耗费的时间越长越好，而是要尽量利用有效时间。我也特别不建议晚上学习，虽然有人说自己到了晚上会很清醒，但熬夜对人的状态影响很大，时间就是规划，更是一个生理问题、生命科学问题。生物钟一个月之后完全可以调整过来。”（F-F-20201214-D）

不同的人对时间有不同的理解。以年为单位的人可能注重按年规划；以学期为单位的人可能注重学期规划；以月为单位的人可能注重月计划……有的研究生甚至将计划细化到了以小时为单位。

“做规划的时候一定要精确到小时。如果只做周计划，就相当于一周七天的每个小时做什么事情都要定下来。假如某件事情我提前做完了，剩下的时间我就可以休息。我觉得做事情的计划越细越好，这样目的性会更强。以前我的计划比较混

① 于光远等：《导师与研究生的对话》，苏州大学出版社，2001，第253页。

乱，后面事情没办法完成，于是只能强迫自己把时间定得更精准一点，于是养成了习惯。”（C−F−20201230−C）

应该说，这种时间单位很小的规划方式对有效利用时间很有帮助。尽管该研究生只有周计划，但对长远规划框架下具体任务的执行也有指导意义。

时间分配与任务的难度也有关联。难度小的任务自然不需要太多时间，但难度是相对的概念，对于学习能力强、研究基础好的研究生，即使很难的任务也不需要花费太多的时间。任务难度相对性的评估需要及时请教导师。

“一定要和导师商量自己的规划，因为我们没有经验，我们也不知道一个任务需要多长时间能做好。在规划执行过程中遇到计划之外的情况时，一定要找导师及时交流，‘听君一席话，胜读十年书’，可能自己好几天都没有想明白的问题，导师知道痛点在哪里，一句话就点明了。当然我也不鼓励一有问题就去问导师，你需要先自主探究，思想成熟了，才会一点就透。要多听导师的意见，导师太重要了。”（F−F−20201214−D）

所以，找导师商量也要把握时机，不悱不“找”，不忿不“议”。针对难度较大的阶段性任务，尤其要请教导师如何规划和利用时间。

“我一开始也比较迷茫，不知道怎么做计划。写文章分为几个阶段，前期是学方法，我们数学科研一般有两个方向，一个是先学方法，把这个方法应用到解决一个新的问题上；另一个是改善方法本身。我们现在一般做第一个——用方法去解决新问题。老师也会给计划和deadline（最后期限），比如半年内把这个方法学会，然后给一篇文章，让我用这个方法复原。这些都是前期准备。到中期开始解决问题，最后开始写论文。这三大阶段我会做大致的规划。”（F−F−20201214−D）

当然，时间规划也同研究生自身的学科背景、性格和习惯有一定关联。理工类女性研究生在规划时间时偏向于短期规划，甚至将规划具体到更小的时间单位。

3．长期、中期、短期规划兼顾

在做规划时，有的受访研究生只考虑短期规划，有的考虑到长期规划。好的规划应当是兼顾长期、中期和短期，且做到互相照应，环环相扣，整体推进。

就现实而言，学习方式、学习风格不同的研究生，对于长期、中期、短期规划有着各自不同的选择和感受。

“博士也不是每个人想读就能读，我可以去清华或北大读，但我不太愿意去。因为我重新对自己的职业进行了规划，我觉得我应该去做一些贴近生活、贴近应用的事情。读博士是短期目标，职业是长期规划。”（L-M-20201208-O）

“首先是要有个长远的目标，比如说我这一学期想得到什么成果，可能这只是一个大致的设想，并没有那么细致，但是可以先树立目标，然后再仔细计划，为了达到这个目标，每个月该干什么。比如我计划这个月要把论文写完，或者把实验做好，把每个月的大致目标先确定，然后仔细地落实每一个小目标，细化到每周要完成什么。其实只要大方向把握好了，剩下的就是去琢磨怎么慢慢完成它，慢慢也就落实到每天了。”（W-F-20201213-C）

“要区分长期、中期和短期的计划，最好要做到计划明确。要根据自己的情况，不要做得太理想化，因为太理想化的话，你可能就会感觉自己无法完成，或者离完成有差距，让自信心受挫。要根据自己的时间，结合自己的实际，（目标）稍微往上提一些就行了。”（Z-F-20201211-D）

也有一些研究生并没有在求学期间制定详细的、长期的学习规划。

“长期规划可能会有，但是很多时候还是很模糊的，因为在执行长期规划的时候会被其他因素干扰，你可能会因外界干扰或导师和同学影响等走上一条不一样的人生道路。”（L-M-20201227-O）

实际上，长期、中期、短期规划相互联系、相互影响，最终影响学习愿景达成。长期规划注重发展方向引领，中期规划承上启下，对接长期和短期规划，使三者统一到整体的学习过程中，互相促进，保证学习活动的有效性、递进性和可持续性。受访研究生中有一些感受到长期规划所带来的益处，长期学习规划从逻辑和事实角度看都是有必要的、有显著成效的。但仅有某一类规划是不够的，为促进研究生学习告别浅表，追求有效，实现深度学习，提升学习获得感，需要尽可能制定适合学习与发展的整体而系统的学习规划。

4. 持续规划

规划是一个持续的过程。即使是非常完美的规划，在规划执行过程中仍然需要适时调整。一个规划完整实施后，紧接着要开始做第二个规划。因此，对研究生而言，终其一生，若欲不断求索，必将伴随着一个又一个的规划。就终身学习与发展而论，研究生很有必要养成持续规划的意识，具备持续规划能力。有受访研究生采用持续规划的方法，即先做一个阶段的规划，完成之后再进行更长远的规划。

“每个人都可以做一个短期目标，短期内实现自己的一个短期目标，然后再设定长远目标，根据这个目标做规划比较好。”（L-M-20201208-O）

如果把人的一生分解为无数个“过程”，从升华人生价值与意义的层面上讲，每个过程都最好在有规划的前提下开展行动，人生每一个过程的意义将大大丰富，提升成事的可能性，进而成就整个人生。因为，人生每一个过程的发生，都伴随着对前一个人生过程的反思，伴随着对当下发展情势的剖析，都会有谋划下一过程的行动策略。人生就像在海上航行，没有规划，可能东西难分，南北不辨，往往要浪费大量的时间精力；但有了规划后，就可以径直朝一个方向出发。在没有规划的情况下航行，如果遭遇海浪，因为缺乏对航路情势的预判，没有形成应对海浪的预案，航船可能会因为缺乏应对之策而破损，最终难以抵达目的地。反过来，如果有了规划，就可能提前考虑，即使难以绕开海浪，也可以将损失降到最低。研究生规划也是如此，研究伴随人的一生，要想有所作为，必须好好谋划，持续规划。

三、研究生深度学习规划的执行

再好的规划，若束之高阁，没有执行，也只是摆设。

（一）全力以赴，自主学习

研究生学习是导师引导下的自学，要基于对研究问题的好奇和兴趣带着一颗热忱的心去探索。所以，“一定要利用自己的有效时间”（F-F-20201214-D）；“要全力以赴在短期里完成一个短期目标。一定要全力以赴，不要浪费自己的时间”（L-M-20201208-O）。

在学习规划执行过程中，要主动“靠”上兴趣、规划的目标与任务。导师给的研究方向或课题任务，你一开始不见得很感兴趣，但是要同导师主动交往，同研究主题积极对话，尽量“靠”上去。

“除了可以增大知识储备，还要努力发现兴趣，比如导师给了一个问题，它整体上刚开始不是你感兴趣的，期待所有的条件都符合你的理想是不现实的，但你要试着在大的范围框架里发现自己的兴趣点，和自身的爱好联系，你才愿意去规

划。”（F-F-20201214-D）

硕士生和博士生要完成硕士论文或博士论文，这篇论文是全部深度学习之集大成者。为此，研究生必须采用问题取向的学习，而非大学期间接受式、听讲式学习。问题领域或关键问题的选择是学位论文成败的关键，带着问题探究是学位论文写作的质量保障。无论是因为找不到关键问题而让导师分配问题，还是自主找到的问题，都需要在探究问题答案的过程中，把自己从被动的接受者变成主动的探索者，在学术探究的大海里畅游。导师的责任是“导”，不是“追”，不是“催”，更不是“管”。研究生深度学习必须自觉而主动靠近预期规划目标与任务，否则难以产生自我效能感。按照班杜拉的说法，自我效能感是克服困难、迎接挑战最好的工具，人有了自我效能感，就会更加主动地学习。越是主动，深度学习机会就越多，机会就越多，发展就越好。

（二）不拖延，及时复盘

“要尽早完成”（Z-F-20201222-X），“不要拖延”（B-M-20201210-O），“要及时复盘。我高中同桌刻在桌上的三个单词，just do it，只要去做就好了。”（L-M-20201227-O）当拖延成为一种习惯，深度学习绝无可能发生。“我国总体的博士研究生按时毕业率一般为40%左右。”[①] 可见，博士生不能在规定时间内完成学业的现象已经较为严重，专业硕士、学术硕士延期毕业或不能取得学位的现象也不可忽视。所以，养成按照计划学习的习惯，是执行规划的关键。

“我觉得要每天按照自己的计划实行，去实验室也好，去其他地方学习也好，一定要有自己的习惯，形成这样一个习惯很重要，不然容易养成一种惰性。”（Z-F-20201222-X）

执行中及时请教导师也很重要。

“一般一个星期就知道到底能不能做，如果做不出来，赶紧找老师，写一个文档发给老师或者详细地跟老师讲一讲，请老师给指导意见。如果老师也觉得有难度，赶紧换方案，重新制定总目标和子目标。”（B-M-20201210-O）

因此，研究生需要高度自觉、自愿、自律，要学会学习。研究生学习“不再是

① 刘文、廖炳华、廖文武：《我国博士生延期毕业实证研究》，《现代教育科学》2016年第8期。

要去买一件很漂亮的衣服，而是要学习拿起那一根针，学会绣出一件漂亮的衣服，慢慢学习把目标放在一个标准上，而这一个标准就是你将来要完成硕士或博士论文”。[①]同时，可以围绕规划的目标与任务，根据自己的学习需求、学习效率和身体健康状态，适当做些调整，不要把时间花费在无关紧要的事情上。

“如果你把时间耗费在不感兴趣或者和你的研究领域不太相关的课业上，最终可能就会完成得很一般，也不会有什么学术的火花，你只是完成了一个基本的任务。有时候导师布置的任务也不一定是你发自内心真正感兴趣的东西。所以我觉得最基础的任务要完成，但也要找到自己感兴趣的研究方向。”（L-F-20210130-X）

为此，可以合理参考“四象限时间管理法”明确核心目标，区分相关与无关的事务，从而提高效率，避免拖延。“四象限法”由美国斯蒂芬·科维提出，他将工作任务按“紧迫性”和“重要性”两个维度划分为四个象限，第一象限表示既紧急又重要的任务，第二象限表示不紧急却重要的事务，第三象限代表紧急但不重要的任务，第四象限表示既不紧急又不重要的任务。[②]

“我是需要排需求（优先级），把任务都放进我的计划里，然后我才会按时去完成，如果没有排进计划基本就会拖很久。还有一些很紧急的事，就只能逼自己先做那些最紧急的，但是通常情况下我会让自己在宽裕的时间里完成，不会太着急，做出来的效果也会更好一些。”（C-F-20201230-C）

这个工作法则在面对多头任务时能及时明确有意义和价值的任务，让人将主要精力用于处理重要的任务上，既能缓解焦虑情绪，也能提高工作效率。

此外，在执行规划的过程中，需要有反思意识，否则就难以把握规划目标的达成度，难以发现规划执行中需要注意的问题，也就难以找到解决问题的方法，更难以进入到规划的下一阶段。所以，定期“复盘”、对标检核十分重要。

“我觉得一定要有复盘的意识。复盘的作用是对前一阶段工作内容和成果形成清晰的认知，才能够明确自己下一阶段还需要做什么。”（G-F-20201222-X）

“我觉得研究生的学习生活好像拼图，你需要不断地去补齐自己所缺失的内容。因此，只有对自己有很清晰的认知，才能够将拼图补齐。复盘是查漏补缺非常

① 王汎森：《如果让我重做一次研究生》，http：//jds.cssn.cn/xscg/xslw/201605/t20160506_5249526.shtml，访问日期：2021年8月12日。

② 李晓：《利用四象限时间管理法提高青年科技编辑工作效率》，《编辑学报》2018年S1期。

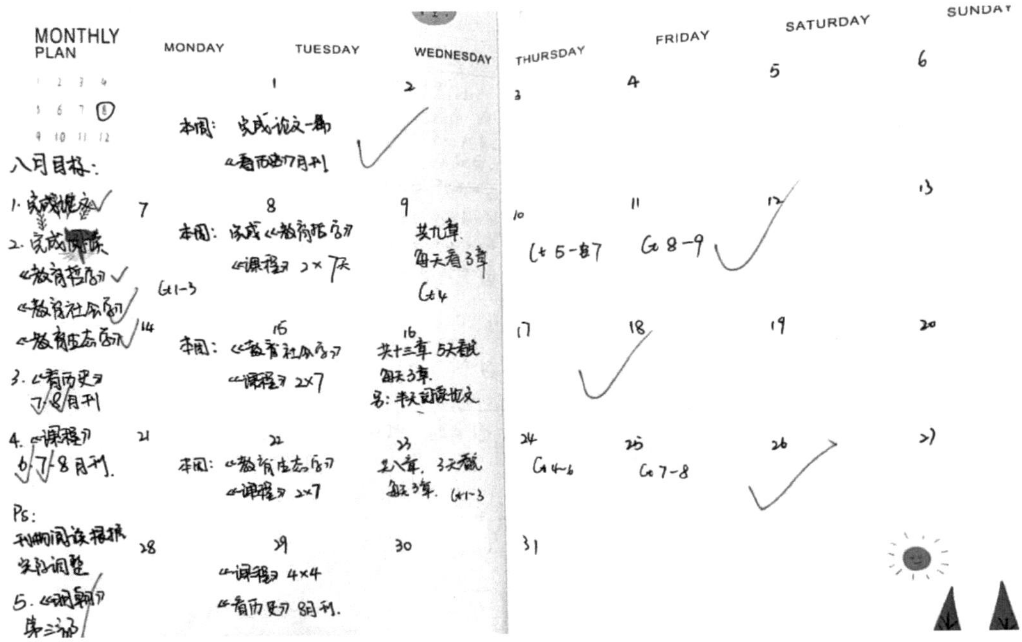

图1-3-4　某研究生的日常复盘图（1）

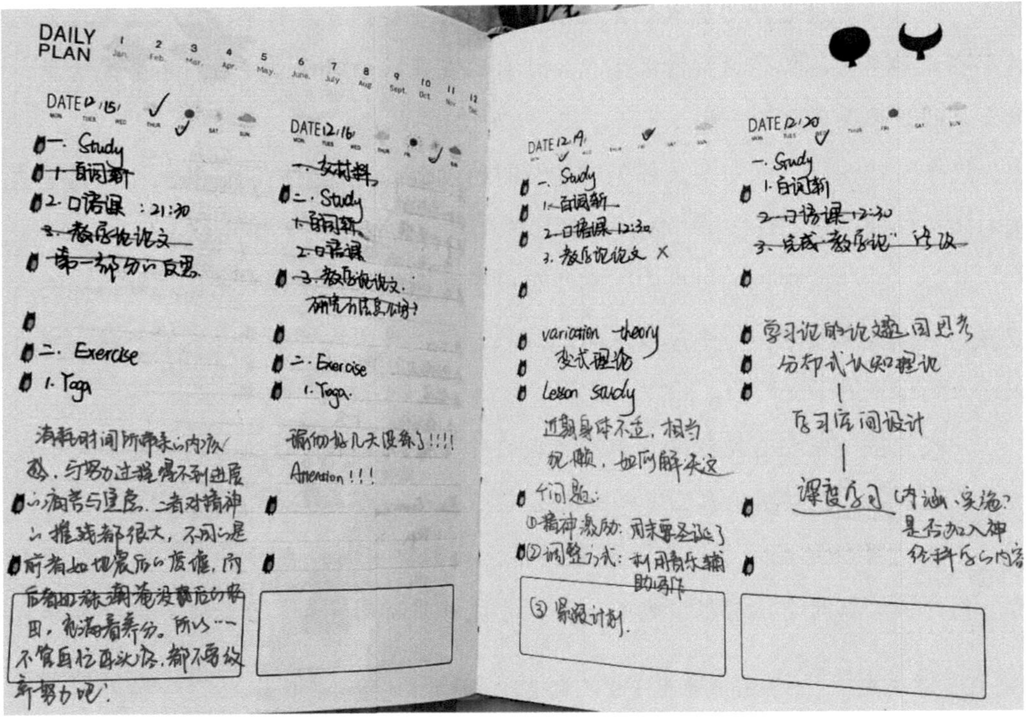

图1-3-5　某研究生的日常复盘图（2）

重要的环节，也是更好地进行学习规划的前提。”（C-F-20201230-C）

复盘可以促进反思，让人及时把握自身发展中的不足，为后续规划提供查漏补缺的机会，这样才不会耽误后续发展。否则，研究生可能会因为知识或能力的某些缺陷拖延任务，长此以往，漏洞会越来越大，研究生对学习将日渐丧失信心。

（三）乐观向上，阳光心态

英国思想家詹姆斯·埃伦告诫人们，“人的心灵像庭院，既可理智地耕耘，也可放任它荒芜”，“如果自己的庭院里没有播种美丽的花草，那么无数杂草的种子必将飞落，茂盛的杂草将占满你的庭院”，[①] 潜心研究，静心阅读，主动探究，都是避免“杂草占满庭院”的法宝。为此，在规划执行过程中，要尽可能让自己的内心充实起来，进而做到专心致志，内心宁静。对一些人而言读书就是美好，遇到困惑就读书寻找答案，激动的心跳开始减缓。平常还可以储备美好，将美好的事记录下来，心态失衡时，立刻拿出来看几遍，心情就可以恢复。

“第一是心态，心一定要静下来，要是很浮躁的话，你就会写不出东西、学不进去、看不进去书，这个我深有体会。你一定要保证你生活上、情感上，包括跟别人的相处上，保持一个正常的状态，你的心一定要静下来，这是你学习的前提。”（Z-F-20201222-X）

但是，研究生在学习过程中难免遇到困惑和难题，有时急躁而焦虑，有时茫然而不知所措。此时，“播种美丽的花草”，加强自身情绪管理，保持阳光心态，乐观向上，就显得特别重要。“人生可以无限开拓，关键取决于秉持怎样的一颗心。……不管现在身处何种境遇，都要保持乐观向上的心态，绝不消沉，相信光明的未来一定来到。不管有怎样的过去，只要心变了，任何人都能够开拓美好人生。”[②] 对此，受访研究生有一些经验可供参考。

“你在完成一些事情之后可以给自己奖励，休息一下、运动一下、看一下新闻，我觉得都是可以的。我是一个比较爱玩游戏的人，我做完之后就会去玩游戏，会比较放松。”（Z-F-20201222-X）

---

① 稻盛和夫：《心：稻盛和夫的一生嘱托》，曹寓刚、曹岫云译，人民邮电出版社，2020，第119页。

② 稻盛和夫：同上，第123页。

“如果某天心情不好，我会听听歌、看看电影、看看综艺节目，手上的事明天再说。然后就运动一下，出出汗心情可能会好很多。再给家人打个电话，心情就会变好。”（Z-F-20201223-C）

“我会每天写几个字鼓励自己，也会去吃爱吃的食物。完成任务之后去吃一顿美食，也花不了多少钱，我会觉得很满足。”（L-M-20210116-C）

显然，娱乐、运动、美食等作为规划执行过程中的奖励，有助于放松心态、缓解压力、恢复体能，也对激励自我、恢复学习动力有积极作用。

（四）建构学术圈

研究生在制定学习规划的过程中，需要与导师、同伴交流讨论，请教学长等等。此过程增进了导师、同伴、学长等对规划制定者的深度了解和更为全面的认识，规划制定者在实施规划的过程中则容易得到导师、同伴、学长等的支持和理解，对建构研究生个体的学术圈也有明显的帮助。有了规划，就有了目标和方向，方向一致、目标相当的研究生就会自动走到一起，志同道合的人携手合作是一件十分自然的事情。学术圈的建构对于学术研究的发展至关重要，毕竟人是社会关系的综合，研究生需要在团队中合作共进，而规划就是很好的媒介。

研究生发展需要团队交往，围绕研究任务搭建学术交往圈，分工合作，分享经验，讨论难点问题，共享研究资源……这些与研究生发展规划是分不开的。研究生学习需要在对话、批判、欣赏、合作、建构中才能显现“深度”，研究生孤独时要有伴，遇到难题时需要有人商量。能帮助解决问题的不单只是导师，还包括师门、其他专业师生及社会团体等。

“一定要有人陪着你，不然一个人实在是太无聊了，容易放弃。没人陪着你或者监督你，你很可能一下子就放弃了。或者看到某天天气这么冷，然后就在被窝里面睡一天，因为没有人监督，这种事情是很容易发生的。”（C-M-20201209-O）

“找到学术共同体，就有一个商量的圈子，考研的话就有研友，写论文也可以找合作者，可以分享数据、讨论问题、推模型、写代码之类的，这很重要。一个人的话，可能很容易绕进一些死胡同。尤其是遇到一些比较棘手的问题时，可能这些问题对于另外一个人来说很容易解决，但是你一个人可能就会被绕进去。”（C-M-20201209-D）

此外，研究生的学习也是跟社会生活合在一起的，正如某研究生所言，“要想跟社会联系得更加紧密，你必须要去关注社会、洞察现实。这个很重要！”（Z-F-20201222-X）研究生学习方式是基于师徒制的多元混合方式，个人和导师、同侪、相关行业人士密切的互动非常重要。进而言之，不少创新都发生在学科的交界处，学科原本最核心的地方已被探究很多，不一定能有很大的突破和创新，所以跨学科、跨领域学习很重要。如果研究生学习追求深度，渴望有所发现、有所创新，“跨学科、跨领域”应该成为研究生重要的思维。研究生必须走出单一学科，到别的学科或领域，与不同的人进行互动、学习，这或许是研究生有必要建构学术圈的一种理解。

第二章
研究生深度阅读

研究生是从事研究的学生，阅读是研究的基础。学科专业要求的高度决定着研究生阅读的深度，深度阅读成为研究生学习与发展的重要前提，也是其学术素养养成的关键路径，贯穿研究生学习生活的各个环节。

第一节 研究生为什么要深度阅读？

阅读是个性化的，读什么、什么时候读、怎么读等没有固定的模式，这往往与个人的经历和需求有关。研究生阅读也有共通之处，那就是离不开阅读的深度和大量收集学科最新科研成果。从某种意义上说，深度阅读是研究生高质量学习的起点和关键。深度阅读，一方面能为研究生幸福生活奠基，另一方面有其独特的价值意蕴，有助于回应和解决研究生阅读的关键问题。

一、深度阅读为研究生幸福生活奠基

研究生生活是人生发展新的起点，研究生应如何度过求学生活？因学科而异，有的人常做科研实验，有的人常做社会调研，有的人则可能忙于做编程开发……但不管是何学科何专业的研究生，成功而幸福的生活都离不开深入的、持久的深度阅读。

（一）阅读改变人生

阅读陪伴人生。“腹有诗书气自华”这句话常常被用来描述读书对于个人成长的价值，正是因为有了持续而深入的阅读，人生的旅程才得以不断刷新，人生的意义才得以不断丰富。“阅读是一种从印的或写的语言符号取得意义的心理过程，它是人类最普遍最持久的一种学习方式，也是一种基本的智力技能。”[①] 研究生阶段阅读的深度影响研究生的学习质量，甚至成为其一生学术研究和事业发展的重要基石。通过阅读，研究生可以拓展个人经验，丰富生活感受；进而探究生存意义，提

① 曾祥芹，韩雪屏主编《阅读学原理》，大象出版社，1992，第12页。

升人生境界。

1. 拓展个人经验，丰富生活感受

研究生总是生活在特定的时空背景中，每个人通过感官获得的直接经验有很大的局限性，突破这种个人局限的最好方法就是阅读。通过阅读，研究生可以了解有文字记载以来的文学、哲学、历史等著作，体验人类的文明发展，也可以置身历史长河中，探寻人类发展的规律；也可以跨越空间的限制，阅读别的国家的文化成果，了解其他国家的人民在长期发展过程中形成的文化遗产。

面对日常生活中的各种遭遇，人的内心会有不同的心理感受，引起不同的情绪反应，或喜、或怒、或哀、或乐。研究生在学习与生活中，难免处于不断变化的情绪状态中，对生活形成自己的独特感受。通过阅读，研究生可以了解别人的生活感受，理解情感与生活背景的关系，对生活获得更为丰富的理解。个人的成长是人生经历和人生理想的互动。人生的经历是过去式的，决定了一个人能做什么，已经具备的知识和能力是从事某种职业的基础；人生的理想是将来时的，决定了一个人想做什么，人生理想可能给人带来归属感和幸福感。

2. 探究生存意义，提升人生境界

现代日益丰富的物质生活给人带来更多的物质享受，但不能自动满足人的精神需要。一个人如果不能主动地寻找自己的精神家园，生活的虚无就不可避免。同时，越来越多元的现代文化和网络背景下碎片化的生活方式，加剧了现代生活价值的缺失。价值和意义都是在文化中形成和传递的，一个人只有通过广泛、深度的阅读，在吸收前人智慧的基础上，结合当下的生活背景和个人独特的生活体验，才能形成个人的价值观念和意义系统。

每个人境遇的不同造就了人生境界的不同。哲学家冯友兰把人生的境界分为四种：自然境界、功利境界、道德境界、天地境界。自然境界和后三种境界的不同之处在于缺乏觉性，是人和动物的共通之处；后三种是具有觉性的、真正属于人的境界。功利境界是追逐功名利禄的境界；道德境界把善作为人生的旨趣，不是因为道德舆论的约束而被迫遵守，而是自觉地把善作为心灵愉悦和人生幸福的基本条件；天地境界由道德境界而至，处于这个阶段的人把自己的起心动念与众生和世界联系了起来，对世界有了一种责任感和使命感，把自己融入了一切生命和世界。人生境界的提升离不开人类文化的熏陶，离不开阅读和持续不断的学习。

（二）走向深度阅读

通过广泛而深入的阅读养成扎实的理论修养，这是研究生科学研究能力培养的基础，要“通过大量阅读拓宽知识面、构建合理的知识结构，掌握相应的学习与研究方法”。[①] 阅读是研究生积累知识和开展研究的重要手段，是研究生学术素养养成的重要途径。研究生需要在导师的指导下掌握本学科专业基础知识和相关知识，运用正确的研究方法开展创新实践。在这些环节中，阅读都发挥着举足轻重的作用。

1. 研究生阅读问题不容忽视

研究生学习从过去的相对浅表发展到深度学习，需要博学与专攻的有机结合，过去相对感性的阅读需要提升到理性层面。阅读要以“专读”“窄读”为主，以“博读”为辅，根据自己的研究需求，深挖研究领域。可以说，没有对导师指定理论著作的深度阅读、消化与吸收，研究生的深度学习就难以发生。

不少导师常常感受到，研究生涉猎经典不多、阅读内容不深、表达逻辑不清，甚至学位论文中病句、错别字俯拾皆是，根本原因在于研究生缺乏深度阅读，写作训练不够。有研究以理工科研究生为调查对象，探究该群体阅读的基本情况。结果发现“理工科研究生普遍存在阅读量相对较小，电子阅读与纸质阅读共存，阅读方向大多为流行畅销书、文学类以及报纸杂志，部分学生对阅读价值的认识存在偏差”，[②] 其原因为“阅读兴趣匮乏、阅读价值认同与行为缺乏之间存在矛盾以及对网络的不合理利用等”。[③] 一般而言，理工科研究生重视实验，阅读时间相对较少。

人文社科类研究生的阅读情况同样需要引起高度重视。有调查发现，尽管研究生充分认识到了阅读的重要性，有着较强的阅读需要，但“由于阅读时间得不到保障而实际阅读量并不高”“阅读较多的是专业书籍，对于研究方法类书籍及经典原著阅读不多”“阅读能力还不能满足研究生进行科研和学术创新的需要”。[③] 尽管

① 徐忠勤、强文鑫、李言俊：《拓宽博士生知识面浅议》，《学位与研究生教育》1995年第5期。

②③ 马声：《理工科研究生阅读现状的调查研究——以浙江师范大学为例》，《科教导刊》（上旬刊）2016年第25期。

③ 邬智、孙侠：《人文社科类研究生阅读情况的调查与分析——以广州地区高校为例》，《国家教育行政学院学报》2009年第8期。

这是十几年前的调查发现，但从现实观察而言，这种情况今天仍然存在。有研究探究了地方性师范类院校研究生群体的阅读状况，发现“不同专业研究生的阅读范围大部分都局限在与自己本专业有关的书籍，阅读广度相对狭窄”。[①] 网络时代，全民阅读方式发生了颠覆性改变，人们习惯于深居“信息茧房”进行“碎片化”阅读。研究生似乎也难以逃离这一大众“生活陷阱”。

“一个原因是现在时间比较紧，没有充足的时间看书，还有一个原因是我觉得人有点浮躁了，很难静下心来阅读。快餐文化接触久了，人好像就有点急于求成，忽略了阅读，这也是我最近在反思的一件事情。”（W−F−20201213−C）

这种状况也引起了学者的疑虑和担忧：“在读图、听书、看视频等广义的‘阅读’及阅读量上涨之际，其强度、深度及对精神的抵达并未同步增长。”[②] 实际上，碎片化阅读、浅表化审美问题“既是一种信息焦虑，也是一种因惶恐信息不对称造成的身份焦虑”。[③]对此，有学者呼吁：“给深度阅读、高质量审美更多的尊重和机会。”[④]

2. 强化研究生深度阅读

阅读贯穿研究生学习的每一个阶段，但侧重点有所差别，不同阶段的阅读目的也不一样。在研究开始阶段，研究生主要是通过阅读了解该领域有哪些人做过哪些研究，在考察研究背景的基础上找到自己的选题。在研究过程中，研究生通过阅读保持研究兴趣并跟上学科发展，以更好地理解自己正在使用的方法和正在进行研究的领域，这些都可以作为研究的资料，“从很多论文中寻找自己想要的内容还挺难的。因此，一些好的阅读习惯在我们进行论文的思路构建时能帮助我们找到想要表达的内容”（G−F−20201222−X）；研究生还可以通过阅读掌握学术论文的基本规范，“通过阅读，慢慢理解学术的规范性、学习怎样提炼作者的观点，那么阅读的每一篇文献中都有自己的总结或者观点的记录，你就可以理解作者的思路和写作规范”（G−F−20201222−X）。研究结束以后，研究生进一步阅读文献，反思自身的研究，形成下一步的想法和思路。可以说，研究生研究的全程都伴随着深度阅读。

---

① 许建丽：《地方性师范类院校研究生阅读倾向的纵向研究》，《四川职业技术学院学报》2012年第6期。

②③④ 毕达：《给深度阅读、高质量审美更多尊重》，《中国艺术报》2021年5月17日。

深度阅读基于深度学习而提出，根据对深度学习内涵的理解，深度阅读可以看作是读者在与文本互动的过程中，基于个体已有认知结构，由解读文本逐渐到深度分析文本、建构整体意义与迁移运用的过程。而深度阅读不同于浅层阅读，其目的性、学习性、研究性更为突出，价值也更为深刻。有学者认为深度阅读有助于实现对文本的深度理解，培养高阶思维、主动思考能力和批判性思维，丰富精神世界，提高自身审美能力；也有学者认为深度阅读的价值在于“帮助读者获取知识、提高思维能力，在领悟中形成自己的人生哲学基础，并由此实现知行合一的升华”。不同学者纵然对深度阅读价值有不同的认识，但都认为深度阅读对读者有着莫大的帮助与提升。有研究发现，随着网络技术的快速发展，“微阅读”时代的经典阅读呈现出新的特征，选择“精读”经典原著的研究生不足三分之一（28.6%），更多的研究生倾向于“浏览”（30.5%）或“泛读”（26.2%），甚至选择“随机”（14.7%）阅读。[①] 强化研究生深度阅读经典的要求显得十分迫切。

自1949年以来，我国研究生教育已有70余年的发展历史，研究生教育一直肩负着培养高层次创新型人才的重任，研究生培养过程中注重专业知识、科研能力、创新意识、批判思维等方面的发展，从而推动我国由人口大国向人才强国转变。研究生专业知识、科研能力、创新意识与批判思维的发展不仅需要国家、社会、学校在学习方面提供资源支持，也需要研究生自己深度投入学习活动，切实认识到深度阅读对自身深度学习的价值，对阅读抱有浓厚兴趣，围绕阶段性学习与研究任务，在深度阅读、深度学习中不断提升自我，逐渐成长为优秀研究生。

二、研究生深度阅读的价值意蕴

研究生学习和本科生学习有很大的不同，后者侧重于本专业基础性知识的学习，一般科目比较多，重点在于打好专业基础。研究生不仅仅要学习相关的专业知识，最主要的是要围绕某一个小的领域找到研究问题，尝试运用一定的研究方法，对收集到的数据进行处理，最后得出令人信服的结论。因此，研究生的学习其实是一个探究的过程。在这个过程中，虽然不同学科的研究方法略有差异，但建构概念地图、丰富立论依据、发现问题、习得研究方法等环节都离不开相关文献的深度

① 邓倩：《微时代研究生经典阅读现状及对策研究》，《出版科学》2017年第3期。

阅读。

（一）建构学科概念地图

任何一个研究领域在形成的过程中都积累了许多学术前辈的智慧和研究成果，同时有自身的一套话语体系和研究思路。如果想在这个领域开展研究，研究生就必须阅读这些学术前辈的著作或文献，了解这个领域的研究历史和现状，理清各种概念之间的关系后形成该领域的概念地图。这个概念地图可以保证研究生在研究的时候不会迷失方向。通过阅读，研究生可以“首先了解这个领域的基本脉络，看看大家都研究了什么，用了哪些方法，有哪些常用的数据，有哪些常用的模型，得出了什么结论”（C-M-20201209-D）；通过阅读，研究生还能知道自己可以做什么，“你的结论不能和主流的观点相悖，对于研究生新生来讲，更多的是要证明自己能做什么，而不是证明自己不能做什么”（C-M-20201209-D）。

（二）丰富立论依据

阅读的过程是“我”与“他人”的交流过程，是思想的碰撞过程。成功的阅读会使人产生一种豁然开朗的感觉，进而审视自己原有的观念，发现局限性，同时批判性地思考“他人”的观点，在审视和批判的过程中，产生新的想法或观念；这个新的想法或观念可能还不够清晰、明确，这时带着这个新的想法或观念再阅读，可能就会发现与“他人”观念的契合之处。研究生在阅读时可以积累很多本学科重要的观点，这些都可以是自己论文中的重要支撑材料。

“我在阅读中归纳了很多重要的观点。这些重要观点都是来自权威期刊的，有国内的《高等教育研究》《教育研究》或者《课程·教材·教法》，或者国外的一些顶级教育研究期刊，还有社会学方面的《中国社会科学》《社会学研究》《经济研究》等等。”（Z-F-20201222-X）

研究生在写论文时必然需要借助一些权威观点作为基本的理论支撑。如果能在阅读的过程中有意识地积累这些材料，写作时用上这些观点就可以增强论证过程的说服力。

“我觉得我在写东西，尤其是理论性的东西的时候，一定要去引用别人的东西，它是我论文的论据。因为不是实证研究中收集到的数据，那我唯一的证据可能就是这些权威的观点。”（Z-F-20201222-X）

（三）发现有价值的研究问题

随着阅读的深入，研究生对某一个领域的基本知识和基本概念会有初步的理解，同时，随着个人的思维习惯以及观念的改变，研究生有可能从一个新的视角去思考某一个司空见惯的问题，也就有可能发现值得研究的问题。在研究生原有的思维方式中，这个问题可能是不需要审视的。阅读可以为审视问题提供新的视角和思考的角度，换个角度看问题，也许就能产生研究课题。

“‘书中自有黄金屋’，当你认真地去读一本书的时候，跟作者的思想进行碰撞，那你内心的那些想法也会得到升华。”（S-F-20201222-D）

在阅读的过程中借鉴别人的成功经验，是研究生学习的一个有效途径。

（四）习得研究方法

研究方法是研究生学习阶段的重点，不同学科基本研究方法可能会有差异，理工科专业偏向于运用实验法，许多研究往往在实验室进行，文科专业一般需要通过调查法收集一手资料，然后进行数据分析。两种研究方法的基本逻辑有类似的地方，都是遵循“提出假设—设计研究方案—收集数据—进行数据分析—得出结论”的基本思路。在这个过程中，研究方法的运用直接关系到方案设计的合理性、收集数据的有效性、数据分析和结论的可靠性。但要熟练掌握某种研究方法不太容易，研究生往往需要借鉴已有文献。

“我会摘录比较有用或者比较关键的文献，对文献里使用的实验设备、方法、得出的实验结果，以及自己想到的问题，我会进行总结。”（B-M-20201210-O）

如果研究生能充分阅读该领域的文献，对核心文献的研究问题、研究方法和研究结论进行充分的比较、分析，熟悉各种研究方法运用的技巧，就可以对研究生的学习起到事半功倍的作用。

“我现在有一些内容就是基于一篇论文改进的。如果不看那篇论文的话，我可能想不到用更好的办法去做。我在它的基础上修改了一些，那篇论文对我帮助挺大的。”（B-M-20201210-O）

第二节 研究生深度阅读的对象是什么?

现代社会中，由于技术进步和经济发展，纸质出版物越来越多，同时自媒体和电子出版物也在快速发展，如果不加选择地进行阅读，既不经济，也不现实。选择阅读对象就成为研究生深度阅读必须具备的一项基本能力。

一、学科关键文献

一般而言，从事某一领域的研究需要了解该领域的最新研究进展，但我们也不应该忽视该领域的经典性著作和论文，这些著作和论文奠定了该领域研究的基础，可能是我们从事研究的“源头”。追本溯源有助于我们加深对该领域的认识，提高自己的理论水平。

（一）学科关键经典阅读的功能

经典是指各学科知识体系中的奠基作品，“每个时代都有大师，他们往往智慧超人，大多经历过历史潮流的变迁，沧海桑田的剧变，在智慧、见识、功力等诸多方面都高出我们一筹。正是这些璀璨夺目的大师们最深刻地把握了时代的脉搏，抓住了那个时代的根本问题，使之获得了深刻、全面的阐明，因此成为经典名著。这些经典名著或是时代的启蒙著作，或是时代的集大成著作，或总前代之大成，或开后世之先风”。[①] 每个学科的发展都集中了先贤的智慧，其中的某些思想和观念已经成为该学科的基本思维习惯和内核，各个学科一般都有自己学科的奠基性作品。

阅读经典原著，可以追寻学科发展之源。目前我国大学本科学习阶段的学生大

① 朱志荣：《作为学术研究生的阅读》，《学术界》2008年第4期。

多以阅读教材为主，研究生阶段就应该从教材走向原著，特别是经典文献。只有通过阅读原著、文献，才能知道学科知识的源头所在，在更高层次上思考学科的基本概念和知识体系。经典原著中的科学研究活动是历史的、创造的、流动的，读者在亲近它的过程中，可以切身地感受到时代的脉动。

阅读经典原著，可以避免重复前人的错误。致力于人类社会发展历史进程中的问题发现和答案求解，是研究生学习阶段的重要任务之一。而科学研究贵在创新，简单重复前人的结果不是科学研究，没有创新就没有科学的前进与发展。因此，避免重复劳动，是对科学研究的基本要求。阅读和研究前人的著作，可以发现其理论盲点，避免走弯路或重复劳动。

阅读经典原著，可以领会科学精神，掌握科学方法。经典原著是人类文化精华的代表形态之一。它不仅蕴含博大精深的哲学思想，饱含高尚的人文精神，而且承载了科学思想、科学观念、科学方法和科学精神，在推动人类文明进步的过程中起着特别重要的作用。文化的传承与发展，离不开经典原著的阅读。通过对原著的研读，研究生所能学习的不仅有知识与观点，还有支撑知识与观点的思想框架，以及更深层面的个性创造、意志决断与情感态度。

（二）学科关键经典的选择

判断一本书是否有阅读价值有两方面工作：一方面要评价这本书在整个学科领域中的地位和影响，有的书可能奠定了某一个学科的理论基础，有的书可能开拓了一个新的研究方向……这些对学科发展有重要价值的文献就成为首先要阅读的对象；另一方面要考虑到个体的差异，阅读是非常个人的行为，每个人都会有自己的阅读兴趣，对某种类型的行文风格或表达方式的偏好会直接影响阅读选择。阅读需要在学科价值和自己的阅读兴趣之间保持适当平衡。如教育学专业研究生可选择阅读的经典文献见表2-2-1。

表2-2-1　教育学专业研究生经典文献阅读参考

文献	作者	文献	作者
《大教学论》	夸美纽斯	《学记》	乐正克
《普通教育学》	赫尔巴特	《四书章句集注》	朱熹
《民主主义与教育》	杜威	《传习录》	王阳明

（续表）

文献	作者	文献	作者
《学校与社会》	杜威	《教育原理》	陈桂生
《课程与教学的基本原理》	泰勒	《教育哲学通论》	黄济
《教学机智——教育智慧的意蕴》	范梅南	《教育学的文化性格》	石中英
《给教师的建议》	苏霍姆林斯基	《新“基础教育”论——关于当代中国学校变革的探究与认识》	叶澜

阅读兴趣和学科价值两者，首要的还是学科价值。也就是说，只有确证了文献的经典价值，基于阅读兴趣的选择才有意义。从某种意义上说，值得深度阅读的学科专业经典文献，往往也是学术研究过程中“大浪淘沙”的结果，只有那些经得起历史检验的、受到广大研究者关注和重视的文献，才能称得上“经典”。经典从另一层意义上讲是质量的保证，也是研究生阅读质量的保证。

“首先要保证你阅读的书籍的质量，阅读几十本质量不高的书，不如阅读一两本质量高的。质量高的书籍首先就是经典。”（Z-F-20201211-D）

值得注意的是，网络时代“微阅读”的平面化、零散化、即时化，极大程度地影响着研究生对经典的选择。有调查显示，仅23.2%的研究生倾向于阅读原著，48.2%的研究生更倾向于阅读原著的“片段”或“配有插图的简化版”，还有8.2%的研究生只阅读原著的“简介”。[①] 这是推进研究生经典文献阅读所面临的十分严峻的形势。

（三）学科权威新文献的选择

与时俱进、始终站在学科最前沿、站在学科前沿的最高端，是研究生深度学习的关键。除深度阅读学科经典文献外，研究生需要及时获得学科发展最新、最权威的文献。

1. 根据文献“权威性”选择

学科权威人物在学科权威刊物发表的论文一般是最关键而权威的。本学科或研究领域的“顶尖期刊”或权威杂志的论文，应该成为研究生深度阅读的首选。其

① 邓倩：《微时代研究生经典阅读现状及对策研究》，《出版科学》2017年第3期。

次，研究生可关注一般杂志的“权威论文”。

“无外乎就是阅读顶尖期刊，我们是比较重视期刊的，不是学术会议，也不是那些传统论著。你要一直紧盯顶尖期刊的动态，心里要很清楚你要读什么。”（L-M-20201224-C）

“我们一般会看一些权威的杂志，如果实在找不到权威杂志，就会退而求其次，找一些和这个主题相关的杂志，根据文章的可信度和权威程度适当参考。我们会通过实验来验证他们的观点。”（C-M-20201211-X）

与人文社科类研究生相比，理工类研究生更关注论文的深度阅读，而非经典书籍。毕竟理工学科的论文，尤其是权威论文多是以外文形式发表的。当然，这并不是说人文社科类研究生不注重顶级期刊中外文论文的阅读，只是他们阅读权威著作的可能性更大一些。

2. 根据自身兴趣和研究需求选择

兴趣决定研究选题，研究选题决定研究需求，从一定意义上讲，研究兴趣与需求有着一定的一致性。

“我感兴趣的著作和我写的论文可能没有很大的关联，但是如果我发现作者和我的想法相契合，虽然它对我未来的写作可能不能起到直接的参考作用，但是会对我的思想有一定的启发。”（C-F-20201221-C）

没有兴趣的阅读走不远，由兴趣生发的研究过程中也会出现不同的研究需求，新而权威的文献也要根据研究需求选择，这些研究需求有“阶段”“重点与实际”等不同取向。

就阶段而言，“我研一的时候看与数学相关的书比较多，把那些与数学相关的书重温了一遍。到研二的时候，我看文献比较多，因为整个研二基本是集中在做研究，文献就会看得比较多，包括期刊和会议论文。”（C-F-20201230-C）

就重点与实际而论，“要根据自己当下的重点来决定书的哪一部分略读，哪一部分精读。不是说哪一类型的书全部略读或是全部精读，还是要结合自己的实际来决定。”（J-F-20201228-X）“我一般不会读整本书，我只会看我需要的部分。”（L-M-20201213-O）

3．根据文献创新性

“对于学术论文来讲，创新性的观点是最重要的，如果它只是一些既有观点的堆砌的话，就是一篇‘水文’。”（L–F–20210130–X）“创新性”不仅可以让论文充满新意，更为重要的是它体现了研究者站在科研最前沿、发现最新的假设、获取最新的研究主题的态度。研究生需要阅读最新的书籍或论文，甚至可以看一些未发表的论文。

“比较新一点的论文可以让我知道前沿在哪里，因为经济学论文发表周期比较长，快的话将近一年，慢的话上不封顶。你如果想了解学科前沿，必须要看未发表的论文，我们叫它工作论文，其他学科可能叫它预印本之类的。”（C–M–20201209–D）

“我们专业有一本新期刊，比较创新的观点会发到快报或者快讯上。经常关注一下这种杂志，它里面是最新的学科资讯，很短，加上参考文献一般不超过6页。一般研究者会把新的理念先发到快报上，然后再根据整体的工作发一篇大文章，所以你在快报上可以看到人家有什么理念，学习一下，然后想一想能不能重复他们的工作，看看自己能不能做出新的东西。”（L–M–20201213–O）

二、跨学科阅读

跨学科阅读能够通过将学科相互联系、不断融合，提升研究者的思想温度，进而产生思想的火花。因此，创新思想和跨学科阅读二者之间紧密相连，不可分割。诚如某受访研究生所说：“文史哲不分家，研究文学的人，历史和哲学方面的书也需要读一些。研究古代的人也可以读一读现当代的文学理论。它们有相通的东西，可以用一种比较的视角去阅读、去研究。”（S–F–20201220–O）

（一）跨学科阅读的价值

跨学科是指不同学科通过交流与沟通、协调与共享的方式，将理论和概念进行融合，打破单一的学科壁垒，实现理论科学有效的整合。如今，很多学校开始设置跨学科专业，跨学科研究队伍日益发展壮大，跨学科研究机构逐渐增加，跨学科基金项目纷纷建立，跨学科科研成果也迅速增长。跨学科已经成为当今世界学术发展的趋势，随着社会的发展，学科的边界也越来越模糊，不同学科的融合发展势在必行。

不少诺贝尔奖项诞生在学科的交界处，这足以说明学科之间、平台之间的交叉跨越的价值，也说明了跨学科研究的必要性。创新必须超越固有的思维、学科与平台。跨学科研究的基础是跨学科阅读，可以拓展研究者的学术视野，提供新的思想方法和思维工具以及可资借鉴的其他学科的概念和方法。为此，研究生的文献阅读也需要打破学科壁垒，广泛阅读，否则难以找到值得研究的题目。“一篇硕士论文或博士论文最重要、最关键的，是那一个统摄性的重要概念，而通常你在本学科里面抓不到，是因为你已经泡在这个学科里面太久了，你已经拿着手电筒在这个小仓库里面照来照去照太久了，而忘了还有别的东西可以更好解释你这些材料的现象。”① 所以，研究生的深度阅读必须开阔思维，在夯实自身学科知识基础与体系的基础上尽可能地向外伸展。

（二）跨学科文献的合理选择

跨学科文献来源很广，几乎所有本学科之外的有价值的文献都可以称为跨学科文献，这也增加了选择的难度。

“我基本上经济、法律、文学、历史方面的文献都会读，因为我们的研究很多时候是跨领域的，所以我想看一下别的领域有趣的东西。”（L-M-20201224-C）

同前述经典文献、权威文献和新文献的选择一样，选择跨学科文献也要基于研究需要、自身兴趣和研究任务的阶段，有目的、有计划地选择与自己研究主题相关的文献。“主要是看你所在的阶段，比方说，课题立项阶段，你会花大量时间阅读文献。”（C-M-20201211-X）选择方法同前，不再赘述。

跨学科阅读材料选择的基础仍然是本学科的基本结构或“知识树”，包括概念体系、基本原理、定理等。如果本学科的根基还没有打好就急于阅读跨学科文献，会容易忘记自己阅读的出发点。“应该把跨学科的学习当作一件很重要的事，但是跨学科涉及的东西必须要对你的知识树有帮助，要学会到别的领域稍微偷打几枪，到别的领域去摄取一些概念，对于本身关心的问题产生另一种不同的启发。”② 以“我”为主，兼学别样，建构新“我”，以解决“我”的研究问题为主线，逐步吸纳相关学科的文献，是跨学科文献选择的基本思路。

①② 王汎森：《如果让我重做一次研究生》，http：//jds.cssn.cn/xscg/xslw/201605/t20160506_5249526.shtml，访问日期：2021年8月7日。

三、文献获取渠道

除从图书馆获取纸质书籍及刊物外，互联网的发展为研究获取文献提供了便利，如可以通过各种专业数据库以及学术搜索引擎，迅速检索到大量学术资料和国内外最新研究文献。同时也不能忽视个人的藏书、图书馆的藏书等著作类文献，它们虽然时效性不如电子文献，但一些重要文献往往更具有权威性。

（一）文献渠道

具有一定经验的专业研究者对该专业的著作已经非常熟悉，所以他们往往比较关注最近的研究进展，一般比较重视通过专业学术期刊数据如中国知网等搜寻最新的相关论文。刚刚入门的研究者在搜集文献时，要善于通过中国知网等查找最近期刊；还要注意阅读专业领域的基本著作，进行有学者称之为“基本文献”的阅读，[①] 各个专业的研究生在培养计划中大多会接触一定数量的专业必读书目；另外，与自己的研究领域相关的专著也是重要的阅读篇目。

在搜集文献的过程中，研究生既要重视与研究主题、关键词相关的文献，也要重视基础文献。这些基础文献往往是某一个专业具有较高影响力的著述。这些著述可能与研究主题没有直接关系，但可能其中的某一观点是研究的起点。现在许多硕士论文中的文献综述部分仅仅列举用某一个关键词进行搜索后的文献，这是不够的，这个过程还需要有针对性地就研究主题进行检索，得到最新的研究资料，发现研究走向。文献资料的分类见图2-2-1。

① 刘良华：《教育研究方法：专题与案例》，华东师范大学出版社，2007，第36页。

图2-2-1　文献资料分类[①]

时间	年	月	星期	日	即时
资料类型	书籍 专著	杂志 期刊	行业周刊等	报纸	网页
内容类型	理论基础 定义、概念 研究框架	近期研究	现有问题	当前问题	最新问题

（二）文献查找技巧

如何找到与自己研究领域有关同时又对自己的研究有价值的文献是一个艰苦的过程，研究生既要搜寻本专业基础文献，也要找到最新的研究成果，图书、期刊、电子资源等都不能忽略。查找文献需要掌握一定的技巧。

1. 查找本学科基础著作

研究的问题通常比较具体，有些研究生认为基础著作类和自己的研究主题没有关系，因此学科的基础著作是研究生在从事教育科研的过程中容易忽略的。在搜索时，研究生往往认为只要输入关键词，在知网上检索出一批文献，然后对文献进行分析，就算完成了文献研究。其实，学科的基础著作可以为科研提供基础概念、基本解释框架等，阅读这些著作是研究生透过现象深入问题本质的基本途径。

如何查阅与研究相关的基础著作？基础著作关注的大多是一些基本问题，虽然看起来和研究主题不太相关，但可能其中的某一章节或者某一段落的论述与研究主题相关，那么这一章节或段落就是在文献检索过程中所要重点寻找的。

第一，要注意扩充关键词。基础研究涉及的是学科的基本问题，因此在文献检索的过程中，仅仅通过关键词不一定能检索到。这时需要扩充到关键词的上位概念，如某受访研究生所言，“我的毕业论文是《零工经济下劳动者权益保障》，有几个关键词。第一个关键词是‘零工经济’，我就去图书馆找，把四五本书都借过来；第二个关键词是‘劳动者’，这方面就需要看专业教材，包括《劳动法》和《社会保障法》”（C-F-20201221-C）。

① 马奇、麦克伊沃：《怎样做文献综述——六步走向成功》，陈静、肖思汉译，上海教育出版社，2011，第21页。

第二，要留意书籍的目录。只要目录中的某一章或者某一节涉及自己的研究领域，这本书就应当作为基础文献来阅读。

第三，日常阅读中注意积累与研究主题相关的文献。搜集的常用方法是读书卡片。虽然方法有些传统，但这样最能看出研究者的研究功底。

2. 借助关键词进行电子期刊搜索

一般每个学科都有自己专业的重点期刊，这些期刊在各自的专业有较大的影响力，论文影响因子较高。这些期刊上的论文应该是在研究的过程中要重点关注的。有些论文可以通过电子检索的方式获得，有些论文由于关键概念不同，借助关键词检索不一定能检索到，这时研究者可以浏览该期刊近五至十年的总目录，寻找与自己研究主题相关或相近的论文题目。

互联网的发展为文献检索提供了便利，最常用的是中国知网（CNKI）。中国知网数据库主要包括“中国期刊全文数据库”“中国优秀博硕士学位论文数据库”“中国重要会议论文全文数据库”等。其中“中国期刊全文数据库”是目前世界上最大的中文期刊数据库之一。

一般电子文献检索过程中都需要确定关键词，在确定了自己的研究题目之后如何选择关键词直接关系到搜索的结果。在关键词检索过程中，如果某个关键词尚处于不定型的状态，那么就需要搜索它的相关概念，尤其需要搜索它的类属概念（包括上位概念和下位概念）。比如，在2013年前后，“校本教学研究”尚不是一个稳定的、常用的学术词语，如果在2013年搜索“校本教学研究”的文献，搜索结果可能很少。可考虑搜索与之相关的概念，比如搜索“同伴互助”“校本教师发展”“校本行动研究”等；也可以搜索它的类属概念，“校本研究”“教学研究”是“校本教学研究”的上位词语，“小学校本教学研究”“中学校本教学研究”则是“校本教学研究”的下位词语。

上位概念的检索将导致检索范围的扩大，文献检索的结果可能会多而杂乱；下位概念的检索将导致检索范围的缩小，文献检索的结果可能过少。此时可以考虑去掉或减少检索词中的隐性或显性定语。上位概念和下位概念不仅可以帮助研究者扩大或缩小文献检索的范围，而且可以提醒研究者淘汰或转换关键词。

刚开始从事科研的研究生往往会直接将自己的研究题目作为关键词输入，由于界定较多，搜索到的论文数量一般很少，但这并不代表选题真正有新意。研究生应当适当扩大或改变关键词，如使用研究题目中关键词的上一级概念等。比如，某研究生的研究题目为“技能比赛在中职技能人才培养中的应用研究”，研究者如果直接用题目作为关键词进行搜索，得到的检索结果非常少，但如果以“技能人才培养”为关键词进行检索，在中国知网中检索到256个条目。对“资源依赖理论视角下名校集团资源配置现状及策略研究”这一研究题目，以“集团化办学”为关键词进行搜索，共找到2 044篇文献。

由于文化背景的差异，有一些中国本土特色的话语，可能在国外网站上无法找到精准对应的关键词，只能用类似的关键词替代。“基于教研员的本土化特质”在国外的话语体系中难以找到相关研究，但我国教研员的职能类似于英、美、法、德等国的教育督导。教育督导的职能包括协助、监督、指导、检查等，我国教研员目前也承担着指导者、协助者、监督者、服务者等角色，因此可以参考对国外教育督导的研究，思考我国教研员的角色和职能。① 再如“研究生学习获得感研究”这一研究主题中的“获得感”是中国特有关键词，这时就需要借鉴国外“幸福感”“满意度”“自我效能感”等相关研究文献了。

3．顺藤摸瓜，根据已有文献提供的线索延伸检索

第一，关注二次文献。在文献检索的过程中，最好先关注综述性、述评性的二次文献，并从中大致了解本专题研究的关键作者和核心文献，通过初步阅读了解这些关键作者和核心文献的基本信息。然后，根据这些关键作者和核心文献“跟踪索引”，值得跟踪的文献一般出现在三个地方：一是综述或述评报告中提示的关键作者和核心文献；二是学位论文的文献综述中列举的关键作者和核心文献；三是某些一次文献的脚注和尾注中频繁出现的文献。

第二，搜寻目录。借助专业杂志的年度目录，可以找到关键词不相同，但与自己的研究主题相关的文献。各专业可以选择自己专业的重要期刊，从总目录中寻找。

第三，参考文献的使用。通过经典著作所列的参考文献以及顶尖期刊或权威论文附录的参考文献，顺藤摸瓜，追踪查阅，往往会获得很有参考价值的文献。具体

① 胡月：《小学教研员课程领导力发展的个案研究——以重庆市四位小学教研员为例》，硕士学位论文，西南大学课程与教学论专业，2019。

办法是：围绕所研究的主题，找几本经典名著或权威论文，比较研究所涉及的围绕自身研究主题的研究文献，列举重复率高的“共同”文献一般就是有较高参考价值的文献，值得进一步查阅。通过这种类似“滚雪球”的方法，不仅可以补充文献，还可以判断文献的重要程度，获得意想不到的资源。

第三节　研究生怎样进行深度阅读?

阅读是一种认知行为，即学习者在与文本的互动过程中提取相关信息。研究生的阅读不能只停留在获取文本信息或对文本的浅层次理解上，而应该拓展到概括、评价、反思和创造等深层次的阅读行为。事实上，这些深层次阅读行为的发生不只是认知能力的发挥，也是态度、行为等非认知能力的应用。研究生阶段的阅读内容一方面涉及本学科的基本原理和理论，需要进行深度阅读；另一方面也需要广泛占有资料，对本学科研究的前沿和细分领域进行广泛了解。这就要求研究生不断积累阅读的实践智慧，阅读大量研究文献，获取其主要观点、研究方法、论据等，为研究奠定基础。

一、精熟理解性阅读

对学科经典文献和学术权威的重要论文，需要采用精读的方法，既要把握其主旨与核心问题，也要把握不同研究者之间的关系和研究走向。与自己的研究领域类似的重点论文也可以精读，揣摩其观点，学习材料收集和处理的方法、论据的使用技巧等。通过研究这些关键著作和论文，能为自己的研究领域搭好基本框架，厘清基本思路。

（一）精熟理解性阅读常用方法

精熟理解指的是对书籍内容进行逐字逐句、全面透彻的阅读、熟悉和理解。这种方法对读者的要求较高，读者需要花费大量精力对文章反复钻研，仔细咀嚼。不管是从字、句、篇等微观的角度，还是从脉络线条、框架结构的角度，读者都要有全面深刻的理解和认识。常用的精读方法主要有SQ3R阅读法、SQ4R阅读法和符号标记法等，阅读态度和认知上也要给予支持。

1. SQ3R阅读法①与SQ4R阅读法②

这两种方法是基于翻阅（Survey）和提问（Question），进一步阅读（Read）、回忆（Recall）和复习（Review），或者阅读（Read）、背诵（Recite）、写（Write）、复习（Review）。这两种阅读的基本策略都是翻阅（Survey），即通过快速地审视或翻阅，努力专注阅读材料的一般要点，给自己提出一些可能会从中找到答案的问题。所不同的是SQ4R多了一个写（Write），即写答案和概要；其余的阅读（Read）和复习（Review）都是一致的。这两种阅读的优势在于把“读”“背”“写”“忆”“查”有机结合起来，目的是集中学习重要的东西，学会组织并构思研究，有助于读者用问题来陈述目标、寻找答案、达到目标，集中把握关键概念，加深阅读理解，促进问题思考。

2. 符号标记法

精熟理解性阅读常用的方法因人而异，有的人喜欢记录，就不妨把文章中精彩的段落或者好的观点记录下来；有的人喜欢做笔记，就可以做卡片式的读书卡，关键时候可以随便翻阅；有的人喜欢圈、点、涂色、画。

“读书就是要记要画。书读完如果还是干干净净，那就等于没读，一定要画一些观点，或者写一些自己的看法、反思之类，这两点很重要。”（J-F-20201228-X）“我不会手写太多字，而是用记号标明，比如用正方形标出这篇文章的核心部分，用三角形表示某个问题我还不会。”（L-M-20210116-C）

“我会将我认为写得好的地方或者以后可能有用的地方画出来，之后需要的时候方便定位。”（G-F-20201222-X）

从学习心理学角度看，受访研究生说的这些标记方式，可以在一定程度上调动读者多种感官的参与，让身体卷入到阅读活动中，通过多种途径促使阅读者与作者、文本之间发生对话，在对话中理解文本的意义，并同时建构自己的理解。

① 洛兰·布拉克斯特：《怎样做研究》，戴建平、蒋海燕译，中国人民大学出版社，2005，第156页。

② 同上，第157页。

随着智能手机的普及，各种笔记类的手机应用非常多，可以用手机输入，同步上传至电脑，使用比较方便，需要引用的时候也可以直接复制。阅读文章的过程中，读者需要留意寻找文献的可取之处，可能是某一个论点、方法、数据或者框架。读者在阅读的过程中最好能一一标出来，方便后续整理。一般而言，论文的研究框架基本上都是在阅读文献的过程中慢慢形成的。

3．阅读可以“好读书，不求甚解”

精熟理解，对于经典而言并不容易。许多经典文字较为艰深，如果不能静下心来认真阅读，很容易见难而退。因此，阅读既需要悟性，也需要耐心。悟性是指读者虽然不能掌握它的全部思想，但能在阅读时把握其主旨大意；耐心则是指读者要在自己的经历和体验不断丰富以后才能体会到其更深的内涵。

读书纠缠于字词之间，而不顾文之血脉，即大意或主旨、思想，乃读书之大忌。经典著作可能成书年代久远，内涵丰富，但有的经典著作文字晦涩难懂，研究生在初读时不太容易读懂，在阅读经典时不妨采用“不求甚解”的读书方法。

陶渊明在《五柳先生传》中提出“好读书，不求甚解；每有会意，便欣然忘食”，这种读书方法是指以“随便翻翻”的方式保持与书本随意交流的态度和轻松的直观感受。① 也有人认为“不求甚解”是直通学问文章的“大义”，而不关注学问的细节。“不求甚解”的读书方法一方面指我们要以亲近的态度对待经典，随时翻阅，另一方面由于经典著作意蕴深厚，我们阅读的时候可能难以在短时间内领悟到著作的全部内涵，可以先大概把握其关键内涵，难以理解的部分暂时搁置，等自己的理论修养和学术水平提升后重新阅读，可能会有新的收获。

“研一时我看任何一篇文献都觉得写得很好，到了研二慢慢积累了一定的知识和阅读量之后，偶尔看到某一篇会觉得还挺简单的，再到后面就会质疑研究者的做法，提出一些新的问题。”（C−F−20201230−C）

4．读书是“为己之学”

现代社会中，随着各类知识成为相对独立的系统，知识便逐渐失去了与个人生活的联系。“要把读书和亲身体验结合在一起，要对书中的道理加以体认，认为是

① 刘良华：《教育研究方法：专题与案例》，华东师范大学出版社，2007。

有道理的，要拿人生的经历来加以验证。”[①]

儒学传统一直都认为读书学习的目的是“为己”，强调“体认”“践履”，学习后必须有所收获，并在自身的生活实践中去践行，在行动的过程中加深对学问的理解。钱穆在论述王阳明“心学”时曾说：“凡他所说的一切，我们要把他自己成学前的种种经历来为它注释，若忘了他的实际生活，空来听他的说话，将永不会了解他说话的真义。若空听了他的说话，又忘了你自己当身的实际生活，那便更不会了解他说话的一番真义所在了。”[②]

我们在阅读的时候还可以体会写作思路，在模仿中学习写作。

“刚开始我不会写文章，我就会模仿其他作者的文章，比如章节如何安排、标题怎么写才更加学术、怎么遣词造句等，然后再修改我的论文。”（Z–F–20201222–X）

（二）精熟理解性阅读的态度与认知

精熟理解性阅读除了要注意阅读方法及技巧外，阅读的态度与认知也会对阅读理解产生影响。

1. 态度上，阅读需要虚心

人只有虚心，才能静下心来专心阅读，走近作者，理解文本中的观点，同文本中的重要人物交心，相互理解。

“先把自己的想法全部抛开，不带一点主观想象，否则就会想当然。读第二遍的时候会发现作者的意思和我想的不一样，所以读文章要虚心一点。”（B–M–20201210–O）

人只有虚心，外面的东西才有机会进来，才会有新的收获，先泛读，进而细读、一读再读，“因为一篇文章中有些内容不是那么重要，有些内容非常重要，所以我会先泛读，找到我关注的点在哪里，对我有帮助的点在哪里，然后再细读”。（L–M–20210116–C）同一篇文章可以多次阅读。

“如果读第一遍时做点批注，那么读第二遍的时候会很快领悟到一些东西，会更深刻一些。”（L–M–20201211–X）

---

① 朱志荣：《作为学术研究生的阅读》，《学术界》2008年第4期。

② 钱穆：《阳明学述要》，九州出版社，2010，第45页。

如此循环多次阅读，对文本的理解就会越来越深刻。

2. 认知上，阅读要带着问题找答案

阅读过程中要带着问题，本着解决问题的目的阅读，尽可能在阅读中寻找答案。

“我是目标导向，如果阅读对自己的课题没有用处，精力就白白被浪费。把一件事情做成功，本来就很有难度。”（B-M-20201210-O）

“最好带着问题去阅读。这个方法是我从我的老师那里学到的。当我有一个问题的时候，我带着这个问题阅读，很容易就能从书中找到我想要的答案。”（G-F-20201222-X）

这样，阅读本身就不是目的，阅读成了解决问题的手段。通过阅读及时概括、总结、输出，有利于读者将对文献的理解转化为自己的认知。

“我会摘录比较有用的或者比较关键的文献，对文献里使用的实验设备、方法、得出的实验结果，以及自己想到的问题，我会进行总结。”（B-M-20201210-O）

“读书是接受别人的观点，先输入然后再通过思维整理进行再输出。很多人没有输出这个过程，但我觉得输出是很重要的。因为只有在输出的时候，很多东西才会转化为知识结构中的一部分。”（L-F-20210130-X）

二、质疑批判性阅读

作为一种阅读方法，质疑批判性阅读是指用批判性思维作为系统工具，对文献已取得的成就和不足进行客观评价。作为一种思维方法，批判性思维基本过程包括发现假设，判断假设的合理性，并尝试从多角度看问题。质疑批判性阅读的过程其实也是发现某一学术观点背后的基本假设和价值判断并对其客观评价的阅读过程。①

（一）质疑批判性阅读的内涵与目的

质疑批判性阅读是一个综合评价的过程，简而言之，就是取其精华、去其糟粕的过程。质疑批判性阅读可以让我们审视一些被视为“理所当然”的观念，增强解释观点的能力。

① 斯蒂芬·D·布鲁克菲尔德：《批判性思维教与学》，钮跃增译，中国人民大学出版社，2017。

1. 质疑批判性阅读的内涵

质疑批判性阅读是评价文献的准确性和可靠性的一种阅读态度，也就是说，阅读时不仅要找出文献中让我们认同的内容，同时也要发现其中不完整或过于狭隘的部分。采用质疑批判性阅读的方法，可以发现文献的多层面内涵，甚至是自相矛盾的地方。“批判性阅读的核心是既要认可某项研究或某篇论文中论证扎实、准确、值得赞扬的部分，又要找出它可能存在的不足的地方。”①

“一开始别人说什么我都觉得对。但是后面做了很多实验、处理了很多数据后，再去看别人的论文，就会发现别人可能有意识地回避了一些问题，虽然数据做得很好看也有创新点，但有些问题说得很含糊。要敢于质疑别人的论文，不要全信，要汲取他们的优点，也要发现存在的问题。”（B-M-20201210-O）

这位研究生非常敏锐地发现，文献的作者根据研究目的有意识地回避了一些问题，“不要全信”，这样的做法能启发研究者善于发现文献本身的问题。

2. 质疑批判性阅读的目的

质疑批判性阅读的关键在于批判性。“质疑批判性阅读可以增强我们合理解释自己的观点和信仰的能力，进而增强我们对文本的归属感。”② 评价一篇文章时，我们需要对它的优点和缺点了然于胸，既看到其可取之处，又看到它的不足之处，最终的评价最好是不偏不倚的。好的质疑批判性阅读过程往往体现了读者的明智，在这个过程中读者既能用合理的理由和证据来解释观点，在进一步的经验面前又能勇于重新审视和思考原有的观点。

质疑批判性阅读的一个重要目的是培养研究生敢于质疑权威的观念。生活在一定的文化背景下，要进行质疑批判性阅读，就要敢于质疑社会的普遍观念的道德基础和普适性。

（二）质疑批判性阅读的要素

质疑批判性阅读是在分析文献的学术成就、充分理解作者想表达的意思的同时，进行批判分析，分析它的研究假设和视角，肯定其观点的合理性，指出其局限性。

---

① 斯蒂芬·D·布鲁克菲尔德：《批判性思维教与学》，钮跃增译，中国人民大学出版社，2017，第117页。

② 同上，第118页。

1．理解作者想表达的意思

对文献进行批判分析，首先“必须充分了解作者在文献中要表达的意思，如果连作者的基本论点都没能理解，批判分析就完全站不住脚。”① 评价时应首先关注作者的研究目标，尽管我们有理由怀疑作者的意图，认为他方向不对、观点不妥、范围过窄或过宽，但关键仍然是，确保自己彻底理解了作者的研究目标，清楚了解作者的研究内容。如果和作者的观点不一致，应该充分考虑作者的出发点。

“观点不一致是常有的事情，每个人接触的东西、所处的视角以及写作背景都会有差异。在观点不一致时，我会思考作者为什么会提出这样的观点，他对观点的阐述是否合理，如果是合理可行的，我会对自己的观点进行反思，思考自己的观点有没有问题；如果觉得观点不合理，我也会考察作者提出这一观点所做的思考或所采用的方法，然后看对自己是否有启发，取长补短。”（C－F－20201221－C）

如果文献拓展了之前的研究，应对这一点给予认可，同时不能忽略文献指出的新的、重要的研究方向；如果文献修正甚至推翻了之前的研究，应该以批判的眼光进行评价；如果文献代表已有重要研究的分水岭，也应认可它在作者的思想发展轨迹和整个研究领域中的地位；如果某一研究领域是按照不同的研究方法、理论取向和研究内容进行区分的，可以指出文献在这一领域中的位置和思想渊源，包括作者借鉴了哪些前人的研究、作者最重视的研究方法和理论框架或作者个人的思想发展等。

2．对文献进行批判分析

“学贵有疑。”知识是人类对物质世界和精神世界探索的结果总和，不可避免地带有主观特点。笛卡尔认为，世界上根本就没有一种学说真正可靠。② 因此，要在阅读过程中保持质疑精神，问题意识是阅读的关键。如果任由我们的头脑成为别人思想的跑马场，阅读就很难有收获。一位研究生这样描述他的一段学习经历：

“我之前见过一个法国科学院的数学家，他是一个院士，我在看他文章的过程中，发现一个错误，然后我就特别激动。对论文中的每一个英文单词，我都会用怀

① 斯蒂芬·D·布鲁克菲尔德：《批判性思维教与学》，钮跃增译，中国人民大学出版社，2017，第121页。

② 笛卡尔：《谈谈方法》，王太庆译，商务印书馆，2013。

疑的态度看。哪怕他是大专家学者，我也不会一味地去记这个理论，我会自己去证明。”（L−M−20210116−C）

质疑的过程是一个独立思考的过程，是将知识转化为自己的储备的过程，需要求真的勇气。

“对一个序列来讲，$N=0$和$N=1$的情况需要单独考虑。如果我们用数学归纳法，假设$N\leqslant K$时结论成立，要使$N=K+1$也成立。我当时证明他错误的那一步是从$N\leqslant K$到$N=K+1$过渡时，他没有用那个假设的结论，所以这个数学归纳法出现了问题。$N=0$那一步，我也能举出特例，证明$N=0$是不成立的，这是我发现的另一个错误。我和导师讨论，导师也没有办法解决我的问题，他认为我说的是对的，那个数学家说的也是对的，老师就把这个作者的邮箱给了我。我就把我的问题清晰地写出来，并且附上我的证明过程，给他发了邮件。”（L−M−20210116−C）

完全理解了文献的研究目标、作者的论点和结论后，读者就可以开始批判分析。读者可以运用批判性思维的方法思考作者持有的假设及其合理性、哪些成果被忽略、前后观点自相矛盾之处、最可信的论点论据、被证实的论断、伪装的客观结论、研究结论与先前的论证一致性、作者的偏见等等。对这些关键点的追问可以进一步帮助读者读懂文献并形成自己的理解。

“我们这个专业，思辨是最基本的要求。当专业书籍上的内容与我先前学到的不一致，课外阅读时觉得书中写的东西荒谬或者表达的内容、思想有问题，我会以本人的认知为基础，把自己有疑惑的地方标注出来，作为问题去思考。”（C−F−20201221−C）

尽管该研究生没有针对更多的点进行质疑，但仍然可以视为对文献进行批判分析的努力尝试。

3. 亮明观点

批判性评价和描述性总结的区别在于要亮明观点，要对文献研究方法的创新度、理论框架、解释与描述的准确性、视角、论证充分度、结论与证据一致性、论点和方法的不足等等，明确提出自己的看法。某受访研究生谈到阅读文献方法时，也是从文献的相关点展开的。

“这篇文章研究了什么问题？为什么是这个问题？这篇文章的贡献或者创新点

是什么？理论逻辑是什么？用的什么数据？用了什么方法？文章的主要结论是什么？有什么收获？有什么不足？”（C-M-20201209-D）

“在观点不一致时，我会思考作者为什么会提出这样的观点，他对观点的阐述是否合理，如果是合理可行的，我会对自己的观点进行反思，思考自己的观点有没有问题；如果觉得观点不合理，我也会考察作者提出这一观点所做的思考或所采用的方法，然后看对自己是否有启发。”（C-F-20201221-C）

明确指出自己的观点和看法，是理解文献的重要标准。研究生阅读文献的深度往往在于能够充分理解文献的本意并有依据地质疑文献，最终形成和明确表达自己的主张，这就是质疑批判性阅读。

三、综述评论性阅读

经由精熟理解性阅读、质疑批判性阅读，进而推动知识之间的整体联通，发现值得进一步探究的问题，是深度阅读的关键路径和目标。综述评论性阅读对于促进知识整体联通、提升阅读层次与水平有重要的作用，其基本方式是以述促读、以评带读。

（一）综述促进阅读

综述即综合性叙述，注重知识的综合运用，寻找知识之间的逻辑与关联。在寻找知识之间的关联性、编制概念地图等活动的过程中，可以通过综述进行深度阅读。综述也是选择研究问题的起点，是科研的基础环节。如果没有对研究资料的广泛占有及对其内在逻辑的深入思考，后面的研究就可能只是无源之水、无本之木。

1. 编制概念地图促进深度阅读

学科内在地包含一系列概念，综述离不开概念的澄清与梳理。对文献进行综合分析叙述，可以丰富研究知识，加深对概念的理解，寻找有价值的研究问题，为研究者提供帮助。反过来说，若要实现这些目标，就必须对文献进行深度阅读。

研究生在做科研的过程中，首先关注的往往是实践中的某一种社会现象和社会问题，在研究的过程中通过不断阅读文献，对问题的思考越来越深入，慢慢就会指向现象或问题背后的思想观念或者理念。对这些思想观念或理念进行综合分析和描述必须借助一些基本的概念。以教育学为例，随着教育学的发展，教育学中的概念内涵越来越复杂，研究者时常会迷失在概念的丛林中。为此，“要警惕那些大大小小、形形色色的教育新概念，学习辨析它们当中哪些是有解释力和指导力的，哪些却只有概念的形式而无实际的内容，或者仅仅只是换个说法而已。”① 因此，做研究的首要任务是澄清概念，澄清了关键概念之后，还应注意概念的内涵会随着时间、背景的演变而变化，某一概念也会有它的上位概念和下位概念。在阅读文献的过程中，随着阅读的深入，读者可以慢慢建立不同概念之间的关系框架，形成“概念地图”。概念地图形成的过程往往伴随着文献概念推敲、不断领会概念的内涵和探究概念之间内在的联系，这些都要以文献的深度阅读为基础。

2. 寻找研究脉络促进深度阅读

在对搜集到的文献资料进行整理和分析之后，需要进一步做结构化处理。结构化的过程就是对文献的观点、论据、方法等进行分析、比较和综合，发现其研究脉络。

首先，根据重要作者整理出作者图谱。作者图谱是用另一种方式记录文献资料，它可以提供更加深入和具体的信息，以作为核心观点图的辅助。制作作者图谱，就是要对文献综述中引用的重要作者的作品进行描述。第一，记录每一篇具体的文章，可以通过书目卡片上所记录的作者和内容摘选来提取信息。第二，把文章的相关观点和细节记录在图表中，并根据内容、理论阐释、章节标题或副标题对其加以组织。第三，记录作者图谱中文章之间的关系，通过这些文章之间的关系，可以进行理论之间的比较、信息的相互参照、文章的年代关系对比等。也可以在作者图谱中添加更多信息，如参考文献页码、值得注意的引文以及其他作者和文章等。

其次，对不同作者的图谱进行比较，整理成核心观点图。核心观点图是把核心观点独立出来，作为中心观点。核心观点位于中心，是某一部分文献的中心观点和主题；组成核心观点的各种分类或部件在图表中绘制成核心观点的下位观点或支持性观点。这些部件可以是不同的理论观点，也可以是一些基本的定义和描述性的材料。图表的安排方式可以多种多样，如依据类型、主题或者年代等进行制图。每个从属观点可以进一步分拆成各个小类，如规律、理论、定义或例子等。通过这样的整理，某一个研究领域的概念地图就初步成型了。

---

① 石中英：《穿越教育概念的丛林》，《北京教育》（普教版）2017年第6期。

显然，寻求学术脉络的过程必然伴随着深度的文献阅读，否则就不可能完成对文献的分析与综合。

3．在探究研究趋势中阅读

数量分析是在电子文献越来越多的背景下出现的，侧重通过分析文献的数量发现某种趋势或研究热点，可以借助图表等方式直观地呈现出来。有研究发现，从爱国教育类文章年发文量分布来看（见图2-3-1），国家认同教育研究大致经历了四个阶段：2015年以后是研究波动下滑期，但2019年略有回升。从2020年上半年的发文量来看，发文量有望呈上升趋势。①

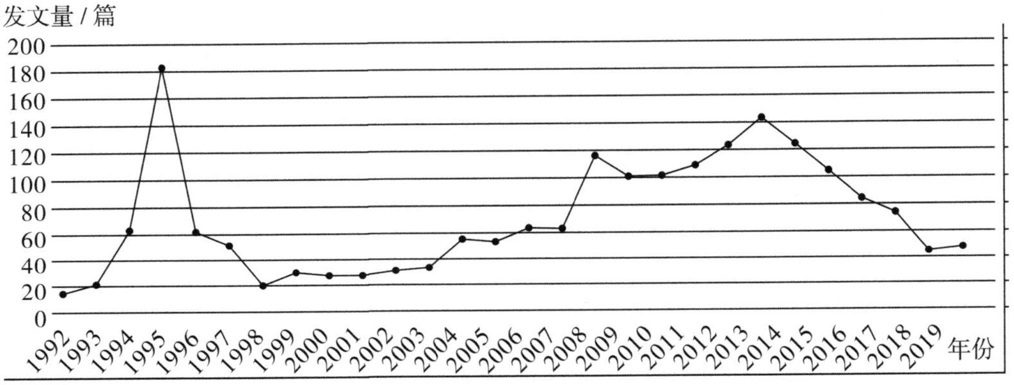

图2-3-1　1992—2019爱国教育类文章年发文量分布图

为探究国家认同教育研究趋势，研究者以中国知网数据库为检索资源，分别通过“国家认同教育”“国民教育”“公民教育”“文化认同教育”“民族认同教育”“爱国主义教育”“爱国教育”对篇名进行精确检索，检索时间截至2020年4月8日，来源类别选择CSSCI和核心期刊，共检索到文献2 278篇。剔除时事报道、会议通知、会议报道、刊物征稿、专访等非学术文献及重复文献，最终有效文献为2 012篇。没有大量的文献整理、阅读、比较、鉴别，是很难探究国家认同教育研究趋势的。

（二）评论引领阅读

当研究者开始用自己的视角去评论某一项研究时，他会尝试寻找自己的立足点，并运用某种价值观对已有研究成果进行评价，这个时候研究的主体出现了。有

① 李臣之、梁舒婷：《国家认同教育研究热点及趋势——基于CiteSpace的计量分析》，《中国教育科学》2021年第1期。

了主体，属于自己的研究对象才能呈现出来，自己的研究才真正意义上开始。所以，对文献进行评论是自己发现研究问题及其意义、设计研究思路的重要环节。

1. 文献评论引领阅读的原理

文献评论是对已搜集到的文献进行阅读、评价，并通过适当的方式记录下来。文献评论是深度阅读的高层次环节，没有它，研究者就不能理解将要研究的问题，难以把握过去曾经有哪些研究者对此研究问题做了哪些有价值的工作，领会不了已有研究仍然存在的关键问题。文献评论表明研究者已经理解本学科领域的主要理论以及它们是如何运用和发展的，因此文献评论是学术发展的重要部分，引领阅读和理解走向深层。

对研究者来说，完成高质量的文献评论是一项重要的技能，它有助于把研究者自己的工作置于已有工作的背景之中，并进行比较，为进一步研究提供框架。如果是在学术背景下从事研究工作，这一点尤其重要。

需要注意的是，好的文献评论要分析和评论已有研究相关观点、思想，由此发表自己的看法，分析和论证研究问题。文献评论是对各种现有材料的观点批判性整合和评价。一般而言，它的目的是对研究项目进行定位，构成它的背景或基础。文献评论可以构成整体研究的一部分，或者其本身就是一种研究，不论怎样理解，评论必定源于阅读。

2. 在评论已有研究方法及值得研究的问题中阅读

不同的研究领域和研究内容需要适当的研究方法与之匹配，但由于各种研究方法都有其局限性，在文献评论过程中，应该客观地分析其研究目标与研究方法的匹配程度。以下是关于国内美学取向的教学评价的文献分析："有关美学取向教学评价的研究极少，一是研究者数量不多；二是研究成果少，且以译介异域研究成果为主；三是研究历史短。从文献的出处和分布来看，散见于少量著作和论文之中，目前尚无系统性研究。从研究方法来看，以文献法为主，辅之以少量的案例研究，研究方法单一。"① 这里主要分析了美学取向教学评价研究的局限性，较为客观。

① 李彩彦：《美学取向教学评价研究》，硕士学位论文，西南大学课程与教学论专业，2018，第17页。

评论归纳出已有研究所忽略的一些问题，对发现研究问题意义重大。已有研究有可能由于条件限制，作者没有进行充分的阐述，或者可以采用另外的研究方法研究同一个问题，这样就自然引出了研究者自己的研究问题和研究方法。李彩彦这样评析“美学取向教学评价”相关文献：“从研究内容来看，主要译介艾斯纳的评价观为主，关注教育鉴赏与批评模式，聚焦于概念、内容、方法的介绍，实施案例不多。我国教学评价取向经历了由知识本位取向走向能力本位取向的转换，但单一价值取向的教学评价不能适应复杂的教学活动。这类研究者呼吁重视课程与教学的美学向度，但未作深入系统研究。因此，美学取向教学评价待挖掘的空白点颇多，也存在各种观念间相互矛盾和不同概念混用之流弊。”①

对方法的评论可以引出后续研究可以借鉴的方法，指出已有研究主要存在的问题可以促进有待进一步研究的问题“自然”显现。整个过程同样伴随着文献的深度阅读，只有当文献阅读进入到一定的“深度”，有价值的评论才会产生。

（三）综述评论性阅读工具与技巧

综述评论性阅读涉及基础性环节多，工作量大，有必要借助一定的阅读工具和阅读技巧。

1. 综述评论性阅读工具

如果没有对所搜集的大量文献的深度阅读，没有在阅读过程中偶然显现的思想火花的及时记录，没有对涉及的观点、思想和方法的整体关联和系统思考，综述评论不可能完成。在没有电脑的时候，许多研究者习惯用卡片记录自己阅读所获，需要的时候对卡片进行排列组合。数字化时代，摘录卡被电子笔记取代，各种电脑、手机应用的笔记类辅助工具也可以为综述评论性阅读提供很好的帮助。

电子笔记非常便捷，也容易进行后期处理，虽然这类电子工具可以为研究提供一定的便利，但文献整理、分析、关联、评论需要时间的积累，不能一蹴而就。

2. 综述评论性阅读技巧

首先，要高效把控阅读过程，注意规划和时间分配，把握重点。文献综述和评论需要对大量文献进行分类、整理、分析、描述解释、评论展望，科学合理分配时

① 李彩彦：《美学取向教学评价研究》，硕士学位论文，西南大学课程与教学论专业，2018，第17页。

间非常重要。

“时间的分配很重要，比如说今天安排写论文或者收集资料，我就会规划时间。……根据任务难度倒计时，我的精神就会很集中。”（Z-F-20201222-X）

“我读书也会做规划，要把任务量化、细分，比如一本书预计多久看完，每章读多久，每一周读多少章，每一天读多少页，我会这样把任务量化、细分，这样至少能保证整本书都能读完。”（J-F-20201228-X）

其次，要把握重点，侧重阅读高质量的论文，并按照一定的顺序阅读。

“建议多看学术权威的文章，看一些比较精炼的、质量高的文章。”（M-M-20201209-O）“从目录、前言、后记到参考文献，大概浏览一下，只需要一个小时你就能知道一本书在讲什么了。”（Z-F-20201213-C）

“要先看摘要、结论和题目，看完了就大概知道研究者做了什么。”（L-M-20201213-O）

再次，及时做好摘录、笔记，善于摘录要点，有助于对文献延伸解释、总结概括、指出不足。资料的收集和整理是研究生深度阅读的重要内容，研究生可以根据自己的研究需要，找到自己研究的立足点，通过占有资料形成系列论据，然后得出结论。

学术论文对引用有严格的要求，所以研究生在阅读的时候要及时记录书目的各种信息，以备引用，可以摘录重要观点，作为佐证材料证明自己的观点。

“如果要回答某个问题或者做某个主题研究，那么我就会基于这个主题把文章里面重要的观点摘抄下来，以便之后引用。”（Z-F-20201222-X）。

文献摘录需要耐心和细致，要慢慢积累，从一开始就养成良好的习惯，各项细节的摘录都要一丝不苟。虽然开始时会觉得有点麻烦，但从长远看可以节省时间。

要记录文献的索引信息，认真记录下阅读内容的细节，这些细节可能包括：书籍作者名，论文、报告或著作的标题，发表日期，书籍的出版社，章节的起止页码，杂志名、卷数、期号和文章页码，网址及访问日期。

除了这些索引类的信息，作者的核心观点或对自己有启发的内容都可以摘录下来。在阅读的过程中，书中的主要观点或自己可能需要的论据之类的材料也应及时记录下来，使用笔记类的工具可以很方便地处理这些内容，按照个人习惯进行分类整理，方便后续的阅读和使用，写作研究报告时可以迅速地从笔记中调阅、引用。

“阅读期刊论文的时候，我会在每一篇的标题后面写上论文的主要观点以及主要内容。下一次再看的时候就会很清晰，可以有针对性地查找这些内容。”（G-F-20201222-X）

“要把自己的想法和提出的问题记在一个专用的本子上，比如对某一个问题新的见解；过一段时间再总结一下，你会发现有些问题已经解决了。”（L-M-20210116-C）

笔记也许看起来乏味，但是如果没有这样的耐心，之后寻找和检查细节、开始写作综述时，写作者会遇到很多麻烦。

“做综述一定要做笔记。如果不做笔记，读过肯定就忘了。读几百篇文章，脑子里却没留下一个字，这是很糟糕的，所以一定要做笔记。”（J-F-20201228-X）

按照某研究生的理解，笔记有助于写作者将自己的理解表达出来。表达之前，写作者必须先有自己的独立思考，必须有自己对文献的深刻理解。“做笔记其实是一个输出的过程，可以让自己思考，进而加深对内容的理解。”（L-M-20201221-C）

最后，抄读法是对文章内容进行抄录。抄读法虽然看似愚拙耗时，但可以加深对文章内容的理解和记忆，还可以在一定程度上提高表达能力。

“如果我单纯地用电脑的文献阅读器看文献，整天对着一块屏幕，我会变得极度焦虑。但是如果我用笔摘抄，会发现抄的过程中大脑正在思考，然后抄着抄着，一段话就出现了。”（Z-F-20201213-C）

抄读法是一个下功夫的过程。

“我和很多其他院校的博士生交流时，发现这个方法是最常用的。实际上，文科的基本功就是写。要踏实，不管你聪明不聪明，一定要踏实——只要下功夫写，一个早上一定有收获。”（Z-F-20201213-C）

规划、摘录、笔记、抄读等方法不一定仅仅用于文献综述和评论，从某种意义上说，它们是文献综述和评论的基础。

第三章
研究生课堂深度学习

课堂是研究生深度学习的主战场。研究生课堂深度学习不仅强调课前精心准备，堂上师生、生生沟通与交流，也聚焦课后对学习的知识实现迁移、应用与创新。

第一节　有准备地进入课堂

研究生课堂区别于传统课堂，以研讨为主，并日益向翻转课堂转型。这种新型课堂教学模式以前置任务作为课堂教学发生的前提，让学习者提前学习，由此带动师生互动、生生讨论，在质疑问难中促进学习者思维活化与知识结构化，比传统课堂中老师一讲到底的方式更能促进学习者的深度学习。因此，要促进研究生课堂实现有深度的“翻转”，就一定要在课前下功夫：既要通过课堂善后，在作业中反思不足，又要通过课前准备，在预习中审慎思考，带着问题，有准备地进入课堂。

一、课堂善后　勤于反思

学习是一个持续、连贯的过程，并不以下课铃声的响起为终结。要实现深度学习，学习者需要在开启新的学习阶段之前对上一阶段的学习进行“善后”，按时、高质量地完成课后作业，对自身学习情况、成效进行监控、评价与反思，为接下来的课堂深度学习夯实基础。

（一）精益求精：在完成作业中寻求发展

作业是学校教育的重要环节之一，《教育大辞典》将其定义为：“根据教师要求，学生在课外时间独立进行的学习活动。”作业总会让人联想到课后作业，实际上，要促进研究生深度学习，作业的含义不局限于此，而更像是翻转课堂中的前置任务，不仅包括传统的课后的学习任务，还包括研究生为下一堂课所做的预习和准备。学习者在高质量完成课后作业的过程中，不仅可以查漏补缺、及时复习，还能将尚未解决的问题带入课堂，通过与老师、同学交流，及时解决问题，促进自身总结提升，实现深度学习。

1. 底线：按时完成作业

在深度访谈的过程中，多数研究生在论及作业量时表示，研究生一年级既是课程集中期也是作业集中期，要耗费比学术研究更多的时间完成作业。时间是有限的，如何在课业繁忙的情况下按时、高效地完成作业呢？掌握一定的“做作业”的策略，对研究生群体提高学习效率尤为重要。

（1）按照老师规定，如期完成作业。“一般老师定的期限是一周，这周上完课后布置的作业，下周就要交”（Z-F-20201223-C），当老师规定一个作业的deadline（截止日期）时，其实就是在客观上“督促研究生学习”（B-M-20201210-O）。因此，研究生一定要“死守底线”，如期完成作业，拒绝拖延。

（2）利用碎片时间，提前完成作业。受访研究生普遍反映“会很快完成课后作业”（L-M-20201224-C），“完成一次作业大概需要花两三个小时。类似于课堂汇报这种大作业，大概要花五六个小时”（L-M-20201221-C），总体而言在作业上耗时较短。时间对于每一个人都是公平的，但优秀的研究生在对待作业的态度上，并不满足于只是在规定的时限内完成规定的作业。正如某研究生所说，会利用“空闲的时间，提前做作业”（S-F-20201222-D），将节省下来的时间用来完成其他任务。

（3）克服“拖延症”，高效完成作业。多数时候，做作业时间长、不能如期完成是由于个体拖拉的学习习惯、不良的学习态度和不科学的学习安排等因素造成的。对此，有研究生表示要克服学习“拖延症”，高效率完成作业，“可以拿出特定时间集中、认真地完成作业，在这期间我几乎没有空余时间做其他的事情”（C-F-20201221-C）。在完成作业的过程中，一定要将与学习无关的杂事剔除，提高学习专注度，高效率完成作业，增加“学习的浓度”。

2. 超越：高质量完成作业

按时、高效率完成课后作业不能以牺牲质量为代价，相对于一味追求完成课后作业的速度，保证作业的质量更为重要。高质量的课后作业的价值是显而易见的：

（1）温故知新、拓展深化。这是作业的本体性价值证明，高质量完成作业的过程有助于研究生群体对课堂所学知识及时查漏补缺，实现拓展深化、温故知新，从而起到完善自身认知体系的作用。

（2）锻炼学术能力，支持后续研究。一份高质量的作业往往需要研究生阅读大量的书籍、文献，通过反复的推导、计算、实验等手段才能完成，而这有助于研究生在不断尝试中培养个人学术思维、锻炼研究能力、寻找研究方向等以支持后续研究。

（3）评优评奖。课后作业也具有一定功利性价值，有研究生表示课后作业质量与研究生的学业成绩、评奖评优相关，“作业相当于一份学习成绩”（L-M-20201231-O），“在评奖学金时有用”（L-M-20201221-C）。从这个意义上来看，高质量地完成课后作业也是极为必要的，不仅对提高研究生学习成绩有益处，也是对研究生学习成效的肯定，能起到一定的激励作用。

此外，高质量完成课后作业与研究生个人成长、发展的过程也是相辅相成的。有研究显示，对课后作业质量感知较高的学生通常也会在学习中付出更多的努力。[①] 在深度访谈中也发现，受访研究生认为对待课后作业的态度应是“尽量把它做好一点”（Z-F-20201211-D），同时在完成的过程中主动思考“该怎样更好地完成作业”（Z-F-20201223-C）。有一部分研究生表示，作为学生，按时完成课后作业是“做好自己的本职工作”（F-F-20201214-D），既然完成学业是学生的任务，学生对待课后作业就要“尽自己百分百努力完成”（L-M-20201227-O）。同时，高质量的作业也意味着受访研究生并未将作业的概念“简单化”，他们眼中的作业更像翻转课堂中的前置任务，以作业为契机，将其最大限度地加以利用，通过广泛阅读、积极思考，带着问题进课堂，更能实现深度学习。

3．原则：积极认真，切勿“应付”

已有研究发现，学生在学习过程中所体验到的各种情绪对其学业成功、学业适应及身心健康等都会起到一定影响，其中积极情绪能够正向预测学生的学业成就及学习投入，而消极情绪则会带来负面效应。[②] 同样，在课后作业背景下，学生也体验到了积极和消极两种情绪的交织。

---

① 刘影、龚少英、熊俊梅：《初中生数学家庭作业质量、控制感与作业情绪对作业努力的影响》，《心理科学》2016年第2期。

② 刘影、龚少英、柴晓运：《中学生家庭作业努力及其影响因素》，《心理科学进展》2013年第8期。

在访谈中，当被问到“你是否会认真完成每一门课的作业”时，少部分研究生持消极态度，表示“完成作业不是很认真”（C-M-20201209-D），因为“作业真的很无聊”“大家都知道作业没什么用”（L-M-20201214-C）。研究生对作业的态度受作业量、作业难度、作业形式、自身兴趣和研究领域等多方面因素的影响。如果教师布置的课后作业过量、过难、形式封闭且单调，或布置方式较为专制、“一刀切”，没有兼顾学生的兴趣、学习领域，那么课后作业就无法最大化地发挥其自身效能。如果学生在作业中产生的这些负面感受持续下去，那么作业就会产生相反的效果，[①] 使学生对作业的兴趣消耗殆尽，甚至影响到其学习积极性。而积极的学习动机和学习期望是促使研究生实现深度学习的一剂良方。

“认真对待作业的话，你就会想花很多时间把它做到最好，但如果你只是把它当成一个任务的话，马上就可以应付过去。”（Z-F-20201222-X）

因此，研究生群体在完成作业的过程中要始终保持一种积极、正向的态度，要相信做作业“能学到东西”（B-M-20201210-O），充分认可作业的价值。在这样的心理暗示下，学生才能产生充分的学习内驱力，以使其在完成作业过程中始终保持着积极的学习情绪和态度（包括感兴趣、喜欢、乐在其中和自豪等等），并引领其在学业中投入更多努力。

（二）“复盘”：在反思批判中超越自我

反思是“对自己的思想、心理感受的思考，对自己体验过的东西的理解或描述，也泛指对各种事物、现象的思考”。[②] 学习反思是“学习者以自己的学习活动为思考对象，主动自觉地对自己的行为、决策以及由此产生的结果进行的审视和调控，是学习者提高自我觉知水平、促进学习能力发展并使自己的学习活动顺利进行的途径”。[③] 研究生进行深度学习，要善于在课堂活动结束之后对自己的行动、想法、做法和结果等做出回顾检视性的反思。

1. 学习反思的益处

“学而不思则罔，思而不学则殆。”学习与反思是在研究生深度学习过程中交

---

① 刘影、龚少英、熊俊梅：《初中生数学家庭作业质量、控制感与作业情绪对作业努力的影响》，《心理科学》2016年第2期。

② 夏征农：《辞海》，上海辞书出版社，1999，第320页。

③ 苏堪宇：《论学习反思》，《当代教育论坛》2004年第2期。

互进行的循环。研究证明，“反馈、反思和修改”能支持学生更“主动地投入学习和进行反思”。[①] 因此，学会反思对研究生深度学习大有裨益：

（1）监控学习过程，调整学习策略。《学记》有言，“学然后知不足”，意指学习者只有先去学习才能知道自己缺乏哪些方面的知识。只有学习是不够的，只有将“学”与“思”相结合，才能“知不足然后能自反”。学习反思是对学习过程的回忆与监控，旨在回顾课堂学习历程、反思学习方式与学习成效，并针对课堂遗留问题寻找解决方案，以期在下一阶段的学习过程中做到“有则改之，无则加勉”，谋求进步与发展。因此，学习反思不仅仅是回顾过去，更是指向未来，是研究生深度学习中的重要环节。

（2）督促独立思考，拒绝“人云亦云”。研究生群体以“研究”二字作为其基本属性，而“科学研究”的开展又以追求思维的深度与创新性为基础。“看待事物时不仅要会分析表象，更要透过表象看本质”（L-M-20210116-C），而“认清本质”对思维的广度和深度都有极高的要求，因此要尤其重视对研究生群体独立思考能力和批判性思维的培养。

“只有自己独立思考的时候，你才会比较明晰地发现自己对哪些研究领域是比较感兴趣的，以及个人还需要学习、补充哪方面的理论知识。对于大家的讨论结果或者现在的研究现状，你都要思考：他们说得对不对？我有什么想法？总之，落脚点都在于你的想法而不是别人的想法，不要人云亦云。”（C-F-20201221-C）

学习反思为研究生提供了与自我对话、审视自身的机会。这样一段“自我批判、自我反思”的时间，其实是学习者培养独立思考能力、养成批判性思维的绝佳时段，无论是对养成学术思维还是对后续的论文撰写等都有益处。

（3）鼓励自我“揭短”，萌发创新观点。反思的过程极具自我批判意味，是一个自我“揭短”的过程，这有助于学习者主动观察自我、审视自我，获得反观自身的知识与经验，从全新角度看待自身不足，树立对自我观念理性、正确的认识。同时，反思的过程也有助于创新观点的萌发。研究生群体面对的是同样的课堂、同样的教师、同样的经典理论，但为什么优秀的研究生就能脱颖而出、与众不同呢？

---

① 余国良：《学习反思：学会学习的重要途径》，《天津师范大学学报》（基础教育版）2009年第2期。

“对老师讲的话，我也会进行反思。他讲的东西，别人肯定也说过，说不定别人说得更简明扼要，但是我会去思考：老师为什么这么讲？他的立场是什么？他是持批判的还是赞扬的态度？有哪些理论依据？一节课下来，别人听到的是老师讲的内容，我记在本子上的笔记全是我对这一节课的反思。”（Z-F-20201213-C）

个体及时对学习进行反思，并针对学习中遇到的问题、困难进行全方位的考察、分析、监控与探究，进而深化对问题的理解，产生全新的、创造性的观点，这其实是“学习者知识与能力的活化”[①]。学生对待课堂中老师所讲述的新知识不能被动地“照单全收”，而应选取其中的内容，纳入自己已有的知识结构中。学生听教师讲课的过程，其实就类似看文献的过程，因为老师本人就是文献的作者或者转述文献的人。因而，研究生群体作为文献的读者，一定要结合自身，积极反思，产出属于自己的“创新性”的观点，实现质的飞跃。

2. 学习反思的策略

“吾日三省吾身”，优秀的研究生群体已养成了自主反思意识和习惯，能随时随地“反求诸己”，为下一阶段的学习做好准备。但要想提高反思效果、“切中要害”，还需要掌握一定的策略。

（1）即刻反思。研究生在课堂上思维迸发，倾听、研讨、对辩等形式可以很好地促进研究生的思维碰撞，使研究生产生许多新奇观点，因此可以“下课之后找老师请教，说一些自己的看法和观点，当场解决问题”（L-F-20210130-X）。根据艾宾浩斯的遗忘曲线，遗忘在学习结束之后即刻开始。因此，及时反思是很有必要的，“不必把问题留到下一节课”（L-F-20210130-X），要抓紧思维的“黄金期”，即刻反思，解决掉遗留问题。

（2）学习复盘。“复盘”一词最早源自围棋学习，指在每一局棋结束后，棋手都要在棋盘中重新进行分析和推演，以此加强记忆，在以后的棋局部署中有所精进。类推于学习之中，学习复盘就是对自己所学到的知识进行总结和梳理，同时积极回想所学的新知识和自己过往的认知有何关联，并思考自己在这个领域中还存在哪些知识空缺等等。不加思考的重复只是无用的练习，不会有本质性的改变，因此研究生“一定要有复盘的意识，要对你前一段的工作内容和成果有清晰的认识”

① 苏堪宇：《论学习反思》，《当代教育论坛》2004年第2期。

（G-F-20201222-X），利用学习复盘不断进行反思、练习、总结，并在总结中给予自己正面和负面的反馈，最终根据这些反馈调整自己的学习行为，在不断“扬弃”中促进自身发展。

（3）同伴对话。学习反思不仅是学习者的个体活动，也是一种需要同伴介入的群体活动，不仅要求个体对自身要有自省与监控，也需要外界的督促与评价。所谓“当局者迷，旁观者清”，当自省难以发现自身不足时，就需要借一双“慧眼”，通过同伴互评或他人指点来提高反思的效果。

二、任务驱动　精心准备

比起中小学生和本科生，研究生的学习内容是以问题为中心的、跨学科的、综合的、不确定的，[①] 教师在课堂上讲授的内容不可能面面俱到，完全满足学生的学习需求。若要达到课堂的深度学习，就需要学生自己积极发挥学习自主性，精心做好课前预习。如叶圣陶先生所言，预习是“练习阅读最主要的阶段”。课前预习在学习活动中的重要地位不容忽视。

（一）预习是课堂深度学习的重要基础

预习是指学生在教师的指导下，利用已有的知识经验和学习工具对新课内容事先进行了解、熟悉、思考的自主学习活动。通过深度访谈发现，当被问到“你是否会预习新课内容”时，有的研究生表示“上大学之后就没有预习的习惯了”（L-F-20210130-X），然而大多数优秀研究生给出了诸如“我会先预习一下”（G-F-20201222-X）、“会做课前准备”（C-M-20201209-O）之类的肯定回答。可见，课前预习是优秀研究生学习中的一项重要内容，他们认为“按时做课前预习好处多多”（W-F-20201213-C）。具体来说，课前预习为研究生的学习带来的积极作用主要体现在三个方面：其一，有助于掌握课程知识，提升理解性认知水平；其二，有助于激发问题意识，促进课堂深度思考；其三，有助于提高学习专注度，跟上课堂教学节奏。

1. 有助于掌握课程知识，提升理解性认知水平

深度学习是一种理解性的学习方式，要求学习者必须进行理解性学习和深层次

① 钱佩忠：《研究生学习自主性弱化问题及对策》，《学位与研究生教育》2011年第11期。

信息加工。要达到真正意义上的理解性学习，学生首先需要做到了解课程知识、熟悉课程内容，而这一目的往往在课前预习时便可以实现。[①] 换言之，一方面，课前预习对于熟悉新知识、减少课堂陌生感具有重要价值。如某受访研究生所言，通过课前预习“大概会知道这节课要讲什么、这个领域大概包括了哪些内容，上课的时候就不会觉得太陌生”（J-F-20201228-X）。另一受访研究生也表示，“课前最好预习一下，不然容易听不懂”（L-M-20201214-C）。另一方面，课前预习对于促进学生深入理解知识、提高认知水平具有重要作用。众所周知，研究生的课程不像中小学课程一样配有专门统一编写的教科书和教辅材料，这就要求学生必须围绕所学主题主动收集相关学习资料。然而在今天信息大爆炸的时代，信息质量的良莠不齐使研究生亟需辨识信息真伪，深入理解信息的内涵，这样才能获取真正有价值的知识。正是这种不断探索、验证的过程，对于防止学生出现片面化理解知识的倾向发挥着积极作用。如某受访研究生所说，“（课前预习）可以辅助理解，也会加深你对知识点的理解，帮助你更快地掌握”（W-F-20201213-C）。总之，课前预习促使研究生的知识学习由陌生到熟悉，由浅入深，直至完全掌握。

2. 有助于激发问题意识，促进课堂深度思考

问题意识是研究生的必备素养。我国研究生的问题意识有待增强，具体体现在很多学生仅关注知识的获取与接受，缺乏发现问题的意识和问题反思的能力。问题是研究人员进行科研创新和产出学术成果的基石，研究生如果缺乏敏锐的问题意识，就难以发现有价值的、有意义的学术问题，学术研究也难以进一步开展，学术能力的锻炼更是无从谈起。因此，对于研究生而言，问题意识的养成是提升其研究能力和素养的重要内容。研究生课堂不是简单的知识传递，而是师生进行学术交流的重要平台，学生必须具备相应的理论基础、知识结构、思想观点，才能拥有在课堂上提出问题、勇于表达和敢于质疑的底气与自信。此时，课前预习的关键作用得以彰显。

“如果我没有准备，就没有办法在课堂上参与讨论，也没有办法提出问题。我觉得课堂的最高境界是辩论、批评，如果我没有准备，我就没有办法跟老师沟通，

① 吴秀娟、张浩、倪厂清：《基于反思的深度学习：内涵与过程》，《电化教育研究》2014年第12期。

也没有办法跟我的同学讨论。我得先有自己的理论基础或者观点，才能够说出别人的不足、提出自己的观点。”（Z-F-20201222-X）

“我会预习老师上课要讲的内容，对它有一个大致的了解，然后带着问题去上课。在看这些内容的时候，我会产生一些疑问或者发现自己不太懂的点，然后我就可以在课堂上跟老师讨论。课堂就是要解决有疑惑的地方。我觉得预习还是很重要的。”（G-F-20201222-X）

可见，课前预习能激励研究生就新旧知识深层思考，进而找到学习疑惑或问题，为接下来的课堂讨论、师生互动奠定基础，真正实现学有所获。

3. 有助于增强学习专注度，跟上课堂教学节奏

在研究生阶段，学生的思维发展特征决定了教师不再“事无巨细”地讲解课程内容，更多的是点拨与启发。有研究生在访谈中提到，“因为老师上课节奏很快，不预习的话跟不上”（Z-F-20201223-C）。所以，从这个意义上讲，预习可以帮助学生跟上教师的“节奏”，与教师保持思维一致，从而启发课堂思考，进一步提高学习质量。

“如果你提前预习，即使只是上课前10分钟稍微过一下，对你的帮助都会非常大，可以让你更好地跟上老师的节奏。”（L-M-20201227-O）

“只有在课前做了准备，你才能在课堂上学到新的东西。因为知道这门课要上什么，你就会按照这个思路去思考。”（Z-F-20201222-X）

此外，由于研究生的学习往往围绕着问题拓展课程学习资料，所以无论是在老师的督促下被动预习还是主动预习，都能帮助学生提前拉近新旧知识之间的联系，发现学习中的“疑难杂症”，为课堂上专注学习、积极表达提供关键性支持。

“如果老师留了思考题或者提前发了课件，我会仔细地看一看。这样的话，在课堂上听老师讲课会比较有针对性。因为不可能所有问题你都明白或者都不明白，所以你会有针对性地提问、做笔记之类的。”（S-F-20201220-O）

通过预习发现问题需要付出一定的时间和精力，从侧面折射出学生对待学业认真、勤奋的学习态度。“深度学习是一种全身心投入、令人身心愉悦充实的学习状

态”。[①] 当学生专心投入时，学习效果必然能够达到一定的“深度”。可以说，课前预习对于提高学生的学习专注度、促使浅层学习进一步向深度学习转变具有重要作用。

（二）深度预习之道

预习是上好课的前提，它直接关系到“课程习得”的广度与深度。常言道“磨刀不误砍柴工”，掌握有效的预习策略对于提高学习效率、进行深度思考、实现深度学习起着关键性作用。学会深度预习是学会学习的开始。[②] 首先，要激发学习乐趣，这是实现深度预习的前提；其次，在任务驱动下，进行自主探索，这是实现深度预习的重要途径；再次，对学习材料敢于批判性反思，这是实现深度预习的关键。

1．激发学习兴趣是深度预习的前提

当代著名教育家顾明远先生说：“没有兴趣就没有学习”。已有研究表明，学习兴趣对学习投入度有显著影响，学习兴趣浓厚的学生有着高学习投入。[③] 可见，学习兴趣是学生“浸入”课堂的强大内驱力。个体一旦对某个内容或问题产生了兴趣与好奇，注意力就会高度集中，学习意愿也会变得强烈起来，进而激励着学生主动参与到学习活动中，坚持主体地位。对研究生来说，完成课程任务不再受到老师的时刻监督，学习活动变得更加自由与开放。因此，课前预习落实与否及预习深浅的关键都在于学生自己。有受访研究生谈到，“要看自觉，你要是喜欢这个学科，想学到更多，你就会去预习、自学”（Z-F-20201223-C）。恰如孔子所说，“知之者不如好之者，好之者不如乐之者”。比起外界的要求，学习本身的乐趣更能让学生拥有强大的动力，从而发自内心地想要做好课前预习，甚至废寝忘食地去钻研；“喜欢”所带来的巨大力量也会促使学生敢于接受挑战、突破自我，勇于破解预习过程中遇到的难题。可以说，学习兴趣是深度学习发生的前提。[④] 实现深度预

① 陈静静、谈杨：《课堂的困境与变革：从浅表学习到深度学习——基于对中小学生真实学习历程的长期考察》，《教育发展研究》2018年第2期。

② 吴志敏：《教学生学会预习——教学生学会学习的研究之一》，《教育探索》2000年第11期。

③ 汪雅霜、汪霞：《高职院校学生学习投入度及其影响因素的实证研究》，《教育研究》2017年第1期。

④ 钱旭升：《论深度学习的发生机制》，《课程·教材·教法》2018年第9期。

习离不开学习兴趣带来的强大助力。

从个人角度而言，为了激发对课前预习的兴趣和热情，研究生可以从以下两方面入手：（1）制定课程学习目标。目标既是学习动力，也是学业压力，压力可以转化为动力。但是如果缺少投入，再大的压力也难以产生动力。[①] 可以通过制定学习目标，促使学生因外在要求增加学习投入。“真正的兴趣意味着一个人融化于某一行动的过程之中”。[②] 投入多了，学生的学习兴趣自然而然便能激发出来，学生便会表现出对预习活动的意愿，为做好深度预习奠定心理基础。（2）增进同伴交流。尽管课前预习是学生的自主行为，然而学习不应是一段孤独的旅程，与同伴进行讨论与交流可以帮助学生深化思考。与同伴交流时不经意间获得的顿悟有助于激发学生内心潜在的学习满足感与愉悦感，从而使学生增添对预习活动的期待与兴趣。

2. 自主探索是深度预习的重要途径

课前预习本质上是学生在老师的指导下开展的自主探索新知的活动过程。在访谈中，多数受访研究生均表达了这一观点。

“因为我们没有课本，所以我们会自己去找一本书，大概了解这门课要讲什么，心里有个数。”（J-F-20201228-X）

“我们老师在上课前告诉我们下一堂课要讲什么。比如在上哲学课的时候，老师会说这节课讲了‘知行合一’的关系，下节课就会讲‘真理与道理’的关系，我就会去查阅相关的资料，看看学者是怎么讲的，并思考我对它的理解。”（Z-F-20201222-X）

自主学习效果直接影响着课堂学习质量，因此预习决不能“囫囵吞枣”，而应当“细嚼慢咽”。首先，要合理安排学习时间。在访谈中，有受访研究生表示，“要将老师在课上讲的东西消化完，本身就已经需要很多的时间了”（L-F-20210130-X），因此“没有时间准备”（Z-F-20201213-C），这是阻碍研究生进行课前预习的主要原因。对此，有研究生提出了“5分钟预习法”，即“课前5分

① 何旭明、陈向明：《学生的学习投入对学习兴趣的影响研究》，《全球教育展望》2008年第3期。

② 威廉·赫德·克伯屈：《教学方法原理》，王建新译，人民教育出版社，1991，第137页。

钟翻一翻今天要讲的内容”（F-F-20201214-D）。然而，从实践经验来看，课前“5分钟预习”只能是浅表学习，对课堂深度学习的作用不大。因此，做好学习时间管理十分重要，可以通过制作任务清单的方式，将课前预习纳入日常学习计划中，以确保预习计划得以按时执行。其次，整理学习笔记。研究生应当养成善于标注、摘录和制作思维导图的习惯，及时记录预习过程中的所思所想，并将其整理形成一份专属于自己的个性化笔记，为接下来的课堂学习和课后复习提供有效的记忆“刺激物”。最后，温故知新。“一定要温习老师之前讲了什么”（Z-F-20201222-X），以便建立起新旧知识之间的联系。

3．敢于批判性反思是深度预习的关键

研究生的学习不是简单地求知，而是要通过吸收有价值的知识来建构自己的观念世界。所以，课前预习不能停留于接收知识，而是要在理解的基础上批判性地看待新知识，从而加深对深层知识和复杂概念的理解，完善认知结构。[①] 正所谓“学而不思则罔，思而不学则殆”，面对理论知识，首先应当思考以下几个问题：它的重点内容是什么？它与课程内容之间有什么关系？它能为接下来的课程学习和学术研究提供哪些帮助？它需要进一步完善或改进的地方在哪里？回答了上述问题以后，可以通过寻找多方论据来证明其合理性和可信度。若自己难以判断，应当积极与老师或同伴交流观点，甚至向原作者请教。在批判性思考的基础上，尝试提出独特的个人见解，高质量地完成课前预习任务，可以为课堂深度交流与学术写作奠定基础，真正做到学以致用。

① 张浩、吴秀娟：《深度学习的内涵及认知理论基础探析》，《中国电化教育》2012年第10期。

第二节 “浸”入课堂 生动学习

对于研究生而言，学习不仅要透过表面现象发掘本质问题，而且要学会知识创造与创新。然而学生对知识的理解往往容易停留于表面而无法向深度发展，知识经验和思维水平有待丰富与提升，因此，学生要借助课堂这一重要途径，通过人际互动来理解、掌握并深化知识。在整个互动过程中，学生的学习主体地位不能动摇。学生对学习主体性的调动是决定学习深浅度甚至学习成败的关键。[①] 具有深度的课堂学习，实质上是学生自己对知识不断建构、不断反思、不断追问的过程。因此，作为学习主体，研究生要在教师的引导和同伴的帮助下积极参与课堂，克服学习困难，优化学习方法，主动“浸”入课堂，从而促使问题得以有效解决，提升自身的学习获得感。本节将结合访谈资料，进一步探究在深度预习的前提下，研究生如何真正参与到课堂教学环节中，进一步突破现有知识盲区或误区，延伸自身学习思维的广度与深度。

一、拒绝消极沉默 争取表达机会

深度学习是研究生课堂的目标追求，它取决于教师和学生之间、学生和学生之间发生互动的深度与广度。根据课堂交流是否使用语言这一媒介，课堂互动行为分为言语互动和非言语互动。在教学活动中，常见的言语互动行为包括课堂提问与应答、课堂讨论与辩论、课堂汇报与表达等，它们都必须以语言、文字作为载体。与

① 黎琼锋：《导向深度学习：高校课堂教学改革的路径》，《现代教育管理》2020年第3期。

之不同的是，教师和学生通过眼神、面部表情、手势等无声且无固定语义的非言语行为进行双方意会的交流，这属于非言语互动。不论是言语互动还是非言语互动，它们都是学生参与课堂学习的表现，为学生进行深度思考提供了重要支撑。

（一）消极沉默是课堂深度学习的最大阻力

教师和学生进行非言语互动的外在表现是课堂教学沉默。基于对教学实践的观察和对深度访谈的分析，沉默是研究生课堂中比较常见的学习状态。

“我不会全身心地参与课堂互动，因为我需要时间冷静思考我的问题该怎样解决。”（L-M-20210116-C）

这种为了探索问题、解决问题、回答问题而思考时产生的沉默，是一种思考型沉默，也可以视为积极的课堂沉默。[①] 在这种沉默状态下，尽管学生没有表现出任何言语性行为，但他们的思维是活跃的、眼神是专注的、心态是平静的。不说话并不意味着课堂没有对话，原因在于学生的思维、情感等活动已经参与到整个课堂互动进程中。正是在这个意义上讲，积极沉默是学生参与课堂的另一种形式，它对于学习思维进阶、深度思考都有着促进作用，学生独到的思想观点或创新意识往往在此类沉默中孕育与发展。

与此同时，不可否认的是，学生在课堂中的表现也有“消极沉默”的一面，比如，对教师的讲课长时间无神情方面的反应、对教师的提问不积极应答或不愿意表达、点名回答问题过程中依然默不作声、上课走神或做与课堂无关的事等。因而，课堂消极沉默是指在课堂教学活动中，学生表现出的对教学内容与要求不关联、不参与的心理状态与行为。[②]

1. 消极沉默的原因分析

现实中引起学生在课堂上陷入消极沉默的原因有很多，这些原因包括：

第一，就学生自身而言，学习动机、专业兴趣、能力水平、身心状态、“面子”顾虑等是学生消极沉默的重要因素。结合访谈内容可知，在这些因素中，学习兴趣是最主要的原因。对于那些本身性格外向、充满学习热情的研究生而言，充分的学习兴趣是促使其高度投入课堂的力量之源。例如，某受访研究生表示，“我

① 王勇：《学生课堂沉默的分类与引导策略》，《上海教育科研》2009年第5期。
② 滕明兰：《大学生课堂沉默的教师因素》，《黑龙江高教研究》2009年第4期。

以前真的很热爱学习，会很认真地听课，积极地提问”（J-F-20201228-X）。反之，有的学生性格比较内向，不善于主动表达，即便知道问题的答案也缄口不言。在这种情况下，令人感兴趣的话题有助于打破学习的沉默状态，激励个体进行深层次思考并勇于站起来表达自己的观点。某受访研究生的话反映了目前大多数研究生的课堂学习状态：

“我觉得我没有别人讲得好，还不如多听别人讲一讲。但如果是我自己非常感兴趣的，我会稍微主动一点。比如，之前我们老师讲的问题跟我研究的主题——原生家庭研究还挺相似的，而且我也很感兴趣，我就发了一下言。”（S-F-20201222-D）

第二，就教师教学而言，教学语言、教学风格、教学方式等是学生消极沉默的主要因素。例如，某受访研究生举了一个亲身经历的实例，说明教师在课堂上使用的语言是否规范以及表达是否清晰直接影响着学生对知识信息的接收和课堂互动的效果。

“我们学院有个老师用英文讲课，但他家乡口音特别重，讲的英语让人听着费劲。于是我就偶尔抬头看看黑板上的板书，只要了解了核心观点，就不会再听了。老师的表达会影响课堂互动的效果。”（L-M-20210116-C）

由此可见，如果教师使用的语言不规范或口头表达不清晰，在很大程度上会让学生难以及时获取信息，甚至获取的知识可能存在偏差和错误之处，从而阻碍学生更加深入地思考，这个时候学生是不愿意或不敢回答课堂问题的。长期下来，可能还会引起学生对教师教学的不满，甚至导致学生以沉默作为主要手段消极“对抗”教师。

第三，就课堂环境而言，学习氛围、班级规模、教学设施等是学生消极沉默的主要因素。比起教学设施、班级规模等这类相对固定且不可控的外界条件，通过集体成员共同努力而营造出的良好氛围更加有助于为个体“浸入”课堂提供重要的契机，让学习变得生动、活跃起来。通过深度访谈发现，即便是已被认可的优秀研究生，他们同其他普通学生一样，对何时保持沉默、何时参与互动仍然是根据情况而定。

“如果是一些比较沉闷的课，我可能很少表达自己的观点；如果老师和整个课堂氛围都比较开放，每个同学都被鼓励提出自己的观点，那我就会比较积极。”

（Z-F-20201222-X）

究其原因，课堂整体氛围能够影响到群体中的每个人，在很大程度上可以左右学生个体的参与度。正如某受访研究生所说：

“如果大家都很积极踊跃地回答问题，那我就会参与，我觉得这很重要；但如果我想讨论，而其他同学都很懒散，甚至不来上课，那我可能就不太感兴趣了。”（L-M-20201231-O）

“我觉得老师上课的时候让我们提问，有点像对待高中生的感觉，因为高中生也是这么上课的。所以最后的局面就是，如果你不提问，老师在课堂上就会尴尬；但是提问了你自己又觉得很别扭。在大家都很踊跃提问的时候，我可能会去提问；但如果大家都不提问，我也就不太好意思提问，宁可下课单独找老师提问。”（L-M-20201214-C）

由此可知，如果班级全体同学都对课堂参与保持认真专注、充满热情的学习状态，那么个体的消极沉默就会显得“格格不入”，反而容易激发学生学习的主动性。

2. 消极沉默阻碍课堂深度学习

沉默并非毫无意义。对研究生来说，课程学习的专业性、复杂性需要研究生付出更多时间思考如何建构自己的观念世界，在这个过程中沉默提供了深思的契机，所以研究生课堂并不排斥沉默。但是，研究生必须拒绝消极沉默。消极沉默是课堂深度学习的最大阻力，具体体现在以下三个方面：

其一，消极沉默不利于达成完善知识结构的学习目标。建构知识结构是研究生深度学习的重要目标，也是深度学习之“深”的重要体现。[①] 当学生出现消极沉默时，预示着他们的思维处于游离状态，学习变得松懈散漫，甚至有的同学因长时间没有跟上老师的讲课思路而“昏昏欲睡”。在这样的学习状态下，学生容易忽视或错过重点知识，而只是记住了一些无逻辑、无意义的细枝末节的碎片信息，致使学生对知识的理解停留在一知半解上，习得的新知识难以同已有的知识经验建立起相对稳固的联系。从这个意义上说，课程知识并未真正变成自己的知识储备，如此一

① 郭艳芳：《基于知识结构论的深度学习之“深”》，《教育理论与实践》2020年第28期。

来，遗忘的速度会大大加快。毋庸置疑，遗忘造成学生不能从头脑中提取出准确的知识，进而极大程度地限制了知识的迁移与应用。众所周知，知识结构与知识应用二者相辅相成、相得益彰，即个体的知识结构是知识应用、问题解决的基础和前提，知识的迁移与应用是完善知识结构的关键途径和重要支撑。所以，当知识应用于实践或某一情境的效果不佳时，个体对知识的理解会很有限，从而影响认知结构的深化。总之，消极沉默不仅影响学生当前知识的学习，还会对他们认知结构的完善产生阻碍作用。

其二，消极沉默不利于培养善于倾听、勤于思考、敢于质疑的学习品质。善于倾听、勤于思考、敢于质疑是优秀研究生必备的关键能力和优秀品质，是深度学习和学术研究过程中不可或缺的重要支撑。然而，消极沉默状态下，个体因走神或忙于其他课程任务而未将大部分注意力集中于课堂学习，使得他们很大程度上不能认真倾听并理解他人的观点，更不用说推敲他人的观点正确与否了。如果研究生对知识或观点缺乏深层思考，他们就难以发现潜藏其中的不足，也无法对其科学性和准确性提出合理的质疑。已有研究结果表明，个体拥有敢于挑战权威和提出质疑的意愿或倾向，对于深度学习和创新思维具有促进作用。[①] 个体需要在学会倾听的基础上进行深度思考并提出理性质疑。只有这样，个体才能及时修正、完善自己的想法与思路，提升自己的认知水平，让学术论文写作变得得心应手。

其三，消极沉默不利于营造课堂良性互动的学习氛围。课堂是师生之间、生生之间展开对话和思想碰撞的重要场所，然而在一个消极沉默的课堂中，教师往往面临着三个主要问题：一是学生不与老师进行眼神或情感交流；二是学生不敢或不愿回应老师的课堂提问；三是学生不主动质疑或参与讨论。如果缺少学生的学习投入与积极互动，无论教师讲课多么精彩、活动设计多么完美，课堂教学也犹如独角戏一般，缺少了互动的生动与趣味。相关研究表明，学生的学习行为表现对教师的教学效能感具有显著影响。如果学生长时间保持沉默，教师就不能适时接收到最新的教学反馈，也无法及时对教学设计做出合理的调整，从而有可能导致课堂教学质量下降；与此同时，教师的教学自信心和教学期望值也难免会受到影响。可以说，在

① 吕林海：《中国大学生课堂“沉默”背后的“谨言慎行”倾向——“中华传统文化”视域下的概念诠释与实证分析》，《苏州大学学报》（教育科学版）2020年第1期。

某种程度上，学生敷衍应付的学习态度会导致教师的教学热情逐渐消退，进而影响课堂质量；教师消极的教学态度、教学方式也是“劝退”学生积极投入学习的主要原因。长此以往，容易形成恶性循环，对营造和谐的学习氛围、建立良好师生关系以及提升课堂质量造成不利的影响。

（二）大胆对话　积极表达

对话是人际交往的主要形式，它不仅指人与人之间通过语言展开的交流，也包括人与客体、人与自我等进行的理解与反思。[①] 换言之，对话依赖于语言媒介，成为一种“有声对话”，同时也有只需心领神会、内在思考的“无声对话”，二者共同构成对话的生动内涵。某受访研究生在聊到自己的学习经历时说：“我不太喜欢课堂的氛围，我经常睡觉，除非老师讲课时情绪饱满，或者我们有对话，我才会感兴趣。”（L–M–20201224–C）可见，师生展开对话是打破课堂消极沉默的有效方式。

积极表达是研究生参与课堂对话活动的重要表现，包括主动发言、参与讨论、提出质疑等口头语言行为。在被问到“你会在课堂上积极发言、参与讨论吗？”时，约有三分之二的受访研究生毫不犹豫地表达了“会，我很积极”（J–F–20201228–X）或者“一般会积极跟老师互动”（L–M–20201211–X）之类的态度。克服消极沉默、争取表达机会，是研究生在课堂上学有所获的重要保障。

研究生如何才能敢于表达自己？有三条学习策略：一是克服羞怯心理，走向自我完善；二是增加知识储备，拒绝“无话可说”；三是激发内在动机，实现有效互动。

1．克服羞怯心理，走向自我完善

不论是大学生、中学生、小学生，还是研究生群体，“害羞”始终是干扰个体在他人面前表现自己的重要原因。“我不是那种喜欢发言、喜欢积极表达的人。我这个人很害羞，不常发言。”（W–F–20201213–C）这是个体拒绝表达、保持沉默的常用说辞，有羞怯心理的学生往往在课堂参与中表现出诸多顾虑，如担心自己回答错误或表达不清晰而在他人面前丢了“面子”，因“没有别人讲得好”（S–F–

① 张增田、靳玉乐：《论对话教学的课堂实践形式》，《中国教育学刊》2004年第8期。

20201222-D）、“我的思想和意见过于浅薄了”（M-M-20201209-O）而缺乏自信心，害怕自己的回答得不到他人的承认，等等。

“说话”意味着知识或观点的概括、整理、加工与输出，对于引发个体的深度思考具有促进作用。所以，克服羞怯心理是研究生培养表达能力、促进深度学习的关键步骤。研究生由害羞变得大方是循序渐进的过程。

首先要建立对积极表达的自我期望。自我期望是个体对自我行为表现及未来发展方向所有的知觉与期待，往往伴随着个体对结果的预测与判断。也就是说，当个体认为某事或某物对自身发展有益而产生强烈的自我期待时，他可能会更加愿意采取具体行动，付出更多的努力、时间和精力。简而言之，个体行为或心理的变化受限于个体的自我期望意识。因而，研究生应当加强内心对“积极表达”的期待，意识到课堂上的表达对于锻炼自己的胆量、展示自己的能力以及营造积极互动的学习氛围等有着重要意义。不仅如此，研究生的积极表现对他人也可以产生有利的影响。正如某受访研究生所言，“说错了也没有关系，老师会纠正。因为其他同学可能也会在这个问题上犯错，所以老师的纠正对大家都有帮助”（Z-F-20201223-C）。正确看待所谓的“面子”，学会多角度看待自我表达，有助于克服羞怯心理，给自己增添一份敢于表达的动力和勇气。

其次要正视他人对自己的评价。不敢主动表达的学生很大一部分是因为他们十分看重别人对自己的看法和评价，时常担心自己表达不清晰、观点有所偏颇，会引起他人对自己的学习能力和态度的质疑。有的学生经常有这种想法：“如果大家都听懂了，只有我不懂，就好尴尬”。（F-F-20201214-D）为了避免“尴尬”，个体往往选择保持沉默，假装和别人一样来进行自我心理防卫。实际上，个体不需要过度揣测他人表情与动作所含的意义。正如某受访研究生所言，“其实大家也不一定懂，你不懂的话就要问，不用顾虑周围的人”。（F-F-20201214-D）积极表达是一种值得赞许的行为，主动站起来开口说话这一行为并不是所有人都能做到的，需要一定的勇气。或许敢于发言或主动参与讨论的“你”不是“别人印象中的自己”，但是每个人都具有多面性、复杂性且在不断发展，他人对自己的评价只能是一种参考，而不是最终定论。正确看待他人的评价是个体由胆怯走向勇敢、由被动变得主动的关键推动力。

2. 增加知识储备，拒绝“无话可说”

不同于本科生的学习，研究生的学习是知识生成和创造的过程，“求知”不是机械式地积累大量的知识，而在于深入探究知识背后的意义，对前人的研究结果提出具有建设性的修正建议，更为重要的是发现并解决前人未解决或尚未涉及的问题。然而，这并不意味着知识的积累无关紧要，相反，它是个体进行批判性思考和建构个人观点的基础和前提。一项关于大学生课堂沉默的调查研究发现，在影响学生课堂沉默度的诸多显著因素中，最显著的是学生能力不足，这主要源于个人的知识储备不足和批判性思维能力的欠缺。[①] 本研究也得到了类似的结果。

“我觉得还是看个人的知识储备量，如果真的完全不懂，会问很多问题。”（J-F-20201228-X）

“老师们的研究领域不一样，课堂上让我们讨论的东西也不一样。有的同学对讨论的内容很熟，因为他的老师在做这个方面的研究，所以他知道的会比我们多一点，他就有东西可说，而我们就没有东西可说。但如果这个内容刚好是我熟悉的，我可以说的就会多一点。”（C-F-20201230-C）

“我觉得课上还是让老师说比较好，我们的一些思想和意见过于浅薄了，不适合在课上用大段时间来讨论。”（M-M-20201209-O）

从以上三位研究生的话中可以看出，不论是因不懂而主动提问，抑或是因对学习主题感到熟悉而参与讨论，还是因思想浅薄而倾向于听教师授课，学生自身的知识储备都是影响研究生能否积极主动参与课堂互动的关键因素。一般而言，学生的知识储备越充分，思维发散的范围越广阔，越容易引发深度思考，由此生成的观点足以为个体在课堂上积极表达提供重要的思想支撑。因而，打破课堂沉默的重要途径是研究生拓展自己的研究视野，广泛涉猎本专业或相关学科的核心主题，进一步扩充自身的知识储备。具体而言，可以从课上和课后两个不同时间段入手：

（1）课上，做好课堂学习笔记。俗话说“好记性不如烂笔头”，课堂笔记是学生听课时经常使用的学习手段。即便是在研究生阶段，很多学生也保留了做课堂笔

---

① 张林、温涛、张玲：《大学生课堂沉默的阻力与动力机制研究——基于560份调查问卷的实证》，《西南师范大学学报》（自然科学版），2019年第3期。

记的习惯。做笔记是一个通过感知获取，经由分析、综合、判断，再转化为符号表达的复杂的思维过程。在这个过程中，一方面，具备反思意识是做好课堂笔记的重要前提。一份好的课堂笔记不是对老师原话的“复制粘贴”，而是经过思考后把观点、想法记录下来。只有思考后得到的知识才会被真正吸收进个体的认知结构中而不容易被遗忘，久而久之，学生的知识储备会逐渐增加。某受访研究生提供了她在课堂上如何反思以及整理反思笔记的方法，值得广大研究生借鉴：

“我其实并不会听老师讲什么，因为他讲的东西，别人肯定也说过，说不定别人说得更加简明扼要，但是我会去思考：老师为什么这么讲？他的立场是什么？他是持批判的还是赞扬的态度？老师有哪些理论依据？我还会了解老师的毕业院校、老师教的这门课、他的个人态度等，这些东西其实就相当于你在看文献，因为老师本身就是一篇文献的作者。总之，你还是要有反思意识，一节课下来，别人听到的是老师讲的内容，我记在本子上的笔记全是我对这一节课的反思，是质的飞跃。”（Z−F−20201213−C）

另一方面，保持课堂专注是有效记录笔记的必要保障。对研究生而言，上课走神或泛泛而听容易导致遗漏重要知识点或值得深入探究的问题，致使课堂笔记上的信息记录不完整，从而不利于接下来的课后复习。正所谓“温故而知新”，缺失重要信息的笔记无法有效唤起学生的真实记忆，更不用说围绕问题进行深入思考和知识建构了。若知识得不到有效提取与应用，随着遗忘的产生，学生头脑中的知识储备会变得越来越少。因而，如何保持学习专注度，认真处理课堂笔记是每一位研究生日常反思与总结的重要内容。某受访研究生在访谈中较为详细地介绍了她的学习方法：

“上课时，我会主动与老师互动，如果我没听懂，我会提出来，然后他就会解释，其实这就变成了一种在公共领域中进行私人探讨的形式。这个时候学东西是非常快的。无论老师在讲什么，我都抓紧时间记笔记。这样一节课下来，我就知道老师讲了什么，还有什么是没有讲的，以及我需要做什么。总之，我吸收的东西会非常多。”（Z−F−20201213−C）

（2）课后，注重课外长期积累。知识储备仅靠课堂所学远远不够，课外的长期积累也十分重要。第一，阅读是积累知识的主要途径。知识来源于阅读，知识储备丰富的学生一定在课外做到了广泛阅读、爱好阅读、善于阅读。本书第二章已对深度阅读策略做了详细的介绍，本节不再赘述。第二，网络课程是丰富知识的重要途径。“慕课（MOOC）”的出现是信息技术与教育相结合的重大成果，它让学生的知识学习突破了时空界限，使得全世界的教育资源共享成为现实，可以为各类学生提供丰富的、系统的、优质的课程资源。研究生应该充分利用在线学习平台，找到适合自己的课程资源，延伸课堂学习的广度与深度。某位发表过多篇高质量文章的受访研究生在访谈中表达了他对课外学习的看法及建议：

“我会在网上找一些公开课来学习。我觉得你可以找到更好的（课程）资源，不必拘束在课堂上。”（L-M-20201224-C）

这给研究生的课外学习带来了以下两点启示：一是要增强信息检索和辨识能力。寻找优质资源时，研究生不必局限于国内学习平台，也可以利用国外在线学习平台。要在众多的学习平台中选择最合适自己的课程，这有赖于研究生自身的信息检索能力和辨伪能力，既能够准确搜索到相关课程，也能够从良莠不齐的信息和质量不一的课程中筛选出真实的、有用的东西。只有这样，课外学习质量才会有保障。二是主动开发、整合优质学习资源。学习的最终受益者是学习者本人。若学校的课程已无法充分满足自身的学习和科研需求，个体应当充分发挥主观能动性，运用自己的经验或寻求他人的帮助，开发新的学习资源。

3. 激发内在动机，实现有效互动

学习动机是激发和维持个体学习行为的基本动力，一直被认为是影响学业表现的关键因素。一般而言，学习动机可以分为内部学习动机和外部学习动机，其中内部学习动机是指对学习内容本身感兴趣或因求知欲等而进行学习的动机；外部学习动机是由考试等外界压力或物质奖励、表扬而进行学习的动机。著名教育心理学家奥苏贝尔非常重视内部动机的作用，认为学生的主动学习主要受到内部动机的驱使，内部动机对学习产生最为持久、最为稳定的积极作用；而外部动机对学习的重要性和影响会随着个体年龄的增长而日趋降低。[①] 大量实证结果显示，学生的内部

① 施良方：《学习论》，人民教育出版社，2001。

动机对学习有积极作用，而外部动机对学习的作用不显著或无必然的联系。[①②]一项调查研究发现，内部动机对人际互动与学习投入有着积极的促进作用，具有内部动机的学生有着更频繁的人际互动和更高的学习投入。[③]所以，在教学活动中，内部动机是课堂互动的重要推动力。从个人角度来看，研究生可以在端正学习动机和探寻并延伸研究兴趣两个方面激发自己的内部学习动机。

（1）端正学习动机。当前大多数的研究生教学中，教师通过成绩加分鼓励学生踊跃发言和讨论，“只要发言就会有一些成绩上的加分”（L-M-20201227-O）。分数成为部分研究生课堂上“积极发言”的动力之一，有的研究生为了能够“抢占先机”，回答问题时不假思索地说出不成熟的答案，看起来是在与教师积极互动，但这其实是营造出来的一种假象，没有深度思考的课堂互动是丢失了灵魂的。对一名合格的研究生来说，课堂学习从来都不应只是为了获得高分，而应当是出于自身的学习兴趣或对真理的渴望而进行的学习。个体发自内心地想要获得进步时，会更加愿意付出更多的时间和精力投入学习，对一些问题的思考会更为深入，从而在课堂上与教师进行思维碰撞。

（2）探寻并延伸研究兴趣。在本次深度访谈中，不少研究生都认为兴趣是促使他们主动参与课堂的关键因素，例如“如果是我自己非常感兴趣的，我会稍微主动一点”（S-F-20201222-D）或者“如果我比较感兴趣……那么我就会积极地参与讨论”（S-F-20201220-O）。正如孔子所言，“知之者不如好之者，好之者不如乐之者。”在学校生活里，学习最重要的动机是感受学习中的乐趣。然而，感兴趣的话题或事物不会“找上门来”，它需要学生自己主动去探寻自己的研究兴趣。要判断自己是否确实对其充满了学习兴趣，可以思考“这是我期待的学习状态吗？”“面对困难时我能否坚持不懈？”“学习能否给我带来满足感？”等问题，不要把自己所擅长的事情理所应当地视为自己的兴趣。兴趣可能会随着时间或他人影响而逐渐消退，所以个体需要不断地去拓展和延伸自己的研究兴趣。研究生可以

① 郭衎、曹一鸣：《学习动机对学习效果影响的深度解析——基于大规模学生调查的实证研究》，《教育科学研究》2019年第3期。

② 周勇、董奇：《学习动机、归因、自我效能感与学生自我监控学习行为的关系研究》，《心理发展与教育》1994年第3期。

③ 嵇艳、汪雅霜：《学习动机对大学生学习投入的影响：人际互动的中介效应》，《高教探索》2016年第12期。

通过参加学术沙龙或学术会议，了解学术前沿动态，开阔研究视野；或者积极参加课堂讨论，在与他人的交流中激发自己的求知欲，培养好奇心。

二、跳出茧房　多元思维

“思维是学习的加工器，没有思维参与的学习一定是低层次和机械的学习。”[①] 换言之，思维是引发学习的前提和条件，学习的深浅程度取决于思维水平的高低。在深度学习领域，学生的学习思维可以根据思维水平高低分为低阶思维和高阶思维，其中低阶思维是指发生在“知道、领会”这类较低认知水平层次上的心智活动；而高阶思维是指发生在“应用、分析、综合、评价”这类较高认知水平层次上的心智活动或认知能力，具体包括创新能力、问题求解能力、决策力和批判性思维能力。[②] 在整个学习环节中，低阶思维和高阶思维同时存在于学习过程之中，共同影响学习质量。

（一）思维方式的转变：由低阶思维转向高阶思维

对研究生而言，学习不是机械地、简单地记忆和理解知识，而是重在“研究”，致力于探索和验证真理，发现有待解决的新问题。要实现这一过程，仅仅依靠低阶学习思维是远远不够的，必须依赖高阶思维的加工。只有高阶思维真正进入学习过程，研究生才有能力去整合新旧知识、分析新情况、批判性地思考和创造性地解决问题，甚至创造新的知识。所以，要实现深度学习，研究生必须要促进自身的思维由低阶思维向高阶思维转变，它是促进知识深度加工的关键和培育核心素养的重要路径。

1. 低阶思维转向高阶思维：促进知识深度加工的关键

知识深度加工是现代教学变革和推进高质量学习的必然要求。随着信息技术的迅猛发展，人类的知识信息以指数形式激增，不论是从多元的知识载体还是巨大的知识量来看，记忆知识都不是最佳的学习方式。对知识进行简单的复制、机械的记忆、肤浅的理解，只会让学习者的学习长期停滞在浅层学习。对于今天的学习者而

---

① 余文森、宋原、丁革民：《“课堂革命”与“金课”建设》，《中国大学教学》2019年第9期。

② 钟志贤：《如何发展学习者高阶思维能力？》，《远程教育杂志》2005年第4期。

言，拥有详细的知识不如具备学习和弄清新信息的能力更有意义。[①] 知识的习得和探索都离不开思维，高阶思维的应用更加有利于人们对知识进行深度加工和创造。重视高阶思维在知识学习中的作用，并不意味着要抛却仅限于简单加工信息的低阶思维，其实低阶思维对人们初步了解、掌握基础知识有着积极的作用。但是，要让知识在头脑中保持长时记忆，必然离不开对知识进行抽丝剥茧，搞清其中的来龙去脉，将有关联的信息组织成一个整合的体系并同化到已有知识中，形成一个抽象的思维结构，确保知识能够顺利提取并成功迁移与应用到新情境中。只有深度理解和应用了的知识，才会真正变成学习者自己的东西。这一整个过程是高阶思维在低阶思维的基础上参与完成的。可见，学习能否由简单到复杂、由浅层到深入、由低级到高级，完全取决于个体的低阶思维能否向高阶思维发展。所以，低阶思维向高阶思维的转变对于研究生实现知识深度加工起着关键性作用。

2. 低阶思维转向高阶思维：培育核心素养的重要路径

"核心素养是为了适应21世纪的社会变革，人所应该具备的关键素养。"[②] 有学者审视研究生的培养过程，认为研究生的核心素养主要包括深度的创新思维与批判性思维能力、高阶自主学习能力、交往与合作能力、较强的文字表达能力、使用先进科研工具的能力和以科研问题为线索的完善的知识结构，以及求真向善、淡泊名利、追求自由与独立的品德等七大方面。[③] 具有高阶思维的学生善于分析并掌握新情况，能够将信息与已有信息整合起来，辩证地看待一切客观事物，以及批判性地反思和创造性地解决问题、理解世界、改造世界。从研究生的核心素养和高阶思维的内容上看，二者存在高度契合。因而，高阶思维实际上是研究生核心素养的重要内容，高阶思维发展的过程也是研究生培育自身核心素养的过程。

（二）深度学习策略助力高阶思维发展

人的高阶思维不是与生俱来的，它需要方法和技术的后天培养与训练。国内的一项实证研究结果显示，深度学习策略对问题解决能力、元认知能力、团队协作

---

① 王帅：《国外高阶思维及其教学方式》，《上海教育科研》2011年第9期。

② 褚宏启：《核心素养的概念与本质》，《华东师范大学学报》（教育科学版）2016年第1期。

③ 赵蒙成：《研究生核心素养的框架与培养路径》，《江苏高教》2018年第2期。

能力等高阶思维能力有显著正向影响。[①] 因此，对深度学习策略进行干预非常有必要。从学习者自身的角度来说，首先要有问题意识，其次要进行知识建构。

1．要有问题意识

杜威认为，思维的发生是一个“反思—问题生成—探究、批判—解决问题”的过程。从认知发展层次来看，杜威所指的思维发生过程实为高阶思维过程，高阶思维是由问题或疑问引发的。对于研究生而言，一个好的问题不仅有助于活跃思维，更能够促进深层思考，同时也可以为学术论文写作提供关键的灵感来源。所以，研究生应当树立起问题意识。此处的“问题意识”包含三层含义，一是要发现问题；二是要带着问题去学习；三是要基于理论的分析拓展问题研究的方法并解决问题，三者形成了完整的问题解决式的学习过程，缺一不可。在整个过程中，发现问题是后续学习活动得以顺利进行的前提。如同某受访研究生所说，“因为课堂本身就是为了缩小差距，解决问题。如果你都不把问题提出来，那你怎么去解决问题呢？”（G-F-20201222-X）

研究生发现问题、提出问题的关键在于自我反思。在预习、复习、课堂互动、平时阅读中，研究生需要带着质疑与审视的眼光去看待不同的知识或他人的观点，思考“它的立场是什么”“它与先前的结论有哪些异同”“它需要进一步修正和完善的地方在哪里”“它对自己的研究和学习有什么参考价值或意义”等问题。通过这样递进式的自问自答，可以很快地发现问题所在，并对问题的研究价值和可行性做出合理的判断。

2．知识建构

知识建构是研究生发展高阶思维的有效途径。[②] 促进高阶思维发展的知识建构的学习策略主要有：第一，要有建构知识的自觉意识，能够认识到自己在学习上存在的诸多不足，保持强烈的求知欲望，为接下来的知识建构奠定心理活动基础。第二，要对真实的问题进行深入的知识建构。学习过程中会遇到各种各样的问题，但这些问题也有真伪之分。有的问题是虚构出来的，本身可能包含错误的意义，若是

---

① 王靖、崔鑫：《深度学习动机、策略与高阶思维能力关系模型构建研究》，《远程教育杂志》2018年第6期。

② 钟志贤：《如何发展学习者高阶思维能力？》，《远程教育杂志》2005年第4期。

不能发现这一点，问题研究的方向就会与预期假设出现极大偏差，建立起来的知识结构也是有误的。所以，要在批判质疑、对比分析、深入思考中深钻细研每一个问题，剖析其内在机理，并进行反复求证。第三，主动与他人展开交流。在与老师、同伴沟通的过程中，研究生可以发现自己的不足之处，并结合他人建议及时进行纠正，从而完善自己的知识结构。

第三节 结构优化 联动学习

未来世界的学习是怎样的？身处日新月异的科技时代，人们既感叹信息技术带来的极大便利，依赖于对知识的“即知即得”，又深陷被技术支配甚至可能被人工智能取代的恐惧。未来世界的学习一定是“有深度”的学习，不仅要求学习者自身优化认知结构、促进思维深加工，形成高阶思维，同时也有赖于外界支持，在同伴互助学习中实现知识的迁移、应用与创新。

一、结构优化促进思维深加工

深度学习的研究生课堂，要求学习者在学习知识的过程中不仅要掌握学科基本知识，将其结构化与再概念化，以促进认知结构的优化，还要巧借外力，善用工具，对知识进行深加工，以此提高学习效率、促进深度思考，实现从“学会”到“会学”的飞跃。

（一）知识学习的关键在于结构化

获取知识是学习的目标之一，但是浅层学习只能为学生提供一些浮于表面、细枝末节的碎片信息，知识之间缺少联系，学生也不能对知识进行深加工并赋予其全新意义，总是停留在“知其然而不知其所以然”的状态，难以实现迁移、应用与创新。与浅层学习不同，深度学习追求的不是那些碎片化的、容易被遗忘的惰性知识，而是完整的、有生命的知识，[①] 即要求学习者的深度学习要摆脱传统意义上对

① 郭艳芳：《基于知识结构论的深度学习之“深”》，《教育理论与实践》2020年第28期。

知识的简单理解和记忆，巧用策略对浅层知识进行结构化与概念化，真正促进对知识的内化与应用。

1. 掌握基础知识点，促进知识深加工

知识点是知识、理论、道理、思想等的相对独立的最小单元。布鲁纳的认知结构学习理论认为，人类认知水平的发展经历了由初级到高级的阶段，分析问题和理解事物也要经历由易到难的过程。[①] 因此，知识点虽被视为初级知识，但也是后续学习者掌握复杂组合技巧、形成知识结构，进而习得高一级知识的前提条件。只有牢固掌握知识点，厘清其本质内涵，才能在错综复杂的知识点之间寻得联系，进而加以归纳、整理与结合，将基础的小知识点合并为一个个小结构，再将各小结构建立联结形成知识网络。在课堂教学中，教师也是先教授学科的基础知识点，学习者不应好高骛远地追求高深知识，而应该秉持踏实、认真的态度，脚踏实地，掌握基本概念和基本技能，这样才能以此为基础，不断深化理解、扩大自己的知识网。

2. 组建知识模块，促进知识整合

知识之所以会变得碎片化，是因为一些知识点只是机械地、被动地、缺乏理解地、碎片化地被个体记忆在头脑中，而并未真正地进入到个体的心理结构并与已有认知建立联系。[②] 因此，如果没有将习得的知识赋予意义、建立联结，学习者很快就会将其遗忘。

应该如何让知识长久保存，随时随地为我们所用呢？荷兰心理学家德格鲁特的研究证明，在国际象棋棋局结束之后，国际象棋大师几乎能准确无误地将比赛棋局复盘，而新手只能回忆3—4个棋子的位置。但是在面对随意摆放、毫无规律的棋子时，国际象棋大师和新手记忆棋子的情况几乎没有差别，即国际象棋大师与新手在记忆力方面没有显著差别。那为什么国际象棋大师对于有规律的棋局能做到过目不忘呢？德格鲁特表示，国际象棋大师不是记忆单个棋子，而是将棋局编码为动态的

① 武霞：《浅谈布鲁纳的认识结构学习理论》，《文学教育（中）》2011年第3期。

② 郭艳芳：《基于知识结构论的深度学习之“深”》，《教育理论与实践》2020年第28期。

复合物。[①] 新手按照每一个棋子所在的位置记忆，而国际象棋大师却巧妙地依据一块一块的“棋形”记忆棋盘，也就是把多个信息按照一定的规则组合成一个模块，方便存取，这就是心理学上常被提及的“组块理论”。

米勒提出的“组块（Chunk）”是人类信息加工中最重要的形式之一，他认为组块是一种信息单位，而组块化是大脑形成组块的能力和过程。通过组块化，人类可以通过调动储存于长时记忆中的原有知识，对短时记忆的新信息以人们熟悉的意义链形式进行再编码，从而扩充记忆单元容量，继而提高工作记忆的能力。[②] 如果将人的大脑比作图书馆，组块就是零散的图书，而组块化则相当于将书架上的书分区域放置，对图书进行整理、归档，方便以后按照编码快速提取书籍。从人的记忆模式来看，人类记忆的储存量是有限的，人不可能事无巨细地记住所有事情，因此，为了深度学习与掌握知识，让知识更好地保持，要将知识再概念化，寻找到知识点之间的联结点，将其通过一定的规则进行编码，形成记忆组块，纳入认知系统，以此促进知识整合和改善认知结构，扩充知识容量。

3．建构知识结构，促进知识活化

结构是组成事物的最基本要素，万事万物都有其内在结构。复杂结构是由简单结构组成的，越高级的事物，结构越复杂。知识建构亦是如此。在掌握知识点、形成知识组块的基础之上，如果我们不能将其有效组织起来形成结构，知识就只是一个个孤立地堆积在我们的大脑之中，很快就会被遗忘。深度学习要求学习者理解、掌握复杂概念、深层知识，最终形成更高级的认知结构，[③] 促使知识活化并灵活地运用到现实生活中解决实际问题。因此，促进“惰性知识”向“活性知识”转化的最后一步就是要调用已有知识、经验以及思维技能等，主动内化新知识，引发个体

① 公彦霏：《关于组块机制及其与国际象棋技能之间关系的拓展研究》，博士学位论文，华东师范大学教育与心理学院，2015，第3页。

② 马晓华：《关于词汇组块建构理论及学习策略的探讨》，《吉林省教育学院学报》2009年第3期。

③ 张浩、吴秀娟：《深度学习的内涵及认知理论基础探析》，《中国电化教育》2012年第10期。

心理结构的重建，从而使知识成为心理结构的有机组成部分。① 建构主义学习理论认为，学生的学习不是简单地由教师向学生讲授、传递，而是学生自己主动建构知识的过程。因此，要促进深度学习，不仅要在客观上促进知识结构化，还要求学习者以已经实现结构化、概念化的知识为基础，在原有经验之上，通过“同化”与“顺应”，将新知识内化并纳入已有认知结构中，促进认知结构的调整和优化，最终实现深度学习的真实发生。

（二）善用思维导图，提高学习成效

促进知识结构化和思维深加工并非易事，因此巧借外力、善用工具也不失为一种明智之举。“思维导图（mind map）”又名“心智图”，是一种有效表达发散性思维的图形思维工具，② 其通过对图片、图形、词语等将相关概念进行组合运用，呈现概念之间的层次关系和思维顺序关系，以实现概念表征的可视化。结构主义认为，思维导图这种可视化工具能让使用者从一种全局和整体的视角思考问题，进而提高使用者的思维灵活性和思维发散能力。③ 因此思维导图有助于优化学习者的已有知识结构，进而有助于知识迁移，在中小学阶段尤受追捧。但是本访谈发现，思维导图这种新型学习方式在研究生的学习过程中鲜少被提及。受访研究生表示，他们不仅没有养成定期绘制思维导图的习惯，“只是偶尔想做的时候做”（Z-F-20201213-C），还对其作用持有消极态度，认为思维导图“没什么用”（L-M-20201214-C）。其实，绘制思维导图能够很好地协助学习者利用可视化思维高效学习、系统地掌握知识结构，进而促进学习者对知识实现更深层次的理解。因此，要重视思维导图的独特优势，鼓励研究生群体对思维导图的积极使用。

1. 图文并茂促进思维可视化

思维导图作为一种组织和表征知识之间内在联系的工具，它能将核心观念及其相关概念用图或文字的方式呈现人们大脑中的思想，把头脑中的隐性知识显性化、

① 郭艳芳：《基于知识结构论的深度学习之“深”》，《教育理论与实践》2020年第28期。

② 赵佳娜：《思维导图在认知结构建构中应用模式研究——以大学基础英语实践课为例》，《中国电化教育》2014年第6期。

③ 张海森：《2001—2010年中外思维导图教育应用研究综述》，《中国电化教育》2011年第8期。

可视化，方便人们思考、交流、表达。[①] 简而言之，思维导图是学生头脑中思维的复现，它以图形化的方式将学生头脑中的发散性思维具象化为现实，以此形成一张具有直观形象特征的“知识结构图”，有助于学习者理清思维的脉络，供自己或他人回顾整个思维过程。[②] 同时，思维导图结合了全脑的概念，对图形、颜色、线条的运用更能对大脑形成积极的刺激，增添学习的乐趣，从而激发学生的联想与想象。

思维导图的图文并茂，既是其独特的优势，同时也为其绘制增添了难度。在访谈过程中，有研究生表示绘制思维导图“比较麻烦，一点也不方便，还不如简单记笔记”（L–M–20201214–C）。其实，思维导图不应该是记笔记（note taking），而应该是做笔记（note making），[③] 是对头脑中混杂思绪的梳理，激发批判性思考，这一环节在深度学习中是极为必要的，不应因为“怕麻烦”“耗时间”就略过不做。其实只用简练的文字、线条就能够很快速地画出简易思维导图，用图标或者醒目颜色标注也能为后续复习提示重难点，节省时间。同时，随着科技的发展，绘制思维导图的电子软件也逐渐兴起，科技和信息技术的发展为研究生学习带来了极大的便利，巧借软件可以轻松实现绘制思维导图、提升学习力。

2．全局关照促进知识体系建构

研究生课堂以丰富的理论知识为基础，科目种类多、知识容量大，日积月累下来就会形成一个复杂而庞大的知识系统。如果学生不对这些繁杂的知识进行整理、归档和再加工，长此以往，学生只能零散地、片面地学习表面知识，重复简单低效的浅层学习。人工智能领域的连接主义（Connectionism）理论认为，学习是个体不断地对头脑中的知识网络进行优化，而思维导图绘制的过程就是对大脑知识和想法进行碎片整理并不断优化的过程，[④] 能帮助学生梳理新旧知识之间的区别与联系，加深学生对知识的理解，自主建构知识体系，促进学生对知识的迁移运用。[⑤] 布鲁纳认为，每门学科都有其基本概念和内在规律性，即学科的基本结构。这些结

① 黎加厚、齐伟：《话题：概念地图在中小学教学中的应用》，《信息技术教育》2003年第9期。

② 邵志芳：《思维心理学》，华东师范大学出版社，2001，第122页。

③④ 赵国庆：《概念图、思维导图教学应用若干重要问题的探讨》，《电化教育研究》2012年第5期。

⑤ 安富海：《促进深度学习的课堂教学策略研究》，《课程·教材·教法》2014年第11期。

构反映了事物之间的联系，有助于学生理解和掌握，并以此实现举一反三、触类旁通。[①] 因此教学过程不仅需要教师主动教授学科基本结构，学习者也应该主动地参与到知识建构的过程中。在每一阶段的学习结束之后，学习者头脑中堆积了丰富且繁杂的新知识，用思维导图梳理知识点，建构学期、学科、单元的知识体系、形成知识网络，能够很好地帮助学习者理顺思路，将课堂重难点在头脑中进行再思考与再结构化，形成全局观。这种“中心突出、层次分明、简洁高效”的学习方式，[②] 不仅能够帮助学生将不同的知识联系起来，促进思维的深加工，同时也可以完善学生的认知结构，加强学生对知识的深度理解，引发学生的深度学习。

3. 自主建构促进高阶思维力形成

列夫·托尔斯泰说过，“知识，只有当它靠积极的思维得来，而不是凭借记忆得来的时候，才是真正的知识”。这与深度学习的核心特质——高阶思维不谋而合。思维是影响学生实现深度学习的重要因素，而培养思维力、促进高阶思维的形成有助于实现和促进深度学习，同时深度学习又有助于学习者思维品质和学习效能的提升。[③] 而思维导图对培养学生思维能力大有裨益。思维导图作为培养学生思维的一种有效工具，不仅能培养学生的思维品质，还有利于培养学生的批判性思维能力、解决问题能力和创新能力。学生在绘制思维导图的过程中，首先要及时梳理所学内容，把在课堂上和阅读文献时所学到的、记录的零散知识进行梳理，主动探寻每个知识点的“联结点”与“生长点”，将知识“连点成线”，使其变得更加有序化、结构化；其次要善于独立思考、积极反思，不仅要掌握概念、原理，还要发散思维，形成自己的独立思考和见解，进一步将单线思维扩展为网状思维，拓展知识树；最后要评价与监控自身学习情况，绘制思维导图可以帮助学习者及时了解自身的知识结构、学习进展和心理、思维活动情况，查漏补缺，通过发散思维活动来培养思维力，促进深度理解。

---

① 汪彩凤、汪火应、汪胜亮：《对布鲁纳“结构主义”教育思想的认识与思考》，《成都大学学报》（教育科学版）2008年第8期。

② 杜娟、李兆君、郭丽文：《促进深度学习的信息化教学设计的策略研究》，《电化教育研究》2013年第10期。

③ 范海英、贾小文、邱成锋：《思维导图在深度学习中的运用——以大学物理实验为例》，《军事交通学院学报》2020年第3期。

二、联动学习　在迁移中创新

深度学习不是个人的“单打独斗”，而是多人共同参与、建构的学习。学生群体之间的深度互动、合作有助于彼此分享、相互启发，促进知识活化，实现知识的迁移、应用与创新。

（一）同伴互助，博采众长

“三人行，必有我师焉。”见贤思齐，向优秀同伴学习的美德古已有之。在提倡“学习共同体”的今天，同伴合作、互助学习获得了蓬勃发展的契机，被赋予了全新的意义与价值，已然成为一种极富创意和实效的学习方式。

1. 同伴互助学习现状

“同伴互助学习（Peer-Assisted Learning，简称PAL）”又被称为“同伴指导（Peer Tutoring）”“同伴学习（Peer Learning）”“同伴教育（Peer Education）”“同伴评价（Peer Assessment）”等，兴起于20世纪80年代，正日益成为一种广受好评的新型学习模式。英国的托平教授和美国的尔利博士在1998年出版的《同伴互助学习》一书中提出：“所谓同伴互助学习，是指通过地位平等或匹配的伙伴（即同伴）积极主动的帮助和支援来获得知识和技能的学习活动。”[①]本访谈发现，在研究生课堂中，同伴互助学习的方式是多种多样的，如课堂中同学之间的合作学习、角色扮演、小组讨论、研究学习和课下同学之间进行问题探讨、学习督促、生活交流等等，都属于同伴互助学习。相对于独自学习，同伴互助学习更强调“同伴”群体的重要性，无论是在课堂中合作学习、相互交流与切磋，还是在生活中相互关心、给予情感支持与关怀，同伴中的每个主体都能在互动交往过程中取得良性进步，实现互依、互助、互动、互惠。

课堂是研究生学业发展的重要场所。不同于传统的讲授式课堂，现代课堂上学生不再一味满足于接受教师“灌输”知识，而更注重与老师、同伴之间展开交流、探讨与对辩。以自学答疑式、讨论式和研究式等为主要学习形式的课堂，[②]更加强调研究生群体之间的交流、合作能力的培养。可见，对研究生而言，同伴互助学习

① 左璜、黄甫全：《国外同伴互助学习的研究进展与前瞻》，《外国教育研究》2010年第4期。

② 夏玉成：《提高研究生培养质量的思考与实践》，《学位与研究生教育》2006年第5期。

是不可或缺的一种学习方式。

本访谈中，受访研究生谈及对同伴互助学习的价值判断时，普遍呈现出“一边倒”的局面，对其表达了正向、积极、肯定的态度，认为同伴互助学习这种全新的学习模式“在很大程度上是有助于我们学习的”（L-F-20210130-X）、“倾向于小组合作学习”（L-M-20201213-O），同时也流露出对“同伴”的渴求，“希望有一个小伙伴能和自己在图书馆一起学习或者一起吃饭，方便讨论问题”（C-F-20201230-C）。但是在真实的学习情境中，超过半数的研究生认为当前“同伴互助学习的次数其实比较少”（C-F-20201230-C），或是“按照自己的标准来看的话，同伴互助学习不够多”（L-F-20210130-X）；如果用百分数来衡量合作学习的占比情况，有研究生坦言“独自学习占了80%，小组学习可能是20%”（Z-F-20201222-X）或“基本是独自学习”（C-M-20201209-D），仅有少部分研究生表示会“两三个人一起学习”（L-M-20201211-X）。由此可见，同伴互助学习作为一种全新的学习模式虽然获得研究生群体的普遍认可，但其在研究生真实学习过程中并未得到很好的应用，其自身价值并未得到有效发挥，在实际运用中还存在着困境。

2. 阻碍同伴互助学习的因素

“相观而善之谓摩”，学习共同体中的个体互相观摩切磋、合作学习、取长补短，是学习取得成功的原因之一。在访谈过程中，有受访研究生遗憾地表示“其实我还是很希望能够合作”（C-F-20201230-C），那为什么研究生群体却选择独自学习，造成“独学而无友”的局面呢？

其实，阻碍研究生群体合作、交流的因素是复杂多样的。其一，从主观因素来看，研究生个人的学习风格是影响其选择的主导因素。学习风格伴随着个体长时期的学习活动而逐渐形成，通常具有鲜明的个性特征，且一经形成便不易改变。由此，一些“不太喜欢麻烦”（C-M-20201211-X），“历来都是‘单打独斗’”（B-M-20201210-O），习惯于独来独往、“喜欢当独行侠”（J-F-20201228-X）的研究生就自然而然地“更倾向于独自学习”（C-F-20201230-C）。其二，就客观因素而言，阻碍研究生合作学习的理由更是多种多样，较为普遍的是以下三个。

（1）“术业有专攻”，缺少合作伙伴。研究生班级一般为小班制，班级人数较少，“我们班只有八个人，所以大部分都是独自做PPT，然后自己去展示，没有什么合作”（Z-F-20201211-D）。小班制有利于师生之间的沟通对话，拉近了师生之间的距离，却也在一定程度上阻隔了学生之间的合作交流。同时研究生一般都“术业有专攻”，由于研究领域的差异性，即便是同一班级的同学，研究方向也各不相同，“要跟别人合作学习稍微有点困难，想要互相契合的话，就需要花费很多的时间与精力去磨合”（C-F-20201230-C），这在无形之中为研究生合作学习设置了障碍。

（2）如果合作变成了“凑热闹”，质量就难以保证。“如果是小组学习的话，小组成员的水平参差不齐”（C-M-20201209-D），因此，在选择合作学习对象时，研究生普遍倾向于选择“跟那几个成绩特别好的在一起”（L-M-20201211-X），而成绩中等或偏下的同学就会出现“落单”的困境。同时，合作学习往往流于形式，忽视学习的质量和实效性，“有的同学承担的工作多，有的同学承担的工作少，小组里面只有分工却没有合作”（L-F-20210130-X），致使学生还是以“自我”为中心，缺少成员之间的深度交流，因此没有达到同伴互助学习的目的，只是“凑热闹，不如独自学习有效率”（L-M-20210116-C）。

（3）功利性学术氛围影响同伴互助学习氛围的形成。有研究生认为“研究生期间，大家可能更习惯于‘闷声发大财’”（L-F-20210130-X）。同伴互助学习的本质是促进学习共同体共同学习、共同进步、共同成长，但受学校功利性学术氛围和评奖评优制度影响，研究生个人的心态也会影响到同伴互助学习氛围的形成。

3. 同伴互助学习的益处

日本学者佐藤学认为，不组织合作学习，每个人的学习就不能成立；要提高每个人的学习能力，合作学习是不可或缺的。[①] 同伴互助学习模式之所以能快速兴起，在教学改革中取得巨大成效，引发学习方式的变革，其益处是显而易见的，具体体现为以下四点。

① 王有升、兰玉萍：《同伴学习中的“教学相长”与课堂教学变革》，《课程·教材·教法》2018年第2期。

（1）激发学生的学习兴趣、维持学习动机。传统讲授式课堂是教师的“一言堂”，学生只是被动地接受教师灌输知识，不仅造成学生“主体性”缺失，长此以往，单一的教学形式也容易导致学生对学习失去兴趣、滋生学业倦怠情绪。而同伴互助学习极大地丰富了学生的学习方式，学习者可以依据个人的兴趣、专长自主选择学习领域并结交同伴，将学习的主动权掌握在自己手中。同时，合作学习建立在共同获益的基础之上，同伴之间平等、关爱、信任、互助的氛围也在无形中督促学习者维持学习动机，积极主动地学习、按时完成任务，不耽误同伴进度。

（2）促进学生拓展思维、修正观点。诚然，独自学习有其优势，但是“一个人的精力有限”（C-M-20201211-X），在同伴合作学习过程中“通过交流，可以掌握更多知识，在某种意义上能使学习更加高效”（G-F-20201222-X）。在交流的过程中，学生之间碰撞出思想的火花，“别人的一句话就能激发出你全新的观点，或更多想法”（G-F-20201222-X）。在这样的头脑风暴的氛围中，可以拓宽视野、发散思维、多角度思考问题，更有利于观点输出。同时，“独学而无友，则孤陋而寡闻。”在独自学习的过程中，“个人有些想法难免会有点偏颇或狭隘”（C-F-20201221-C），而同伴互助学习能为“听到别人的声音”（J-F-20201228-X）提供契机，学习小组中的成员只有通过共同学习、各抒己见、集思广益才能取长补短，打破自身的“狭隘”，进而获得进步。

（3）引导群体智力互补，高效完成任务。研究显示，同伴互助学习这一教学策略或学习方式是基于提高学生（尤其是学困生）的学业成绩，照顾班级个体差异而提出来的。[①] 但是加德纳的多元智能理论指出，人的智能是多种多样的，不能简单凭借分数“论高下”。在面对困难时，任何人都要调动、组合多种智能来解决问题，只有当智能成分的运用和学习任务相互匹配时，个体才能顺利地达成目标、获取成功。[②] 同伴互助学习的主要目的是解决问题、完成共同任务，当任务过于繁重、以一己之力难以完成时，“只能通过小组作业的方式一起去做”（L-F-20210130-X），而此时如果能让成员通过协商、分工，使每个成员寻找到适配的任

① 左璜、黄甫全：《国外同伴互助学习的研究进展与前瞻》，《外国教育研究》2010年第4期。

② 马兰：《合作学习的情境优势——兼谈三种情境对学习动机的影响》，《开放教育研究》2004年第5期。

务，就能形成群体智力互补，高效率地完成任务。因为“每个人都能做自己擅长的事情”（L-M-20201208-O），“每个人都有各自的优势，把优势结合起来，就能实现相互学习”（C-F-20201230-C），“在遇到一些不懂的问题时，可以及时请教同学”（L-M-20201211-X），如此，不仅能“提高时间利用的效率”（L-M-20201213-O），还能使小组成员各司其职，各展其能，充分实现深度合作。

（4）培养人际交往能力，形成良好的学术氛围。社会建构主义理论认为学习或意义的获得是通过社会文化环境和他人共同构筑的过程，从而使个体与集体共同发展。而同伴互助学习的实质是促成学生之间在互动中学习，由此促进群体之间的人际交往，创设良好的合作互助氛围和学术氛围。[①] 在互助学习的过程中，同伴之间不可避免地会在争辩中寻求共识，在沟通中解决问题。“在小组合作的学习氛围中，你很容易去学习别人考虑问题的方法”（G-F-20201222-X），因此，同伴互助学习“无论是对个人的发展，还是对人际交往、学术交流多个方面而言，都能起到很大的作用”（L-F-20210130-X）。同伴之间是一种平等的关系，因此互动交往的过程既能培养研究生的学术能力，也能为锻炼研究生人际交往能力、丰富其社会交往提供契机。

4. 高效同伴互助学习策略

如何保证同伴互助学习的效果？要想真正发挥同伴互助学习的价值，使其成为深度学习所提倡的变革性的学习方式，而不仅仅是披着合作学习的“一层皮”，成为“低效或无效的教学的点缀”[②]，就需要研究生群体在互助学习的过程中运用一定的策略。

（1）拒做组内“边缘人”，营造平等、和谐的学习氛围。社会建构主义学习理论关注的是同伴间能力的差异，要促进学生更有效、更快速地成长，就要让其与能力较强的同伴合作，[③] 即要有一个优秀、能力更强的同伴作为领导者。但过于强调优秀领导者会使学生产生“慕强”心理，造成小组内等级分化，产生组内“边缘

① 左璜、黄甫全：《国外同伴互助学习的研究进展与前瞻》，《外国教育研究》2010年第4期。

② 王鉴：《合作学习的形式、实质与问题反思——关于合作学习的课堂志研究》，《课程·教材·教法》2004年第8期。

③ 孙贺群、王小英：《儿童同伴合作学习的价值、机制与促进策略——基于建构主义学习理论的视角》，《学前教育研究》2009年第10期。

人”。因此在组建学习小组时应营造平等、和谐的氛围，让学习共同体中不存在绝对领导者，而是每个小组成员都可以成为领导者，确保每一个学习者都能大胆表达自己的观点。

（2）拒绝“表面合作”，定期深度沟通，汇报进展。同伴互助学习常常流于形式的原因之一是成员之间缺乏沟通，“只是各自负责各自的部分，对别人的成果也不了解，这种小组合作更像是分工一样”（J-F-20201228-X）。同伴互助学习最重要的是成员间能定期沟通、交流想法，了解任务进度，从而及时解决问题，真正实现成员间的深度合作。

（3）拒绝“人云亦云”，先独自学习再合作交流。为防止同伴合作学习变为同伴分工，就需要先进行独自学习。“独自学习也非常重要，因为有的人可能在合作学习中不发表任何观点”（G-F-20201222-X），而个人的看法和观点是小组实现深度讨论和合作的前提，只有在有一定的思考基础、形成自己的观点之后才不至于在讨论的过程中被打乱思绪，人云亦云。所以既高效又有深度的同伴互助学习首先要求每一个小组成员“自己先深入地研究、思考，再合作讨论”（S-F-20201220-O），这样的观点输出才是有价值的。

（二）迁移、应用与创新

优秀研究生的深度学习应以培养自身对知识的迁移、应用与创新能力为宗旨，学习者只有将课堂所学知识进行迁移、应用、创新，才能摆脱浅层学习，促进深度学习的发生。

1. 知识迁移

《论语》有言：“不愤不启，不悱不发；举一隅不以三隅反，则不复也。”孔子既讲到了教学方法，即教师要采用“启发式”教学法培养学生独立思考的能力，又提及了学习方法，即学生要善于学习，学会迁移，要从一种知识类推掌握多种知识，最终实现“举一反三”“由此及彼”的目的。

现代心理学家一般认为迁移是一种学习对另一种学习的影响，[①] 包含将在一个情境中学到的东西迁移到新情境的能力，其广泛地存在于知识、技能与行为规范的

① 施良方：《学习论》，人民教育出版社，2001。

学习中，是学习最重要的现象之一。[①] 迁移在深度学习的过程中也是不可或缺的环节，美国国家研究委员会发布的《为生活和工作而教育：培养21世纪可迁移的知识和技能》报告显示，深度学习的目的是为了实现学习迁移，即学生应该掌握将从一个情境习得的知识应用到其他复杂多变情境中的能力，[②] 深度学习者要能够触类旁通。

对于研究生群体而言，其自身的研究属性使其学习迁移的范围并不局限于专业知识之间的相互影响，还集中体现在将课堂上学习到的基础理论、基本技能、研究方法、思维方式运用到课外自己的研究领域中。那如何进行知识迁移才能促进深度学习的有效发生呢？有受访研究生指出：

“如果说老师提出了一个我没听过的理论，我会去了解这个理论的核心观点，思考我能把它运用到什么地方……这样我就可以把它用到平常的科研当中……如果我了解到其他领域的某个理论知识，我就会想把它应用到自己的领域是否合适。如果合适，我会去想具体应用的方面，结果也不是一定都能用上，但我会有意识地这样做。”（Z-F-20201222-X）

由此可见，优秀的研究生们不仅在课堂上表现优异，更重要的是其往往有更自觉的思维深加工意识，即便是在接触到与自己科研领域无关的新知识时，也会有意识地主动吸收，将其纳入“智慧囊”中，并伺机寻找其与本专业的契合点，以此促进原有知识树不断生长，达成触类旁通、举一反三的知识联动效应。

2. 学以致用

能否将课堂所学知识应用到真实情境中解决复杂问题一直是检测研究生课堂是否有效的一条重要指标。约翰·比格斯等多位学者对深度学习的研究表明：“浅层学习是对零散的、无关联的内容不加批判地机械记忆，学习内容脱离生活实际，与学生的经验缺乏关联，学不致用；而深度学习则是对学习内容积极主动地理解、联系和结构的建立、基本原理的追求、相关证据的权衡、批判反思和应用。”[③] 因此，无论课堂中老师讲得多么“天花乱坠”，专业理论多么“广博高深”，如果学生没有学以致用就都是在做无用功。如此，深度学习不仅要“散”开来，促进知识

① 莫雷：《论学习迁移研究》，《华南师范大学学报》（社会科学版）1997年第6期。

② 刘月霞、郭华主编：《深度学习：走向核心素养》（理论普及读本），教育科学出版社，2018。

③ 同上，第16页。

的迁移，也一定要“深”下去，在现实生活和学术研究中寻找到联结点，知道如何调动、激活、调适、运用、修正各类知识，与真实的任务情境持续互动，实现知识为“我”所用。

优秀研究生是否真的实现了“学以致用”？在访谈过程中，大多数研究生表示研究生课堂知识有一定作用，他们会将课堂所学加以运用，具体应用领域大同小异，集中体现在解决现实问题，如“应用在相关技术领域”（C–M–20201209–D）、解决学术问题——“写论文”（G–F–20201222–X）和培养学术思维——“锻炼思考问题的方式”（G–F–20201222–X）三个方面，说明当前优秀的研究生群体深谙学以致用的重要性，会有意识地促进理论与实践相结合。但也有个别研究生认为课堂上所学知识用处不大，原因一是课程设置不合理，认为“课程没有教我研究方向的内容，只会教一些基础理论”（B–M–20201210–O）、“很多课程不属于我现在的研究领域”（C–F–20201230–C），原因二是实践受挫，认为“理论与实践是差距很大的”（L–M–20201213–O），这表明研究生对课程设置不满，也存在理论与实践难以结合的困境。

美国心理学家比格指出：“如果学生在学校中学习的那些材料无助于他们进一步沿着学术的程序前进，并且不但在目前，而且在以后生活中更有效地应付各种情境，那么就是浪费他们的许多时间。”[①] 课堂知识如果与真实生活环境相脱节，无疑是对学生时间、资源、能力的一种浪费。要解决学用脱离的困境，既要着眼于研究生课堂变革，也呼唤研究生群体主动作为，“多实践、多练习……归根结底，还是要用相关知识去解决实际问题”（L–M–20201211–X），在不断试错中积累经验，最终到达成功的彼岸。

3．实践创新

全球化背景下，社会政治、经济、信息技术高速发展，人们对教育和学习的期望日渐高涨，对高质量创新人才的需求也更加迫切。研究生在学习过程中获取知识，以此来实现学习迁移、学以致用和实践创新，这三个目标是层层递进、相辅相成的，创新作为迁移和学以致用的最高境界，也是研究生深度学习的最终体现。

“创造性”是高阶思维的体现，“创新”是实现深度学习的终极目标。但是在

① 莫雷：《论学习迁移研究》，《华南师范大学学报》（社会科学版）1997年第6期。

深度访谈过程中，优秀的研究生们鲜有提及将课堂上所学知识进行创新，较为普遍的只是按部就班地“用到学术论文写作里”（L-M-20201227-O）。影响研究生将课堂知识进行创新型应用的因素有很多，除传统文化中缺少创新氛围、传统教育体制长期打压“标新立异”“特立独行”导致学生创新性人格缺失以外，[①] 显而易见的原因还有在脱离课堂这样一个强调知识讲授的单一脑力劳动场所之后，研究生群体普遍面临着学用难以结合的困境，无暇顾及创新。但值得一提的是，医学院研究生基于现实医疗问题的学习方法为“在迁移、应用中学会创新”这一课题提供了一个出色的例子。

“我们学临床的研究生在临床、治疗或者诊断的过程中遇到问题，首先是通过已有的基础研究、实验去验证病症，然后去寻找一些新的方向……我觉得学医就应该是这样，从临床的真实病情出发，从所学的知识出发，再依靠基础研究去寻找更好的结果和更好的解决方法，最后再运用到临床上去治疗病人。”（C-M-20201211-X）

病症是“狡黠的”、复杂多变的，这在客观上督促着医学研究生不断推陈出新，追求自身的专业知识、实践能力的快速发展。“学生是学习新知识的人，而研究生是研究新知识的人。”[②] 正所谓“研大千之学，究天人之道”，研究生群体的使命与职责就是不断求索、穷尽真理，研究生的角色也并不仅仅局限于现成知识的学习者和接受者，更应该是知识的创造者和建构者，在对知识的“扬弃”中实践、创新。在此之中，其学习思维、学习方式与学习的过程也要寻求变革，要在运用知识、创造知识中求“新”、求“变”，使知识“活起来”“动起来”，在做中学、做中研、做中求创新、做中求进步。

① 朱红、李文利、左祖晶：《我国研究生创新能力的现状及其影响机制》，《高等教育研究》2011年第2期。

② 夏玉成：《提高研究生培养质量的思考与实践》，《学位与研究生教育》2006年第5期。

第四章
研究生主动表达

布卢姆从学习认知水平角度按照从低级到高级的顺序把教学目标分为知道、领会、应用、分析、综合和评价这六个层次，不同层次的认知水平特点不一，这种划分体现了“学习有深浅之分”这一思想。[①] 比格斯认为深度学习是一种高水平或者主动地对知识进行认知加工的学习方式，对应的浅层学习则是对知识进行低水平认知加工，如重复记忆或机械背诵。[②] 而研究生的主动表达行为不是简单复述他人的观点，而是在认识、理解知识信息的基础上，能根据具体问题情境，对已有知识进行综合分析与运用，这是高阶、深层学习的外在表现方式。研究生的表达场域主要有学术活动、日常学习和学术创作，这三种表达场域看似分裂，其实是研究生的不同学术研究情境，彼此关联、互相影响，这需要研究生发挥自身能动性，把握好在学术活动、日常学习、学术创作中的表达机会，提升自我学术表达能力，促进自身发展。

---

① 洛林·W.安德森等编著《布卢姆教育目标分类学》（修订版），蒋小平等译，外语教学与研究出版社，2009。

② J. Biggs, D. Kember, D. Y. P. Leung, The Revised Two-Factor Study Process Questionnaire: R-SPQ-2F, (British Journal of Educational Psychology 71, 2001).

第一节　在学术活动中积极表达

1981年1月1日，《中华人民共和国学位条例》第五条明确规定，硕士研究生要取得对应的学位，必须“在本门学科上掌握坚实的基础理论和系统的专门知识”，同时还应“具有从事科学研究工作或独立担负专门技术工作的能力”，对博士研究生则有更高的要求；2004年3月3日，国务院批转教育部《2003—2007 年教育振兴行动计划》，提出加强研究生培养，实施研究生教育创新计划；2010年9月20日，《教育部关于设立全国研究生学术交流平台的通知》进一步明确指出要设立全国研究生学术交流平台，增加研究生学术交流机会，提供研究生教育创新环境，加强研究生的素质培养；2020年9月28日，国务院学位委员会、教育部发布《关于进一步严格规范学位与研究生教育质量管理的若干意见》，强化研究生指导教师质量管控责任，不仅要求指导教师对研究生学位论文情况负责，还要求指导教师了解研究生参与学术活动的情况。开展研究生学术活动和建构有效学术交流平台是培养研究生科研能力的重要环节，同时也是加强研究生教育创新的重要举措。

从某种意义上说，硕士阶段的学习是一个为了进入专业学术研究共同体做好准备的阶段。少数学习兴趣和研究能力都很强的硕士研究生，在学习阶段便能进入其所在领域的专业学术研究共同体，建构话语体系，懂得学术规范。但对于大多数硕士研究生而言，研究生学习阶段是一个从专业学术领域的门外汉到逐渐登堂入室的过程。实现这种位移及身份转换的途径有很多，其中一个关键路径就是积极参加各种学术活动。从广义上来看，学生进行任何有关学术研究的活动，都是学术活动；从狭义上界定的学术活动是“研究生自主发起、组织、自愿参与内容涉及有关学科前沿领域、新理论和新方法的学术集会、交流、探究、调查、试验、著述等活动”①，如师门组会、学术讲座、学术论坛等。学术活动对研究生科研能力的培养十分重要，有助于促进研究生实现从大学生到研究生的转变。

因此，研究生应该认识到参与学术活动的价值，克服在学术交流中的困境，把握学术表达的要义，在深度参与学术活动中，促进自身不断发展，朝着优秀研究生的方向不断努力。

一、参与学术活动的价值

专业领域内的学术活动形式多种多样，有的比较正式，有的比较随意；有的规模大，有的规模小。按照学术活动的组织方式来划分，研究生学习过程中比较常见的学术活动有个别化的学术活动、大型的学术活动、基于项目性质的学术活动；②按照学术活动举办方的层次来划分，有自发层面的学术活动、院系或学校层面的学术活动、省市或地区层面的学术活动以及国家层面的学术活动；依照美国社会学家门泽尔将信息交流划分为正式过程与非正式过程的方法，学术交流活动分为文献型学术交流活动和非文献型的学术交流活动；③根据学生在学术活动中所起的作用来划分，有以学生群体为主导的学术活动和以非学生群体为主导的学术活动。就我国学术发展历史来看，早期学术研究性学者数量相对较少，但随着社会的不断发展，教育领域得到快速进步，人们有更多机会进入高校接受高等教育，整体学术范围明显扩大，参与学术活动的人数也日益增加。我国教育和科研的飞速发展推动学术活动的层次不断提升，学术活动举办频率不断提高，交流范围也越来越广，当前我国学术活动呈现出多样性、跨地域性、跨学科性的特点。④

参考以上文献可知，目前研究生学术活动的基本形式有师门组会、学术讲座、

① 王惠：《学术活动对硕士生科研能力影响的研究——以某大学三个案为例》，硕士学位论文，华东师范大学教育科学学院，2009，第3页。

② 李旖：《学术活动视角下文科硕士研究生科研能力培养研究——以江西师范大学为例》，硕士学位论文，江西师范大学高等教育研究中心，2013。

③ 匡兴华、关虹：《学术活动的意义、功能和分类》，《研究与发展管理》1991年第4期。

④ 梁郁建：《基于地图及搜索技术的活动信息发布系统设计与实现》，硕士学位论文，华南理工大学软件学院，2016。

学术会议、学术论坛、学术沙龙、学术文章的撰写与发表、课题研究、读书报告等，师门组会、学术讲座和学术论坛是最常见的类型。师门组会的范围、频率和形式方法多样：范围可能是自己所在班、所在系或者所在学院之间的交流，也有可能是不同学院之间的跨学科交流；频率可能是一周一次或者两次，也有可能更低或更高；形式有可能是同学自发组织的，也有可能是院系行政部门组织的。学术讲座更为多样，可以是班、系、学院、学校、学术机构等不同部门和级别的讲座；形式可以是线上也可以是线下；可以是单次讲座，也可以是系列讲座；可以是本专业领域的，也可以是其他专业领域的。学术论坛则是本专业领域学者比较集中的正式专业学术研讨，包括线上和线下两种形式。研究生在学习期间，有多种机会参与师门组会、学术讲座和学术论坛等活动，无论是作为会务工作人员还是作为一般与会人员，与其他学术研究者的交流都有助于促进研究生自身认知、情感、行为发生转变，使研究生朝着更加优秀的方向迈进。

（一）认知方面

科学研究需要丰富的知识积累与宽阔的学术视野。而随着科学技术的不断发展，人类在科学研究方面的探索也朝着更加深远的方向发展，这要求研究者不仅要有专业的知识理论基础，更要有前沿的研究视野。参加学术活动，可以在认知方面帮助研究生尽快熟悉专业领域，同时拓展研究生的研究视角，使其转变为合格的研究者。

1. 熟悉专业领域

一般而言，不同研究专业所聚焦的研究领域有所不同，众多学者在多年的深耕细作下，产出大量的研究成果推动了专业领域的发展。而学术活动一般聚集着本专业领域的专家学者及在校研究生，他们的交流与讨论，有助于参与者熟悉本专业研究领域内的研究人员与研究内容，加深对专业的认识。

一方面，研究生可以结识本领域内的专业人员。通过参与师门组会、学术讲座和学术论坛，研究生可以认识本专业领域内的专业人员。在最简单便捷的师门组会中，研究生可以初步认识自己身边的专业人员，如导师、师兄师姐、同门、师弟师妹等；通过参加学术讲座和学术论坛，可以逐步熟悉本校、本地区、本省、国内甚至国外的相关科研人员，加深对本专业领域的认识。另一方面，研究生可以快速了解本领域内的专业内容。人是符号动物，[①] 在沟通中不能脱离语言代表的内容，而在具体沟通过程中，“人们必须具有需要沟通的东西，然后才会进行沟通”[②]。要熟悉本领域的专业内容，除了上课和阅读之外，还需要和本领域的专业人员进行学术交往，而除了私人交往之外，参加学术活动是最正式、常规且高效的学术交往的形式之一。专业学术共同体在互动和沟通中得以建构和延续，而这种互动和沟通也是聚焦研究领域内的专业内容展开的。研究生要从专业学术共同体的外围进入专业学术共同体内部，需要以共同关注和研究的专业内容为对象，与其他学者开展各种沟通和交流。

从学术方面来看，讲座嘉宾大多是某个学术领域内的某一专题研究的专家，专业人员带着自己擅长领域的最新研究成果参会，公开分享给专业学术共同体内参加活动的成员。对于处于学习阶段的研究生来讲，这无疑是学习专业内容的大好时机，不仅可以接触到本领域近期研究的重点、热点、焦点、难点和前沿问题，还可以近距离接触专业领域内研究不同主题的专家，如果能得到自己研究领域方面专家学者的点拨，则更是万分幸运的事。研究生在学术活动现场可以和相关专家及其研究团队建立初步联系、留下印象，后续有合适机会进一步请教。

“我参加学术会议时会关注学者报告中我不知道的研究角度，比如使用现代的科技手段、信息统计手段、地图等比较新颖的东西对文学进行研究；还可以增长见识，认识更多专家学者；也有可能认识一些不同学校的研究生，可以在今后进一步交流。”（S-F-20201220-O）

2．拓展研究视角

参加学术活动，对研究生认知上的帮助不只是打好基础、了解本专业领域，更大的益处在于拓展研究视角。“研究视角”也可称为“研究立场”或“分析框架”，是研究者看问题的方法，[③] 学术活动中多元主体的不同观点分享，有助于研究生拓展自身研究视角。

① 恩斯特·卡西尔：《人论》，李琛译，光明日报出版社，2009。

② 乔治·赫伯特·米德：《心灵、自我和社会》，霍桂桓译，北京联合出版公司，2013，第286页。

③ 尹婷、焦建利：《计算机辅助语言学习研究方法的新进展》，《外语电化教学》2018年第5期。

“我会关注研究前沿和大家是怎么做的，我还会看评委老师是怎么评审的，在我看来一篇挑不出什么毛病的文章，在评委老师眼里却漏洞百出，评委老师会给出一个怎样的评价是非常重要的，这在平时是学不到的。在一场学术会议上，他（专家评委）可能会花二十分钟评论这篇文章，这对我来说是非常难得的经验。”（C-M-20201209-D）

从该学生的表述中可以发现，学术活动中分享的研究一般都是当前本专业领域内最新的研究进展与研究热点，与研究成果比起来，研究思路、研究方法对听众的帮助更大。部分学术论坛有评委评审环节，大部分评委专家是相关领域的资深研究者或在专业期刊负责审稿工作的编辑，与会人员可以从更专业的角度发现当前报告的不足，进一步完善自己的研究思路，这种学习经历十分难得。参与学术活动对研究生主要有以下三大益处。

一是为自身研究提供参考。研究生有很多机会与他人进行学术交流，小到师门组会，大到高端论坛，通过参加专业领域内的学术集会，一方面既可以了解他人的研究成果，避免重复性研究，也可以通过他人研究的局限找到创新点；另一方面有助于解决研究生自己遇到的研究问题，其他学者在研究思路、研究方法上的经验与启示可以给予研究生启发。参加师门组会有助于方便快捷地解决自身研究问题，如某受访研究生所说：“师门组会的帮助很大，它的帮助是比较具体的，具体到平时研究中遇到的困难和问题，大家一起开会的时候顺便讨论，很容易就解决了。”（J-F-20201228-X）

二是提高学术鉴赏能力。学术活动短则几个小时，长则几天，研究生参加本学科领域的学术互动，能够在短时间内接触到该领域的大量科研成果。众多研究者轮番上场作报告，不仅能让参与者及时了解相关学科领域的研究动态和前沿研究成果，而且在倾听、欣赏、讨论、质疑过程中，研究生的科研鉴赏能力和学术品位也得到了提升。

三是了解本研究领域内的专业规范。每一个研究领域内都有成文或不成文的专业规范，研究生要利用各种机会去了解这些规则、适应这些规则，并按照这些规则进行学术活动。小到会议报告要把握好时间、不能超时等基本规则，大到专业委员会换届选举等重要事件需要遵循的基本原则，不一而足。研究生需要利用各种机会留意观察、学习和积累，而参与师门组会、学术讲座和学术论坛能让研究生近距离地身处专业学术共同体的学术活动之中，自然有助于研究生切身感受这些规则，从而慢慢地掌握和运用这些规则，成为专业学术共同体中的一员。

（二）情感方面

学术氛围是指“某个固定的场所中，各种学术机构、学术活动以及一切与学术有关的事物长期积累的一种文化沉淀”[①]。学术活动与课堂学习的最大区别在于学术氛围不一样，研究生日常学习所感知到的学术氛围与参加学术活动所感知到的氛围有很大区别，在学术活动浓郁的学术氛围中，研究生更容易激发对学术研究的热情，加强与其他学者的情感联系，为后续的科研合作提供可能。

1. 激发学术热情

学术活动对于研究生培养具有重要意义，它形成的科研环境和浓厚的学术气氛能使教师和学生受到熏陶与感染，激发研究生参与学术活动的动机，增强研究生不断学习的自信心，促使研究生养成良好的科研品格，在今后的学习和研究中，不气馁、不骄躁，勇攀高峰。

一是学术活动能激发、维持研究生参与学术活动的内在动机。一些学生读研的最初原因只是想提升学历，这部分研究生参与学术活动的动机多是完成导师布置的学业任务，该动机属于外在学习动机。参加学术活动不仅给课程学习增添了不一样的色彩，更能让研究生通过倾听专家学者的发言，向其他学者请教，说出自己的问题、困惑与见解，在自由讨论的氛围中感受学术争辩与逻辑推理的魅力，这能够极大程度激发研究生参与学术活动的热情，促使外在学习动机转变为内在学习动机，从而使研究生自主调整学习策略，更为积极主动地从事学术与科研，撰写、发表高质量的科研成果。如某受访研究生表示“因为每个老师都有自己的研究方向，如果涉及自己感兴趣的或者自己熟悉一点的内容，我的主动性会更高一点”（L-M-20201208-O），内部学习动机可以激发研究生的学习主动性。而对于读研目标明确的研究生来说，原本的学习动机就是以内部动机为主，他们在参与学术交流活动的过程中，不仅能够让自己对学术研究有更加深刻的认识，还能维持自己的内部学习

---

① 李旖：《学术活动视角下文科硕士研究生科研能力培养研究——以江西师范大学为例》，硕士学位论文，江西师范大学高等教育研究中心，2013，第21页。

动机，保持良好的学习状态。

二是学术活动能增强研究生不断学习的自信心。美国社会心理学家费斯廷格于1954年提出了社会比较理论，认为人具有想要清楚地评价自己能力和观点的动机，如果不能通过客观途径达到目的，人们往往倾向于在同相似他人的比较中来评判自己的观点和能力。① 无论是听报告，还是自己做报告，身处学术活动中的参与者都会不由自主地将自己与同龄人、前辈做比较，分析自身有何优缺点，从而明确自己接下来的学习规划，帮助自己不断发展。某受访研究生认为参加学术活动有助于认清自己的现状、增强学习自信，“我可以知道同龄人大概的水平，对自己有个基本预判。如果判断自己与同龄人之间差距不大甚至在同龄人平均水平之上，我会对自己更有信心”（C-M-20201209-D）。

三是学术活动能养成研究生良好的科研品格。与科研能力相比，研究生教育更应该注重科研品格的培养。“科研品格培育是科研能力培育的灵魂，没有科研品格的科研工作者是不健全的，甚至会贻害自身。只有具备良好科研品格的德才兼备的人才才是未来的科学事业和我们这个时代需要的合格科研人才。”② 汇报人在学术活动中公开自己的研究发现，接受大家的提问与质疑，在交流互动中不断推进学科研究的发展，这在无形中为研究生树立了榜样，鼓励着研究生坚持尊重事实、大胆突破权威、勇于创新探究，鼓励研究生朝着优秀科研工作者的方向不断努力。

2. 加深感情交流

参加学术活动不仅能激发研究生对学术的热情，也能够加深研究生与其他个体的情感联系，尤其是促进师生关系、同伴关系良性发展。如某受访研究生表示：

“我觉得很重要的一点是在参加这种学术活动的时候会和导师或同学一起去，其实这是增进感情的一个非常重要的渠道。大家一起去参加学术活动时的心情和在课堂上的心情是不一样的。”（Z-F-20201222-X）

交往教学论认为只有通过信息、情感交流，师生才能获得共同成长，教与学才能和谐。③ 参加学术活动可以加深参与者与他人的情感交流，促进自身更好地成

① K. A. Festinger, A Theory of Social Comparison Processes, （Human Relations 7, 1954）.

② 熊国勇、张同林：《动物学实验教学中学生科研能力的培育与实践》，《江西教育学院学报》2012年第3期。

③ 田汉族：《交往教学论》，湖南师范大学出版社，2004。

长。一方面，学术活动可以加深研究生与导师、同学的情感联系。大部分研究生是跟随导师、同学一起参加师门组会、学术讲座、学术论坛等活动，在参与过程中，除了知识增长、境界提升之外，还会加深自己与导师、同学的情感联系，在学术活动中交往，共享信息、思想，这有助于拉近与导师、同学之间的心理距离，增强合作研究的自信心。而对于导师而言，与研究生一起参与学术活动，不仅可以加深彼此之间的感情联系，更能够在交流中发现研究生在其他方面的优缺点，从而帮助导师调整指导策略，更好地培养学生。

另一方面，学术活动可以加深研究生与其他学者的情感联系。少部分研究生以个人身份参加学术活动，表明研究生有较为明确的学习动机与一定的专业知识基础，可以作为听众倾听、理解不同学者的研究思路与方法，通过发言表达自己的观点，向与会者阐述自己的研究，与大家建立认知、情感上的联系，为之后的科研合作奠定情感基础。如某受访研究生表示：

“通过讲座发言，我觉得表达自己的观点是一件很快乐的事情；我认识了很多学友，他们都很优秀，大家可以互相学习。”（Z-F-20201213-C）

（三）行为方面

参与学术活动，对研究生能力的影响是综合的、多方面的。研究生在参与学术活动中经历的事情不同，对其各方面能力的影响也不同。但无论研究生在学术活动中负责何种事宜，都有助于其在实践中锻炼自身能力，在学术交流中提高研究效率。

1. 锻炼多维能力

培养研究生的关键在于培养研究生的科研能力和科研品格，而在实际培养过程中，导师会根据学生的实际情况，不断调整培养方案和策略，帮助研究生全面提升自身综合素质，如有导师带研究生去校外开展实践活动，不仅能将书本理论与社会实践相联系，拓展研究生的研究视野，还能培养研究生的人际交往能力。如某受访研究生认为参加学术活动能锻炼自己多方面的能力：

“参加学术活动其实就是锻炼自己。第一是锻炼语言表达能力，第二是锻炼随机应变能力，第三是锻炼自己的心态。我在刚开始做报告或课堂专题汇报的时候，都会很紧张，语无伦次。后来锻炼次数多了，慢慢就没有那么紧张了。”（Z-F-

20201222-X）

该受访研究生认为研究生作为报告人参加学术活动，会有更多的机会锻炼自己的语言表达能力、随机应变能力以及心态，这是因为报告人要向与会人员展示自己的研究，把自己的研究阐述清楚。因此，既为了尊重自己，也为了尊重听众，报告人一般会对自己提出更高的要求，也会对报告现场做出更多预设：如何在有限的时间内阐述清楚自己的观点？听众会有哪些疑问？自己又该如何回应？在不断审视的过程中，报告人会更加熟悉自己的研究成果。甚至，有时报告人回答不了专家、听众的提问，这也是研究者成长过程中避不开的场合，这种场合也有助于研究生锻炼随机应变的能力，实现心态的转换，明白科研是永无止境的道路，需要保持高度认真、负责的学术态度。

研究生作为会务工作人员参与学术活动的组织与安排，能够锻炼自身人际沟通能力、处理问题的应变能力以及活动策划能力等。一般情况下，大部分研究生会作为会务人员参加学术活动，只有少部分研究生会在导师、学院、学会等的组织下参与筹划工作，如主持师门组会、为学术论坛邀请专家、接送到场专家等。在学术活动举行前与举行后的这段时间，负责会务工作的研究生比其他与会人员做了更多的事情，也能通过这些经历得到更多锻炼。

对于普通听众来说，自身行为能力得到的锻炼比较有限，学术活动对他们的影响更多的是在认知和情感方面。研究生只有输入与输出双向交替，才能深度参与学术活动。有学者从五个方面概括了深度学习的特征，其中活动与体验特征是指深度学习“是通过主动的、有目的的活动，对人类已有认识成果及其过程的学习与体验，它需要学生全身心地投入，真正成为教学活动的主体”①。因此普通听众也应该发挥自身主动性，如在学术活动期间向其他学者请教、向报告人提问等，从而锻炼自身人际交往、语言表达能力。

能力的提升来源于实践活动，研究生需要不断地主动参与到学术活动当中，锻炼自身多方面的能力。斯金纳和贝尔蒙特认为学习参与包括行为和情感两部分，某学者则提出学习参与是指学生在课堂学习过程中的心理活动方式及行为努力程度，包含行为参与、认知参与和情感参与三个维度的有机组合。② 因此，研究生需要参

① 郭华：《深度学习及其意义》，《课程·教材·教法》2016年第11期。

② 孔企平：《数学教学过程中的学生参与》，华东师范大学出版社，2003。

与学术活动，在参与过程中加深行为、情感与认知的投入，从而提高自身学习效率。

2. 提高研究效率

研究生在学术活动中听取同行、同专业、同领域其他学者的报告，或与他们进行讨论，或进行考察、参观等，不仅可以看到其他学者目前有哪些研究成果，更可以看到同行、专家、学者是如何解决研究工作中所遇到的问题的。若自身面临类似的困境，有时还会产生联想，触发创造性灵感，提高自己的研究效率。如某受访研究生所说：

“有时候会遇到一些不懂的问题，刚好有个同学做了相关的笔记或者之前在某本书上看到过类似的东西，我就可以向他请教，这样效率会高很多。”（L-M-20201211-X）

研究生在科研过程中肯定会遇到问题，解决问题的办法有很多，向同领域的学者、专家请教，能在很大程度上帮助自己解决问题、提高研究效率。参加学术活动对研究生的帮助，不仅是当下那一刻见识增长带来的愉悦，更为学术思想的碰撞提供了大舞台，也为学者合作研究提供了友好的交流平台。

一方面，学术活动加强了科研信息交流。据美国科学基金会和日本国家统计局的初步统计，科研人员在一个研究课题中，用于查找和阅读情报资料的时间占完成该项研究所需时间的50.9%。[①] 各种形式的学术活动不仅是某一领域在学术界的展览会，更是一次科研人员信息交流集会，不同学者可以汇聚一堂，及时交换科研信息，了解当前专业、领域科研发展的新动向，了解同行研究的热点、进展、观点，尤其是本专业领域的新理论和新方法等，这将大大节省研究者的时间和精力，提高研究工作的效率和水平。

另一方面，学术活动能帮助研究者取长补短、解决问题。私下开展的科研交流更有助于提高研究效率，无论是小型的师门组会、学术讲座，还是大型的专题学术论坛，研究生都可以在不同的场合遇见本专业领域的其他学者甚至相同研究主题的其他学者，可以主动建立联系，为之后私下交流、请教问题打下基础。不同学者的研究方向或专长不同，借助他人的长处来补足自身某一方面的短板，有助于迅速突

① 夏禹龙等编著《科学学基础》，科学出版社，1983。

破科研困境。如某受访研究生所说：

“每个人的课题不一样，擅长的技术也不一样。如果你想研究某个方面，肯定要向技术好的人请教如何使用这个技术。”（C-M-20201211-X）

无论是学术活动当下的思想交流与碰撞，还是私下开展的交流与合作，都有助于加强科研信息交流，还能取长补短、解决问题，这对研究生科研效率的提升有极大帮助。

二、学术表达的困境与要义

就研究生参与学术活动的现状而言，大部分研究生都能认识到参与学术活动的意义与价值，但他们参与学术活动的积极性不高，[①] 最直观地表现在以沉默寡言的态度面对学术活动，只有少部分研究生能在各类学术活动中主动展现自己，通过语言等形式互动，加强与其他学者的思想交流。认识与行动之间的差异主要在于多数研究生深陷学术表达的困境，且尚未真正把握学术表达的要义。

（一）研究生为何陷入表达的困境

为何研究生会陷入学术表达的困境？使其陷入困境的原因有哪些？从访谈资料来看，那些在参与学术活动中较少表达、发言的研究生，主要是受个人性格内敛、肚子里没货、缺乏研究兴趣、心理压力大等因素影响，同时也受其他外在因素的影响。

1. 性格内敛

性格指“个人在意愿方面较长期而稳定的形态”[②]，是个人在特定环境中长期生活形成的人格特质，这些特质在很多时候影响着个人的情绪、行为选择等。如某受访研究生对“在参加学术活动的时候，不敢或较少开口表达的原因有哪些”的看法是：“有些人本身性格比较内向，一般也不喜欢跟别人多沟通交流。他们也会去听讲座，但是比较少提问。”（L-M-20201211-X）

在特定生活环境下形成的性格不容易发生转变，且部分研究生还未适应从大学

① 常正霞：《浅谈学术活动对研究生探究性学习能力的培养——以西北师范大学为例》，《当代教育与文化》2011年第5期。

② 吕木凤：《广西仫佬族居民人格、民族认同与主观幸福感的关系》，硕士学位论文，广西师范大学应用心理学系，2018，第2页。

生到研究生的身份转换，对学术的认识不够深刻、清晰，内敛、安静的性格使其在参与学术活动时选择了“比较少提问”。虽然个体的性格因素会影响他们参与学术活动时的表现，但对这些研究生来说，不发言、不提问、不表达观点，并不代表他们不尊重汇报人，或没有思考、学习。这些研究生可能只是性格内敛，不喜欢当众表达学术观点，他们更愿意选择保持暂时沉默，私下选择合适时间进行沟通。

2. 知识储备不够

无论是参加小型的师门组会，还是大型的学术论坛，如果在学术活动中要输出、表达自己的观点，就得有足够的知识底蕴，而部分研究生难以表达的原因就在于知识储备不够。如某受访研究生表示：

“‘肚子里没货’，不知道说什么，可能就不敢开口表达了。我对这点深有体会。研一刚进来的时候，什么都不懂，比较少说话，然后积累到研二的时候，开口说的时间变多了。但现在开口又少了，因为觉得自己在这方面的储备不够了，说白了就是脑子空了，嘴巴就说不出来了。”（J–F–20201228–X）

对于研究生来说，知识储备不够主要有两方面的原因，一方面是缺乏相关的科研经历与专业知识基础，所以对汇报人的阐述难以从专业相关的角度给出建议或提出问题；另一方面是没有提前做准备，如果提前花时间了解过发言人以往的研究，根据会议内容、主题作了进一步思考，就能对学术讨论的对象有一个大概的了解，这样就能在发言环节表达自己的观点。因为“肚子里没货”，所以也很难在学术交流讨论环节向大家输出自己的观点，哪怕勉强说上几句话，也多半是文不对题。

3. 缺乏研究兴趣

有学者在讨论了深度学习的发生机制后，提出“学生的学习兴趣、困惑和意义是深度学习发生的前提、关键和条件”[①]。研究生只有喜欢自己的专业，喜欢这场学术活动，对学术活动讨论的研究主题感兴趣，才会以更为积极、投入、自觉的心态对待这场学术交流活动。如某受访研究生所说：

“我觉得是根据他的兴趣程度，如果这个讲座与他的研究方向无关，那他可能就不太愿意提问。”（Z–F–20201222–X）

由此可见，研究兴趣对研究生参与学术活动的影响很大，如果自身对汇报人的

① 钱旭升：《论深度学习的发生机制》，《课程·教材·教法》2018年第9期。

研究不感兴趣，哪怕人在现场坐着，也难以与汇报人产生思想上的共鸣。大量研究表明“个体通过对自主、胜任、关系三种需求的满足可以获得幸福感与满足感，进而表现出积极的行为”①。基于研究兴趣而展现自主性学习动机的研究生在科研学习过程中具有较强的自主性与耐挫性，愿意主动采取行动，这为他们最终取得科研成果奠定了现实基础。

4．心理压力大

认知、情感、行为三位一体，互相影响，研究生在学术活动中表现出的沉默与安静，在一定程度上受到认知、情感的影响，其中心理压力大是影响研究生学术表达的重要因素。如某受访研究生所说：

“我担心自己的问题很幼稚，可能比较多的人会有这样的顾虑，感觉自己什么都不懂，问的问题可能会被别人嘲笑。”（L-M-20201211-X）

个体对在学术活动公开场合发言这一行为产生较大的心理压力时，就会刻意回避这一行为。这与回避型人格障碍有着较为类似的特征，心理学界认为具有该种障碍的个体往往表现出害怕被否定或排斥而回避需要接触较多人的职业活动，害怕被嘲笑而在亲密关系中表现拘谨等特征。② 虽然在学术活动公开场合不敢或较少发言的研究生不一定是回避型人格，但在发言前过于担心自己的提问不够好、发言没有质量；发言后过于在乎专家的评价与旁人的眼光，难以接受其他学者对自己观点提出的反驳与意见……这些考量会不断加重研究生的心理压力，使其愈发不敢表达自己的观点。

除了性格内敛、知识储备不够、缺乏兴趣、心理压力大等自身影响因素以外，还有更多的外在因素也会影响研究生在学术活动中的表现，如活动现场的交流氛围是否热烈、现场发言名额是否有限等。因此，要突破研究生学术表达的困境，需要从多方面入手。

（二）研究生学术表达的要义

《红楼梦》中有副对联写道：“世事洞明皆学问，人情练达即文章。”研究生

① 张剑、张微、宋亚辉：《自我决定理论的发展及研究进展评述》，《北京科技大学学报》（社会科学版）2011年第4期。

② 美国精神医学学会编著《精神障碍诊断与统计手册》，张道龙等译，北京大学出版社，2014。

要尽力在学术表达过程中把握其中的要义，用严肃端正的态度确保学术表达的严谨性、科学性、规范性和专业性，同时还要适量加入一些活泼的元素提升学术表达的趣味性、人情味和可接受性。

1. 学术表达的严肃性

学术表达的严肃性是指研究生对待学术表达的态度需要保持严肃，主要体现在两个方面：一是要以严肃的态度准备学术表达的内容，二是要以严肃的态度呈现学术表达的形式。也就是说，要从内而外地注意学术表达的严谨性、科学性、规范性和专业性。

学术表达的常见形式是专题汇报，研究者可以围绕相关主题进行梳理，不仅可以为接下来的研究打下基础，还能够了解、熟悉该领域的已有研究。任何一场专题汇报，无论规模大小，都需要汇报人以严肃的态度做好准备。这既是对听众负责，也是对自己负责，用严谨的用语表达自己的观点，避免听众误解，让听众更为准确地判断，给出恰当的评价和针对性的建议。如某受访研究生这样说道：

“导师让你做一个汇报，如果你的排版乱七八糟，标点符号、断句都不对，该放上PPT的没有放，整个PPT没有重点，那么导师会很困惑，不知道你在说什么。”（F-F-20201214-D）

在学术表达中，如果研究生以敷衍、懈怠的态度对待，不仅会让听众一头雾水，难以理解其所要表达的核心观点，还会影响听众对其本人的评价。根据美国心理学家马斯洛提出的需要层次说中的第三层——归属和爱的需要，即人际交往和交流情感的需要，个体天然就有与他人建立情感联系的需求，建立情感联系的过程离不开交流表达，向对方输出自己的观点与态度。所以，研究生要以严肃的态度注意学术表达的内容与形式，把握好学术表达这一输出契机，加深与听众的情感联系，以有助于后续的交流合作。

其一，要以严肃的态度准备学术表达的内容。在专业学术活动中交流的文字和话语本质上是将研究者在专业学术共同体中与文本对话、与他人对话和与自身对话后内化于自身的专业知识，通过文字和语言外化，接受专业学术共同体的检验。这些文字和语言不仅会在交流现场的即时空间中传达给参与学术活动的每一位专业研究者，还会通过网络、论文集等形式不断传递给专业学术共同体的其他研究人员，甚至是专业学术共同体之外的其他领域的研究者或教育利益相关者。从某种意义上说，既是写（说）给在场的人看（听）的，也是写（说）给不在现场的人看（听）的，甚至是给别（后）人看（听）的。因而，研究生需要对自己写出来的文字或说出来的话持高度负责任的严肃态度，在学术表达的过程中尽可能保证学术观点的客观性和科学性、逻辑论证的严谨性和清晰度、支撑材料的真实性和匹配度、学术表达的准确性和简洁性。

其二，要以严肃的态度呈现学术表达的形式。一是要注意形象的严肃性。参加师门组会、学术讲座和学术论坛等专业的学术活动时，一般要着正装出席，穿着休闲随意或者夸张花哨都是不得体的。可以适当佩戴一些简单大方的小饰品，化淡妆，不宜浓妆艳抹。二是要注意行为的严肃性。举手投足要尽可能稳重得体、礼貌优雅，轻浮夸张或冷峻傲慢都会显得不合适。虽然同为科研人员，彼此都能理解对方的学术热情，但在维护自身研究观点时，要以公开交流的友好态度展开辩驳。三是要注意言语表达的严肃性。无论是上台分享还是提问交流，都要力求声音清晰、语气温和、语速适中、观点明确、逻辑清晰、时长合适、立场客观、态度诚恳。四是文本或PPT呈现方式的严肃性。提交的论文要遵循专业学术共同体认可的规范和格式，包括字体、排版、引文格式等；汇报时用的PPT要采用学术风格的模板。要特别注意学术道德和学术伦理，在引用其他学者的观点时一定要说明清楚，并以合适的格式引用。

不同于非正式的学术交往和随意的日常交流，师门组会、学术讲座和学术论坛等正式的、专业的学术活动强调严肃性主要是为了凸显专业性和规范性，有利于提高学术交流效率，增强专业认同感，形成强有力的专业学术共同体。

2．学术表达的活泼性

研究生学术表达的活泼性主要体现在两个方面：一是要在学术表达的内容中适当加入活泼的元素，二是要在学术表达的形式中适当加入活泼的元素。也就是说，要从内而外地注意学术表达的活泼性、趣味性、人情味和可接受性。

注意学术表达的活泼性，不仅是因为“用生动有趣的语言和通俗化的表达方式形象地阐释复杂、深刻、枯燥的学术问题，使人易于接受、易于理解，并记忆深刻”[①]，也能让研究者以自身人格魅力感染听众，提高听众注意力。在某受访研究生看来，“学术权威或同行讲的东西你未必能听懂，但是你会觉得他很厉害，会有一些启发。学术权威一般会讲得深入浅出”（B-M-20201210-O）。

从研究生到研究者，不是简单地换了一个字而已。长期的学习经验使研究生拥有较为扎实的专业理论基础，掌握了一定的科学研究方法，从而蜕变成合格的研究者。而在某些学者看来，“学术研究的高境界应该是深入浅出”[②]，做到这一点需要研究者对自身研究成果有相当全面、深刻、精细的探究，在整体上有着融会贯通的把握，且具备相当高超的语言文字表达能力，用看似轻松自然的语言表达深刻的学术见解。所以研究生参加学术活动，不仅可以增长见闻、结识朋友，更有机会接触到本专业领域内的专家学者，并以其为榜样，提高自身的学术表达能力。

一方面，要在学术表达的内容中适当加入活泼的元素。专业学术表达需要用专业的语言以专业的形式表达专业的观点，需要对严肃性给予高度关注。此外，作为一种人为的和为人的学术活动，它是由人组织的、由人参加的，也是为了人的发展而举办的，因而专业学术表达中也需要适度加入一些活泼的语言，以活泼的形式表达出活泼的内容，从而吸引人来参加。在论坛论文撰写或PPT文稿的准备过程中，可以加入一些活泼的、有趣味性的实例、故事或数据，因为这样不但可以增加整篇文章或文稿的生动性和感染力，还会使得理论与实际互相联系、互相论证，提高学术表达的可信度。此外，名人名言、专家观点以及视频等如果运用得当，也能很好地活跃气氛，增加表达的感染力和有效性。

另一方面，要在学术表达的形式中适当加入活泼的元素。一是表达的文字或语言可以增加一些活泼因素，适当采用一些生动的表述，不照本宣科读PPT，而是用略通俗的语言阐释自身研究中的各项发现，便于听众理解其意。二是表述的时候可以适当使用一些有趣的图片、图表、数据、视频、音频或者肢体语言，不拘泥于文字，借助非语言工具的可视化功能，使学术表达更为活泼和灵动，增加分享的趣味性。三是在研讨和交流过程中，可以适度开发和利用现场、自身或者本地化的资

① 江凌：《试论通识教材开发的核心理念与基本路径》，《北京印刷学院学报》2012年第5期。

② 蒋登科：《学术创新与“诗学隽语”的生成》，《西南大学学报》（社会科学版）2013年第4期。

源，即时生成一些和参会人员以及活动主题相关的资源。

专业学术研究者是专业领域的专业人员，专业学术活动是专业领域中的专业活动，研究生参加师门组会、学术讲座和学术论坛时，需要特别注意自身专业表达的严肃性。与此同时，专业学术活动也是人的活动，因而，除了注意严肃性之外，研究生在参加师门组会、学术讲座和学术论坛时，还要适量加入一些活泼的元素，这能让专业学术研究者及学术交流活动充满人情味，从而增加趣味性和吸引力。

三、如何深度参与学术活动

学术活动的价值不言而喻，而研究生在参与学术活动时，不仅要突破学术表达的困境，把握学术表达的要义，还应该抓住机会，在深度参与的过程中，促进自身发展。深度参与学术活动，强调在参与的过程中注重高阶思维能力的运用、高情感投入与高行为投入。总的来看，“深度学习是一种有意义的学习，且是一种主动学习”[①]。因此，研究生在参与师门组会、学术讲座和学术论坛时，要变被动为主动，发挥自身主观能动性，将其转变为一场深度学习的机会，在参与前、参与中、参与后做好准备，通过前期充分准备、把握现场机会、及时反思总结，更好地在学术活动中提升自己的科研能力。

（一）参与前：做好充分准备

研究生在参与学术活动前，要为参与师门组会、学术讲座和学术论坛做好充分准备。主要表现为：调整认识，激发参与学术活动的兴趣；提升修养，完善知识结构；树立正确的参与动机，明确参与学术活动的目的。

1. 调整认识，激发参与学术活动的兴趣

研究生要加深自己对学术活动的认识，了解学术活动的价值与意义，激发自己参与学术活动的兴趣。不少研究生对学术活动缺乏认识，尤其是缺少参与学术活动经验的研究生，很难认识到学术活动的隐性价值和长远意义。刚升学的研究生接触较多的学术活动一般是师门组会，因此经常会在与导师、同学的交流中探究学术、解决问题。而学术活动的隐性价值与长远意义在于未来某个问题的解决，起源于以往学术活动中的感悟。如某受访研究生所说：

---

① 段金菊、余胜泉：《学习科学视域下的e-Learning深度学习研究》，《远程教育杂志》2013年第4期。

“导师给其他同学的建议可能现在对自己没什么用，但你把它记下来，以后说不定就用上了。”（J–F–20201228–X）

正确认识学术活动的价值与意义，能够激发自身学习兴趣，从而调动内在学习动力。心理学界认为，兴趣是内发性的学习动机，是一种最积极的学习动机，是推动学生学习的直接动力，兴趣在学习中有着重要的意义。举办单位、高校要用良好的学术氛围点燃学生的学术热情、激发他们参与学术活动的兴趣，研究生自身也应该调整自己对学术活动的认识，提高参与学术活动的意愿与积极性，在实际参与过程中更好地发挥自身主动性。

2. 提升修养，完善知识结构

研究生自身的修养将影响其在学术活动中作用的发挥，这种修养不只是道德修养，也包括专业知识与科研能力素质。这要求研究生在科研学习生涯中做到“知行合一”，不断锤炼自身品格，进行自我反思，从而在学好专业知识的同时拓展自己的知识面，提升自身综合修养。自身综合修养提高了，思想境界就会发生一定的变化，对事物有更加深刻、全面的认识，对学术活动有更多的看法，具体参与过程能帮助自己拓展眼界。知识结构主要包括：基础之学、相关之学、修业之学、实践之学以及思辨之学。① 这表明研究生不仅要学好所属学科必备的专业知识和常识，还要学习相关学科的跨学科知识，例如很多文科研究生会广泛阅读其他人文学科的经典著作。某受访研究生说：

“因为文史哲不分家，就算是文学专业的学生，历史和哲学方面的书也是需要读一些的。”（S–F–20201220–O）

研究生在完善知识结构的同时，也要注重培养自身的相关技能，例如将专业知识运用于实践的能力，在学术活动中培养、提升自己的实践能动性，尤其是锻炼自身的学术洞察力。研究生具备较为良好的综合修养，形成一定的知识结构时，更容易进入学术研究的状态。

3. 树立正确的参与动机，明确参与学术活动的目的

小到师门组会，大到国际论坛，不同的学术活动有相应的议程，研究生要树立正确的参与动机，要明确参加本次学术活动的目的。在向专家请教前，明确自身参

① 冯光廉主编《文科研究生治学导论》，安徽教育出版社，2005。

与的动机是为了解答自己的某个困惑还是了解本专业领域最新的研究进展；梳理好参与动机能够让研究生更有针对性地找到适合自己的学术活动或专题报告，从中体会参与学术活动的最大获得感。明确好自身参与学术活动的目的有助于为深度参与学术活动做具体准备，一是要熟悉每次学术活动的主题和内容等，对这些基本信息的把握有助于研究生明晰自己的参会目标，调整策略，获得相应的资源和成长；二是要进行选择性阅读，阅读材料包括活动主办方提供的主题和内容方面的各种材料，以及自行搜索到的相关主题和内容方面的文献。对自己的研究领域、研究兴趣及关注的热门研究、前沿研究等要重点阅读，其他方面的材料可以略读，关注其要点即可；三是要了解主要参会人员和重要学者的基本信息，包括对主要参会群体的整体特征的把握和对重要学者的重要著作和重要观点的阅读和了解，尤其要尽可能对自己研究领域和感兴趣的学者进行充分的前期阅读与了解，并在此基础上提前准备好自己的问题，择机请教。

（二）参与中：捕捉现场机会

在参与师门组会、学术讲座和学术论坛的过程中，研究生不能只是作为听众坐在场下，还要主动抓住机会表达观点、展现自己，而机会的捕捉需要靠研究生自己细心观察、大胆表达、认真倾听，多感官参与学术活动，从而促进自身深度学习。

其一，细心观察。民国时期，大学女教师打破了只有男性参与学术研究的局面，各个大学的各个学科出现了女性教师，她们以其特有的气质和特点融入学术研究，使得民国时期大学各学科学术研究呈现出别样的风采。[①] 其关键原因在于女性比男性观察更细心、做事更细致，而很多学术研究源于细心观察。研究生在参加学术活动时，一是要细心观察人。观察人是指观察其他参会者，不仅包括会务工作人员，也包括其他与会者；不仅要观察其言谈举止，更要关注其学术道德，即“在开展创造性的学术活动时，学术人员必须能够妥善处理人与人之间或人与其他组织之间的关系，在特定规范标准下实施一系列行为”[②]。研究生在参与学术活动中细心观察人，不仅能认识、发现他人的优点，还可以其为榜样，促进研究生朝着更好的

① 项建英、黄湾湾：《民国大学女教师与学科学术发展》，《现代大学教育》2018年第3期。

② 江新华：《大学德育应重视大学生学术道德素质的培养》，《教育探索》2002年第6期。

方向发展。二是要细心观察景。观察景是指观察学术活动现场，研究生在不同地方参加学术活动，要仔细观察外部环境，可以大胆将其与当地研究发现进行联系和对比，理论联系实际，从现实中发掘研究问题，如当地工业发展困境研究、不同地区同一民族文化比较研究等。

其二，大胆表达。一方面，研究生应在学术活动中场休息期间积极交流。不同的学术活动有不同的议程安排，一般都会设置中场休息环节，这个环节不仅能让参会者放松心神，为接下来的报告养足精神，也为参会人员提供了轻松的交流环境。研究生可以在此期间向专家请教，也可以在现场主动结识学者，为之后的合作交流打下基础。另一方面，研究生应在交流环节表达观点。在专门的研讨和交流活动环节中，会有很多学者表达自己的想法与观点，思想的交流和碰撞最容易激发灵感的火花，研究生可以把握演讲和报告之后的提问和讨论环节，大胆地站起来提出自己的疑惑或问题，表达自己的见解或观点，还可以适度地质疑或批判。最后，积极争取上台发言和做报告的机会，可以是组会分享、专题讲座、学术论坛分会场甚至是主会场的报告，这是高层次的、正式的表达机会，能让自己的声音和观点传播得更广，接受更多的检验，因而这样的机会也显得更加珍贵。某受访研究生表示主动申请参与学术活动带给自己的获得感最大：

“我会自己根据会议要求投稿，做主题报告，一是为了锻炼我自己的能力，二是让自己的获得感更强。”（Z-F-20201222-X）

其三，认真倾听。研究生要想提升自身学术表达的效能，还要特别注意树立良好的听众意识，不仅是因为认真倾听是尊重表达者的表现，还因为只有认真听懂、理解对方的观点，才能发现问题在哪里。在学术活动中的发言、提问需要对该领域有深入的理解，才能从专业角度表达自己的观点，“提问需要比较深入的理解”（B-M-20201210-O）。一方面，作为表达者，要专注聆听现场的各种声音和观点，了解外显和内隐的各种心理氛围与关系，更好地给予反馈。要做一位反映的实践者，在行动中与复杂的、不稳定的学术情境进行反映性对话，“聆听情境的回话，并对情境作出新的评鉴，一步一步往前走”[①]，从而促使自己的表达顺着思

① 唐纳德·A.舍恩：《反映的实践者——专业工作者如何在行动中思考》，教育科学出版社，2007，第78页。

维、情感和关系等各种脉络流畅地传达到每一位听众的内心深处，引起听众的深度思考。听众的反应无论是以共鸣还是以质疑的形式表现出来，都能在一定程度上推动彼此交流的进一步深入，从而拓宽自己的认知与视域。另一方面，作为倾听者，要理论联系实际，由此及彼，激发自己的研究灵感。在倾听表达者的发言时不能只是呆板地、忠实地记录对方的观点，更应该融入自己的思考与实践经历，由对方的研究发现扩散到自己的研究方向，从而激发自己的研究灵感，完善自己的研究思路和方法。很多时候，表达者的发言不一定能给听众一个现成的答案，但在不经意间激发新的火花可以点亮听众学术研究的蜡烛，照亮下一步的研究之路。

（三）参与后：及时总结反思

对研究生来说，参加学术活动是难得的学习机会，要把握这个机会，帮助自身向着成熟的研究者发展，研究生需要深度参与学术活动。不同学者对深度学习的理解和诠释不同，就深度学习达成的有关共识包括深度理解概念的重要性、注重学与教、创设学习环境、学习者在先前知识基础上建构知识的重要性以及反思的重要性等。[①] 研究生应在学术活动中及时总结、梳理自身收获，记录反思、发现自身不足，这有助于研究生深度参与学术活动，也有助于研究生更好、更快地成长为合格的研究者。

其一，要及时总结。总结是对当天学习收获的梳理，研究生在参加学术活动后，应该梳理清楚自己的收获在哪里。一是总结“是什么”，即总结他人研究的成果是什么，研究进展到哪里，当前本专业领域的研究热点是什么等内容。二是总结“怎么做”，即其他学者在开展研究的过程中主要的研究思路和方法是怎样的。三是总结“做什么”，即在了解本专业领域的研究进展后，可以总结自己的研究问题是什么。参加学术活动与文献阅读一样，在吸纳他人观点的过程中，需要发挥自身主体意识，有助于今后灵活运用该知识于不同的情境当中，如果“在阅读一篇文献时会有自己的总结或者观点的记录，其实就很容易提取出来想要的东西了”（G-F-20201222-X）。需要注意的是，总结不是照搬原话、照抄原文，总结的过程也是对他人研究做深入梳理的过程，需要提取重点、强化逻辑，长篇大论的摘抄

① 张浩、吴秀娟：《深度学习的内涵及认知理论基础探析》，《中国电化教育》2012年第10期。

不如几句话的总结。研究生要及时总结，才能让自己拥有更大的收获。

其二，要记录反思。反思不同于总结，总结是对他人研究发现做概括、梳理，反思则是深度思考、比较，将自己与他人做比较，发现不足在哪里，将目的与收获做比较，发现缺陷在哪里。研究生的比较行为是自我反思意识的一种体现，这种自我反思意识是研究生对自身研究及学术问题进行批判和反省的过程，是研究生学术成长和自我发展的核心因素。① 研究生要想更好地提升自己，除了在参与学术活动前做好各项前期准备，在参与中捕捉现场机会表达自己之外，还需要在参与后做一个有心人，对自身的所见、所闻、所感及时进行记录和反思。与有重点、有逻辑的总结不同，反思的内容可以是多方面的、随性的，既可以对学术活动的时间、地点、场合、主题、内容、对象、收获、问题做反思，发掘今后要留意的问题、要继续保持联系的学者、要进一步阅读的文献、要进一步探究的主题等，也可以对自己在学术活动中的表现做反思，反思自己的态度、语气、方式以及自信程度等。有意识地培养自我反思习惯，随时做好反思记录，参与学术活动就形成了一个完整的闭环。一次次参加师门组会、学术讲座和学术论坛，完成一个个闭环，研究生的学术能力就会螺旋式上升，进而帮助研究生实现角色和身份的转换，慢慢从专业学术研究共同体的门外汉变成专业学术共同体的圈内人，并逐步实现学术地位和威望的提升，在科研学术界做出自己的贡献。

① 张伟、沈贵鹏：《自我教育力：研究生教育新的着力点和切入点》，《大学》（研究版）2017年第7期。

第二节　在日常学习中提升表达

联合国教科文组织在2015年发布的报告《反思教育：向“全球共同利益”的理念转变？》中指出：“我们正在步入一个新的历史阶段，各个社会之间相互联系和相互依存，各种复杂性、不确定性和张力达到了前所未有的程度”[①]。其总干事伊琳娜·博科娃在序言中强调“不同社会之间的联系比以往任何时候都更加密切”[②]。研究生除了参加学术活动、进行学术创作以外，也会在日常学习活动中与他人产生诸多相互联系和相互依存的关系，为了构筑这些关系，研究生需要开展各种交往活动，日常中主要以听和读的信息输入以及讲和写的信息输出来实现。在信息输入和输出的过程中，可以充分发挥读与讲的学术表达作用，提升研究生的学术表达能力。

一、讲：研究生常用的表达行为

研究生学术表达的本质是一种特殊的交往，包括人与人、研究者与研究对象的交往，形式可以是直接的或者间接的，具体表现有听和说的口头交往，与读和写的书面交往。其中最为常见的是听与说的直接交往，“讲”是研究生日常学习中最为常用的学术表达行为。

---

① 联合国教科文组织编《反思教育：向“全球共同利益”的理念转变？》，教育科学出版社，2017，第15页。

② 同上，第1页。

（一）讲的方式

讲，最初的含义是指议和，双方沟通达成和解。现在讲的含义逐渐扩大，覆盖的范围越来越广，讲的方式也日益丰富，主要表现为日常聊天、课堂发言、研讨交流、会议发言和主题报告等多种方式，而与学术表达有关的方式主要有一个人的专题报告和多个人的学术争论。

1. 专题报告

专题报告是指就某一方面的工作或问题做专门的报告，在学术界通常是指就某一领域、主题、话题、问题展开研究，研究者将自身所得整理后做详细报告。专题报告的主题较为宽泛，可以是研究者自己感兴趣的或擅长的领域，也可以是活动组织方规定的主题，或是近期的研究发现；专题报告的形式可以严肃，也可以活泼，有些是详细的、完整的研究报告，有些是简短的研究进展分享，可以是图文结合的PPT分享，也可以是简短的口头汇报。专题汇报对研究生科研能力的培养具有重要作用，因此很多高校会组织专题汇报交流会，不仅邀请专家学者做报告，让研究生倾听、学习，也会举办研究生学术论坛，让研究生有讲的机会，以促进研究生提高学术表达能力。与此同时，研究生导师也常将专题报告运用于研究生培养过程中，如要求学生将课程学习内容与自身阅读发现、实践观察相结合，就具体某一主题或问题做专题报告。研究生导师在引导学生探究问题的过程中，不仅可以督促学生学习，加强学生对实践问题的认识，还可借此培养、锻炼学生的学术表达能力、激发学生的学术探究兴趣。如某受访研究生表示：

“我第一次做报告是研一时参加一场研究生学术会议。那个时候我就发现，原来研究还可以这么做。当我发现一个全新的世界的时候，我觉得原来研究这么有趣，然后突然就入门了。通过会议上的发言，我觉得表达自己的观点是很快乐的一件事情；我也认识了很多学友，他们都很优秀，大家可以互相学习。”（Z-F-20201213-C）

研究生要抓住各种机会学习、阅读和表达。不同层次、不同类别的学术活动可以提供多种学术表达机会，对于愿意积极主动表达的研究生来说，抓住学术表达的机会并不难，这也是很重要的学术交往平台，可以帮助研究生进行学术表达方面的历练，获得表达经验，提升表达能力。有少数学习能力强、表达意愿强烈的研究生不仅可以在一些组会和学术论坛上获得做主题报告的机会，甚至能够受邀在不同学术交流活动中担任评审专家。对于研究生来说，这些学术交流机会是梳理自身学习经历、分享经验和宣扬自我的机会，同时也是接受专业学习共同体检验，促进自身成长的宝贵机遇。研究生要捕捉和充分利用这些学习机会，尽可能做好准备、合理表达、及时反思，提高自己在专业学术共同体中的接受度和地位。

2. 学术争论

专题汇报多是一个人的学术表达，多个人的学术表达则常以学术争论的形式呈现。学术争论是指多个学者对同一问题发表不同见解并形成密切的思想互动的现象，其主要表现是学者之间指名道姓的观点交锋。① 需要注意的是，这种争辩是友好的、积极的、不带恶意的学术争论，不仅是学者们思想的碰撞与交流，也是理论创新的重要动力。研究生学习期间会有参与师门组会、学术讲座和学术论坛的机会，研究生可以抓住这些机会，在这些学术活动中的交流互动环节，积极主动地进行学术表达。学术活动现场有专门的中场休息时间，参与者不仅可以整理思绪，还可以借机与相关研究领域的专家、同行及其他高校的研究生展开交流；在提问、发言、研讨环节中也会有很多学术表达的机会；研究生有机会做分会场的主持人和汇报人甚至是主会场的汇报人……总之，在师门组会、学术讲座和学术论坛等专业学术活动中会有很多预设的或即时生成的学术表达机会，对于研究生的学习和专业成长而言弥足珍贵。研究生要善于利用这些机会，甚至机智地创造一些机会大胆地进行学术表达，将自己从听、读等各种途径获得的经过自己内化后的专业知识自信地表达出来，接受自己所属学生专业共同体的检验，“把好奇地探寻他人与宣扬自己的想法相结合，在有效地表达自己思想的同时，也开放自己的思想，以接受他人的影响”②。真理越辩越明，思想越理越清，在学术争论中保持适度的张力，实现富于学习性的交流沟通，不仅有利于学术问题的解决，还有助于提高研究生的学术表达能力和专业研究能力。

---

① 黄聚云：《社会学视角下我国体育概念之争论》，《上海体育学院学报》2008年第1期。

② 彼得·圣吉：《第五项修炼：学习型组织的艺术与实践》，张成林译，中信出版社，2018，第9页。

（二）讲的内容与作用

学术交流是自由的、公开的、可批评的，每个人都可以表达自己的观点、看法或质疑、批评他人的论述。虽然研究生学术表达的内容不必受限，但长期讨论与学术研究无关的话题，不利于研究生提升学术表达能力、解决研究问题，因此研究生需要在学术表达的过程中，侧重讲自己的研究进展、困惑及他人的研究发现。

1. 讲自己的研究进展

讲自己的研究进展，便是分享自己的研究，这既是学术研究的特性，也是知识分享的途径。很多研究生不愿公开分享自己的研究进展，一方面是因为个体进行知识分享决策前会衡量此行为对其自身的影响，知识分享可能对自身的发展或名誉等产生不良影响，个体处于一种压力情境中，① 研究生担心自己讲得不够好而受到同学、导师、专家评委的负面评价，在这样的压力情境中，研究生通常选择抑制自己的学术表达欲望、拒绝分享自身研究成果。另一方面是因为研究生担心自己的研究尚未取得一定的成果，如论文尚未见刊或未收到录用通知，此时选择公开分享自己的研究进展，可能会被其他学者从自己的分享中发现可研究的新问题并先自己一步完成，故不愿公开分享自己的研究进展。但公开分享自己的研究进展，不仅可以促使研究生在讲的过程中再次梳理自己的研究发现，还可以得到其他学者的建议，了解其他学者的看法，“当局者迷，旁观者清”，有时其他学者更容易发现研究生研究的缺陷与不足，批判与质疑也有助于研究生再次审视自身研究思路与发现。

2. 讲自己的研究困惑

研究困惑是指在研究过程中遇到的意料之外或难以解决、难以理解的，在一定程度上影响到自己的研究进展的事情，如验证性实验结果不统一、面对庞大的数据资料缺乏思路等。无论是研究生自己还是研究生导师，或是其他任何一位研究者，在其研究过程中都会遇到困惑，且短时间内难以靠个人力量突破，因此需要通过看书、找资料、向他人请教等方式寻求帮助。如某受访研究生表示在研究中遇到问题时讨论非常重要：

“你会的他可能不会，你不会的可能他会，两个人讨论，可能一句话就能解决

① 刘培琪、刘兵、李嫄：《授权型领导对知识型员工知识分享意愿的影响——基于社会信息加工的视角》，《技术经济》2018年第7期。

问题了。”（F-F-20201214-D）

研究者就研究困惑展开的学习交流或讨论，不仅能够集众家之长，直接推动自身研究的进展，也能够将心中所想与口中所述相联系，这是全身心、多感官参与、有意义的学习活动，这一过程不仅会让研究者变得更有经验和智慧，也会锻炼、提升研究者的学术表达能力。因此，研究生在日常学习活动中，可以跟导师或同学讲自己的研究困惑。包含导师和同学在内的学习团队是离研究生最近的专业学习共同体，研究生更容易和这一专业学习共同体当面交流，便于表述清楚自己的困惑，正确理解对方的观点；对初入研究领域的研究生来说，导师和同学的指导很重要，随着在研究领域的不断钻研，还可以跟其他学者交流自己的疑难问题，就自身研究困惑寻找该领域的专家学者请教。

3．讲他人的研究发现

与讲自己的研究进展、研究困惑相比，研究生有更多机会讲他人的研究发现，这是因为研究生在科研过程中是不断学习的。在了解本专业领域的过程中，研究生需要不断学习前人的观点和理论，了解研究现状，加深对外界的认识与学习，这些都是开展自身研究的基础。讲他人的研究发现，便是用自己的话去梳理、概括、评价其他学者的研究，同时，这也是撰写学位论文的基础。一方面，梳理、概括、评价其他学者的研究，不仅是在分享他人的知识，也是在进行情感的共鸣。这是因为研究生在论述他人的研究发现时，会加深自己对本专业领域、问题的认识，在他人的研究发现中生成自己的体悟，在他人研究的不足中激发自己的探究欲望。另一方面，述评他人研究要求研究生具有一定的学术表达功底。在论述、评价其他学者的研究发现时，不仅要总结其观点，更需要在论述清楚的基础上做出客观的、合适的评价，因此研究生在讲他人的研究发现时，可以不断提升自己的语言表达能力，强化逻辑思维。而且述评他人研究需要对原作者观点进行概括总结，这时要用自己的话，这也在一定程度上锻炼着研究生的语言组织能力。在不断梳理、概括、评价其他学者的研究过程中，研究生会自然而然地发现感兴趣的研究问题，并开展学术研究，从而为撰写学位论文打下基础。

二、读：知识积累最便捷而有效的渠道

读是看，是认知，是理解，是获取知识最便捷而有效的渠道。研究生可以朗

读，也可以默读；可以读书，也可以读人。无论读的对象是什么，读的本质是信息的输入，即将外界的信息纳入自身认知体系。在吸纳知识的过程中，通过亲身参加变革现实的实践而获得知识的途径较为烦琐，而以读的方式去快速吸纳人类文明演进历程中积累的经验有利于研究生快速了解相关领域的研究现状。提升学术表达能力，不仅需要“读”，更需要研究生秉持谦逊之心、带着问题出发、注意自主思考，在读的过程中关注中英文文献、观点和作者、理论与实践。

（一）读的方式

不同的人有不同的读书方法，不同的书适合采用不同的读书方式。在研究生的阅读过程中，阅读渠道可以分为基础性阅读、拓展性阅读、延伸性阅读和批判性阅读；阅读习惯可以分为泛读、精读、标记、批注、摘录和评论等，但无论以何种习惯、何种渠道进行阅读，在读的过程中，研究生都要注意秉持谦逊之心、带着问题出发、注意自主思考，这样才有助于提升研究生学术表达能力。

1. 秉持谦逊之心

朱熹主张“穷理以虚心静虑为本”。虚心在朱熹看来是指“以书观书，以物观物，不可先立己见”，即读书时要虚怀若谷，不能按照自己的理解肆意揣度原文的内容，也不能带着先入为主的主观经验排斥文本，要如实地反映和体会书本中的原有内容。研究生无论是阅读经典著作还是当代学者的研究发现，都应该秉持谦逊之心。一方面，其他学者的研究思路或发现能在一定程度上给自己启发。“其实地上本没有路，走的人多了，也便成了路。”做研究也是这样，如果一开始没有系统研究的思路或方法，阅读其他学者的研究可以明确自己的研究方向，所以需要以谦虚的态度认真阅读。另一方面，每个观点都是历史的产物，都具有历史时期的优点和局限性。在科技飞速发展的新时代，我们可以运用很多工具处理信息，但以前的学者在科研中缺乏相关的辅助工具，可供参考的研究资料也比较少，他们提出的观点也大多是基于当时的历史背景，所以我们站在现在的角度去评判其他学者的已有发现时，更应该保持谦逊之心，在看到对方的局限性的同时，更要看到对方的优点。对研究生来说，阅读他人著述，是学习他人学术表达的好机会，观察、琢磨、品味、模仿其他学者的遣词造句，有助于提升自己的学术表达能力，故应秉持谦逊之心。

2．带着问题出发

读书如果没有带着问题读，就读不出观点，读不出新意。观察他人的表达，若是只知道记录，体会不到“重点”，收获也很浅。研究生在吸纳别人观点的过程中，只有带着问题出发，才会有自己的认识和感悟，才能从他人的观点中读出倾向与看法，快速找到自己的答案。这一点也在众多历史名人的读书方法中得到了印证：鲁迅提倡设问读书法，即读书前先简单地看提纲，然后把书合上，自己给自己提问题：书上写了什么？为什么这样写？再在读书的过程中回答；华罗庚提倡推想读书法，即看到书名后就闭目思考：如果是自己写该怎么写；李政道的读书法是先看开头和结尾，然后推想中间的过程。[①] 不同学者的读书方式不同，但常见其带着问题读书，因为带着问题读书具有目的性和针对性，有助于读者在浩瀚的知识海洋中快速找到答案，把握他人观点，从而启发自己。研究生在提升学术表达的同时，带着问题读书，不仅可以帮助研究生快速获取重要信息，解答自身的研究困惑，还可以通过观察他人对某一研究问题、研究发现的学术表达，体会作者是如何解决问题的，从作者的遣词造句中理解语言文字背后的学术表达逻辑与问题解决思路。带着问题意识，一读再读，在反复品味、体会他人观点的过程中，吸取大量的信息，此所谓举一反三。问题可以来源于自己的发现，也可以来自他人的指点。问题意识主要来自两个方面：一方面是来自对学科内部矛盾的揭示；另一方面是来自现实困境对理论与方法挑战的发现。[②] 研究生需要有问题意识，以问题为指路灯，在“读书观人”中寻找探索的方向，快速挖掘相关信息。

3．注意自主思考

如果说带着问题意识是“问题先行”，问题在先，阅读在后，那自主思考则是“问题滞后”，阅读在先，问题在后，即在阅读中不断形成问题。2009年5月13日，习近平在《领导干部要爱读书、读好书、善读书》的讲话中要求领导干部“真正把读书学习当成一种生活态度、一种工作责任、一种精神追求，自觉养成读书学习的习惯，真正使读书学习成为工作、生活的重要组成部分，使一切有益的知识和文化入脑入心”。不加入自我思考的阅读是以书为主、以他人为主，读得越多，记录的

① 汪青松：《读书观与我的学术之路》，《云梦学刊》2008年第6期。
② 肖庆华：《论文科研究生的问题意识》，《学位与研究生教育》2013年第11期。

观点越多，自己的想法反而越淡薄，越缺乏主见，如宋代作家黄庭坚所言“盖以我观书，则处处得益；以书博我，则释卷而茫然”。因此，研究生在读的过程中不能停止思考，一方面要注意批判，在不断揣摩他人观点的同时大胆提出自己的质疑，及时记录下自己的疑惑或问题，通过网络及时就困惑进行请教；另一方面要联系实际，任何当下的观点都是历史的产物，要立足于实际，不断思考，生成新的问题。

由此可见，研究生在读的过程中，不只是读文献资料，也可以从外界获取信息，纳入自身的认知体系，虽然读的对象、渠道、习惯有所差异，但在读的过程中秉持谦逊之心，读前问题先行，读后注意思考，能有助于研究生在学习、理解、批判他人观点的过程中，提升自己的学术表达能力。

（二）读的内容和作用

研究生阅读的对象十分广泛，从纸质材料到电子书籍，从国内到国外，从物到人，都是研究生交互的对象。在交互的过程中，研究生可以挖掘出大量信息，并进行理解、选择、概括、批判等一系列认知加工过程，进而完善自身认知体系。研究生要提升自己的学术表达能力、完善自身认知体系，不仅需要广泛阅读，还需要在阅读中注意读中外文文献、读观点和读人、读理论与实践。

1. 读中外文文献

科学家有国界，但科学无国界，研究亦是如此。当前时代背景下，包括英文在内的外文文献数量众多、影响因子系数较大，在一定程度上，能为读者提供更多的参考信息。研究生在广泛阅读中外文文献的时候，能够了解当前国内外不同学者的研究热点、进展、状况，在综合分析后明确自己的研究问题、方向或创新点。而大部分研究发现国内研究生在学术阅读、写作时以中文为主，参考的外文文献数量较少。① 造成这一现象的原因一是外语不是我国本土语言，研究生虽然大多数都学过外语，但更多还是生活在以中文为母语的语言环境下，对外语的运用不及中文熟练。另一部分原因是研究生的自我要求不同。若是研究生自己有心掌握一门外语，可以通过阅读外文文献学习、借助工具书翻译、找老师请教等方式，提升自己的外文文献阅读能力。但有些研究生更愿意选择将有限的时间和精力投入到钻研国内的

① 曹丽莉、李娜琴、孙芳芳：《研究生培养中设置“指导性文献阅读研讨”课程的研究》，《人力资源管理》2013年第6期。

研究成果上。研究生不仅要提升自己的母语学术表达能力，更要掌握基本的外语学术表达能力，向各国学者展现中华民族的科研精神。

2．读观点和读人

研究生知识积累的渠道，不止有阅读书籍著作、期刊论文、学位论文等文献资料，还有与他人的学术交流，如向导师请教、跟同学互动、与他人沟通。观点是作者处于一定立场，分析事物利弊和适用性的表达。研究生从文献资料中可以提取观点，观点可以单纯来源于文献本身，也可以来源于自己的认知，前者是文献资料原本所表述的含义，后者是加入读者思考后的总结。因此研究生读文献资料时可以挖掘不同的观点，看看他人是如何进行学术表达的。马克思在《关于费尔巴哈的提纲》中指出人的本质是“一切社会关系的总和”①。正因为人需要生存和发展，在这求生存、求发展的过程中，结成了一定的社会关系，而众多个体结成更为庞大的社会关系网，这种社会关系网所蕴含的信息量远比文献资料更复杂、更丰富。读人如读书，在读人的过程中，可以通过观察他人的言行揣测他人的心理、判断他人的品德操守，也可以从言行中了解对方的学术观点、专业水平，用这样的方式对他人形成客观、公正、接近真实的评价和认知。而研究生通过读观点和读人，有助于自己和他人在不断的交流中达成认知上的共识，在情感上接受他人的熏陶，在行为上锻炼自己的学术表达。

3．读理论与实践

研究生在读的过程中，不只是广泛涉猎中外文文献，深度理解文献观点及他人思想，也需要常读理论，观察实践，将理论与实践相结合，在知行合一中提升自己的学术表达能力。读理论主要有三个方面：研究生首先要有宽泛的人文知识领域的阅读基础，对古今中外著名的哲学、心理学、社会学、政治、历史、地理、人类学、文学等方面的经典著作要进行基本阅读，这些能为研究生学习打下深厚的人文基础，是夯实研究人员基本素养的主要方式之一。其次要大量阅读本专业领域内各个方向的代表作，把握本专业领域的整体学术脉络和主要框架，了解本专业领域的学术概貌。最后要广泛阅读研究方法方面的文献。“工欲善其事，必先利其器。”

① 中共中央马克思恩格斯列宁斯大林著作编译局编译《马克思恩格斯选集》（第一卷），人民出版社，1995，第56页。

研究生需要阅读各种质性研究方法和量化研究方法方面的文献，这对于开拓研究生的视野、提高研究的质量有着直接的现实意义。

读实践是指观察现实生活，将社会问题与理论研究相结合，从中生发出研究问题，并围绕这一研究问题展开广泛的阅读，从阅读外围文献逐渐延伸到阅读关键文献，并通过文献引用的文献不断追溯权威文献，或通过文献阅读追溯到专门研究这一主题的专家及其团队，从而尽可能全面了解相关研究现状。对相关专题进行历时和共时的阅读和追踪，从而整体把握这一专题研究的整体面貌，有助于总结已有相关研究成果，发现已有研究的不足之处，从而准确定位自身研究的出发点和方向。总体来看，研究生在阅读过程中关注理论研究与社会实践对学术研究工作具有重大意义，而常读理论有助于夯实基础，为准备研究方案、构思研究报告、进行学术表达等提供理论支撑；观察实践则是使自身的科学研究源于现实、扎根现实、反馈现实，且在社会实践与科学研究的融合中，增强研究生学术表达的严肃性和活泼性。

三、以读促讲，以讲促读

讲实质上是一种输出，是在专业学术共同体中对专业研究人员做专业内容方面的输出，这种输出的必要基础和前提保障是专业学术知识的输入，这种输入在日常学习中以读为主。读是讲的前提，讲是读的升华。“台上一分钟，台下十年功”，要想讲得精彩，前提是要读得广博而精深，读的内容和方式可以多种多样，既可以是人文基础方面的泛读，也可以是专注于自己研究专题的精读等。“纸上得来终觉浅”，如果研究生在阅读中的所得没有经过自身的内化或者实践转化运用，很难真正促进研究生的专业成长。为了将自己所阅读的内容内化到自身的知识结构之中，研究生要将所阅读的内容以合适的方式讲出来。在提升研究生学术表达方面，应注意结合日常讲读行为，以读促讲、以讲促读，从而更好地提升学术表达能力。

（一）先读后讲，以读促讲

从逻辑上看，没有输入就没有输出。学术表达的输出和输入关系密切、相互依存。从学习的规律来看，输入是输出的基础，输入的内容如果有典型性和示范性，研究生就可以了解其信息特征，在理解的基础上便可能有较好的表达输出，因此，读（输入）就成为讲（输出）的关键环节。从时间线索来看，研究生可以把阅读阶段看作是学术表达的前提，因为阅读文献资料要求研究生从不同的角度检索同一个主题的已有研究，为研究生提供了大量的、可理解的输入信息。而这些阅读材料本身就是一种学习资源。阅读是积累，是准备，在学术表达前充分阅读、了解该领域学术研究的基本现状、相关的专业词汇以及阐述观点时的逻辑链条，都有助于研究生在学术交流中展现自己的学术功底与能力，在很大程度上促进自己深度参与学术交流活动。如某受访研究生所说：

“开师门组会前，我会看议程，大概了解一下有什么内容，把自己的那一部分准备好。在别人提问的时候，自己会比较清楚怎么回答。”（J-F-20201228-X）

第一步，讲前阅读。研究生在进行专题汇报等学术表达前，可以先根据汇报的内容搜索相关文献材料，向他人请教，了解研究现状、热点及注意事项，向导师做预汇报，研判自身已有思路是否存在不当之处；向活动主办方获取会议议程，明确各汇报人的汇报主题与时间限制等。讲前阅读有两方面好处，一方面有助于积累素材，很多表达都借助词汇、语句、事例传达含义，而研究生的学术表达既需要严密的逻辑论证，也需要观点的互相照应，更需要论据的支撑，在缺乏实证研究的基础上，需要借助他人的研究发现作为自己的论证依据，从而为自己的表达增强学术性；另一方面有助于理清学术表达的结构，无论是在学术论坛上做专题汇报，还是私下向同学请教学术问题，提前阅读相关文献资料有助于把握学术表达的结构，用流畅的语言表达严谨的学术观点，加强交流互动的深度。

第二步，预先准备。不只是为自己要汇报的内容做阅读方面的准备，也要为听众的提问做准备。无论是学术论坛还是师门组会，任何学术表达的场所都坚持学术研究的公开性与批判性，让听众有权利表达自己的观点与异议。不同学者的立场、研究思路、研究对象不同，其所得的研究发现也会存在差异。故研究生要提前做好相关的阅读工作，在他人就研究提问时，及时给予正面、客观的回应。

第三步，讲后反思。学术表达是一个长期的过程，需要不断地练习、反思，才能快速提高自身的表达能力。研究生学术表达能力的提升并不会因为语言的停止而结束，思想的停止才是真正的结束。因此研究生需要在表达后反思：自己刚才的表达是否存在歧义？是否会误导听众？是否客观？“再读”自己，是对自己的研究负责任的表现，是忠实于自己的研究、忠实于学术探究的精神、就事论事地向大家展示自己的表现；研究生也可以把自己的学术表达与之前发言人的表现相比较，以“读人”的方式，通过关注不同学者在语言表达逻辑、学术表达技巧、规范等方面的表现，反思自身在学术表达方面尚需改进的不足。如某受访研究生表示：“看到好的成果的时候，我会不自觉地思考自己存在哪些不足或者差距。这样的思考也是让我重新认识自己的过程。”（G-F-20201222-X）

（二）先讲后读，以讲促读

学习迁移理论“也称训练迁移，指一种学习对另一种学习的影响，或习得经验对完成其他活动的影响，其实质是经验的整合”①。研究生通过先讲后读、以讲促读的方式提升自己的学术表达能力，就是在发挥“讲”对“读”的影响。在理解“以讲促读”的含义时，首先应该明确，以讲促读是以“读”为目的，以“讲”为手段，通过讲的方式达到深化阅读的效果，这一先后顺序的变化在于服务的重点发生了改变，以讲促读的重点就是“读”，“讲”始终服务于“读”。由此可以理解“以讲促读”的两点作用：一方面横向推动了研究生广泛阅读，要讲清楚一本书、一个观点、一个作者，需要有广泛的知识面作为基础，只有通过广泛阅读了解其他学者对同一领域的研究现状，才能讲清楚该领域还有哪些尚待探究的方向；另一方面是纵向推动研究生深度理解，个体应该追求以深度理解为首要目的的阅读，而不是简单的、浮于表面的浅层阅读。

讲是用自己的话对他人的研究做梳理和总结，深度理解他人的观点后才能以自己的话述评，这对研究生提出了以下三点要求：一是明确具体表达任务，促进主动阅读。研究生盲目地广泛阅读并不能取得好的效果，且在大量枯燥的检索、阅读过程中，可能由于缺乏耐心而无法仔细、深入地阅读文献资料，从而导致受益较少。但若是在阅读前明确自己的表达任务，如分享自己的收获或复述、总结文献的主要内容等，在一定程度上会给自己施加适当的压力，促使自己主动阅读。另外，由于参考文献过多，难以聚焦研究主题，因此需要先明确具体的阅读主题、关键词，从而明确自身的阅读方向，减少检索文献时的迷茫，避免对浩如烟海的知识数据库感到无所适从，实现研究生主动阅读。研究生在阅读中需要有一定的思考空间，这样才能从中提取重要信息。自定的表达任务可以督促研究生主动阅读、不断阅读，在

① 冯忠良、伍新春、姚海林等：《教育心理学》，人民教育出版社，2000，第273页。

反复阅读中做到读懂、读透。

二是创设多种表达形式，深化阅读层次。阅读是一种个性化的行为，手机等移动终端更是将这种个性化的行为无限化地放大了，人们通过阅读事实上要达成一种情感诉求。① 任何人都可以在阅读过程中表达自己的观点和意见，这种情感诉求来源于自身的需要，若研究生的诉求是整合、理解文献内容，那只需要能够复述清楚他人的观点即可；若诉求是能够对他人的论述做出研判，并从中发现不足，则需要更为丰富的表达形式驱动研究生深化阅读。一方面，研究生可以在自问自答的互动中实现从自身认知体系对文献资料的理解与整合；另一方面，也可以在与其他学者的互相交流中加深自己对文献资料的理解。不同的表达形式有着不同的侧重点，丰富自身表达形式，有助于驱动研究生深化阅读的层次。

三是提高自身阅读素养，反馈阅读成果。阅读素养是“发展其他素养的基础，阅读素养的好坏关系到学生的学习能力、解决问题能力，关系到学生面向未来的核心竞争力和一个国家的整体创新力”②。当前国家之间的竞争不再仅仅是军事等硬实力的比拼，更是教育、文化等软实力的比拼，国民阅读素养的高低直接影响着国民信息获取的数量与质量。研究生应当提升自己的阅读素养，强化自身的核心竞争力。在研究生培养期间，授课教师、导师等都应当支持研究生以汇报的形式展现自己的学习成果，该环节不仅可以有效地检验研究生的文献阅读成果、学术表达能力及临场应变水平，还可以让研究生借助教师、同学等的点评发现自身阅读中存在的弊端与不足，从而在今后更好地规避此类问题，帮助研究生成长为合格研究者。

学术表达是研究生培养的必备要求之一，而把握研究生日常生活中的读与讲，提升研究生的学术表达能力，需要研究生深度投入其中。读是信息输入，讲是信息输出，研究生深度参与到读和讲的活动中，这既是信息的输入与输出，也是信息从“读取”转向“重构”进而发展到“迁移”的过程。信息复制与转述不能提升研究生的学术表达能力，研究生发挥自主意识，在新旧知识之间建立联系，促进认知体系进行重构，并将知识灵活运用于不同的情境，这种有意义的深度学习过程才能促进学术表达能力的提升。

---

① 蓝刚、蒲瑶：《微阅读行为认知研究》，《出版发行研究》2016年第5期。

② 关璐佳：《基于PISA测评的初中生阅读素养研究——一个教育管理学的视角》，硕士学位论文，黑龙江大学教育科学研究院，2019，第1页。

第三节　学会学术论文写作

研究生学习阶段最重要的表达是学术论文写作。只有具备学术论文写作能力，发表一定数量的论文，写出合格的学位论文，研究生才能成功毕业。要想成为一名优秀研究生，还需要研究生进行有深度的学术表达，针对专业领域内的关键问题或难点、痛点，提出关键或核心的应对策略，写出优秀的学术论文。然而，“学习不总是快乐的，也不总是容易的”①。尽管学术论文写作对研究生的重要性不言而喻，但对不少研究生来说，写作并不是一件轻松的事，有的研究生甚至坦承写论文是痛苦的。研究生要学会学术论文写作，不仅需要积极开展深度阅读、深度参与学术活动、发展自身高阶思维，还需要在持续开展深度学习的过程中注重理解导向、综合运用和实践创新，将通过深度学习内化的知识与能力进一步外化到学术论文写作之中。研究生学习阶段常见的写作形式主要有文献综述类写作、问题解决类写作、自圆其说类写作和调查研究类写作。本节将结合深度学习理论和优秀研究生的访谈资料具体探讨如何开展这四种形式的写作活动，帮助研究生提高学术论文写作能力。

一、文献综述类写作

文献综述类写作需要研究生在全面占有文献的基础上，对专题研究领域内的文献进行全面综述、深度评析，述评结合，梳理出研究发展的历史脉络，提炼出研究

① 约翰·哈蒂：《可见的学习：对800多项关于学业成就的元分析的综合报告》，彭正梅等译，教育科学出版社，2015，第29页。

领域内的核心内容，概括出相关研究的已有成果、存在不足和发展前景。

（一）梳理历史脉络

研究生要整体把握专题领域内研究纵向发展的历史脉络，划分研究阶段，厘清每个发展阶段的主要特征和核心内容，并结合专题领域的研究特点构思写作的基本框架。

1．多阅读多模仿

绝大部分研究生都认为文献综述难写，因为“要了解很多才能动手”（L–M–20201208–O），这需要研究生进行有意义的主动的深度学习[①]，要多阅读多模仿本专业领域内的经典学术论文。首先要多阅读本领域的专业文献，熟悉整个研究领域。如某受访研究生所说，“熟悉整个领域是很重要的，熟悉之后写论文就能比较得心应手”（C–M–20201211–X）。其次是要多看专业领域内的名家发在顶级刊物上的文献综述，模仿专家的写作思路，不断提升文献综述写作能力。

“我有个老师经常说文献综述要多看名家写的。首先，名家熟知整个领域，知道哪些文献和方向是重要的。文献综述主要是介绍某个领域的研究动态，如果看的文献不够多，就可能遗漏重要的文献。其次，名家洞悉整个领域的前沿，知道哪些是重要的，字里行间都是逻辑。”（C–M–20201209–D）

2．划分研究阶段

研究生还要在全面占有文献的基础上按时间发展的脉络对文献进行纵向分类，将不同年代或时期的文献放在一起，集中阅读，运用“联想”与“结构”策略，唤醒以往的相关知识与经验，并将其融入当下的阅读活动中，实现知识与经验的改造、提升和结构化。[②]研究生可以通过这种深度学习，将自己融入材料，获得高度体系化的知识，[③]从而把握专题研究领域内的历史性事件和重要节点，对研究阶段、主要特征和主要内容进行划分、归纳和整理。某受访研究生在中华人民共和国

① 段金菊、余胜泉：《学习科学视域下的e–Learning深度学习研究》，《远程教育杂志》2013年第4期。

② 刘月霞、郭华主编《深度学习：走向核心素养》（理论普及读本），教育科学出版社，2018。

③ J．Biggs，Individual Differences in Study Processes and the Quality of Learning Outcomes，（Higher Education 8，1979）．

成立70周年时，回顾与展望了综合课程改革。她是这样分享自己搜集资料和阅读文献的体会的：

“要分阶段，先有一个大概的框架，中国在哪一年大概有什么事情，可以根据这件事情、当年发布的条例或文件划分时间段。之后对每一个时间段的整体特点做归纳总结，提炼出每个时期的特点。具体写作时对文件进行梳理。”（J-F-20201228-X）

3．构思写作框架

研究生在文献综述的写作过程中，要把对研究历史脉络的梳理和写作框架的构思结合起来。如果专题研究领域在每一个历史阶段都有其比较突出和相对独立的核心内容，那么文献综述的整体框架可以大体分为两大部分：第一部分分析研究阶段、主要特征与核心内容；第二部分展开综合述评，分析研究的启示与发展前景。如果每一个阶段的核心内容不是特别突出和独立，那么文献综述的整体框架可以大体分为三大部分：第一部分分析研究阶段和主要特征；第二部分分析研究的核心内容；第三部分展开综合述评，分析研究的启示与发展前景。

（二）归纳核心内容

除了纵向梳理研究发展的历史脉络之外，研究生还需要通过初步分类和逐步聚焦的方式横向归纳整个研究领域的核心内容。只有这样才能立体把握某一专题研究领域的整体概况。

1．初步分类，增强逻辑性

研究生在进行文献综述类写作时，要为读者提供一幅对学科知识现状和学科主要问题进行描述的图画，帮助读者了解和熟悉本领域已有的研究成果，为读者提供可供参考的研究思路和研究方法，为结果解释提供背景资料。[①] 为此，研究生需要按照研究内容对专题研究领域内的文献进行横向分类整理、阅读和写作，以保证文献综述内容的完整性和逻辑性。

“读了论文之后应该给它分类，我以前是不分类的，只是大概分一下领域，这也导致我写的论文逻辑性差。写完之后给老师看，老师说文章的逻辑性不好，这个时候我才反省，其实我在读的时候就可以给它分类，不要等到写出来的东西

① 齐梅主编《教育研究方法》，高等教育出版社，2015。

不太好才发现其实可以先分类再写。分类了再写，逻辑性会更强一点。”（C-F-20201230-C）

2．逐步聚焦，凸显核心主题

在对文献进行分类整理、阅读和写作的过程中，研究生会慢慢发现这些文献中的诸多核心内容会越来越清晰、凸显和聚焦。因而，研究生要边写作、边驻足、边回望，不断思考文献综述写作内容和主题之间的关系，不能漏掉重要内容，也不能加入太多细枝末节，要聚焦主题，围绕重要作者、重要文献、重要观点以及重要进展进行横向的文献解读，[①]“然后分类、总结”（Z-F-20201222-X），覆盖本领域的所有核心内容。

“文献综述表达的不同维度的内容需要一个总纲领。必须要先有主题，我才能够写文献综述，然后分类、总结。”（Z-F-20201222-X）

（三）开展综合评论，提炼启示与展望

研究综述写作的主要目的在于梳理专题领域的研究概况，让读者了解本领域的已有研究成果、存在不足和今后的努力方向。研究生在文献综述写作的最后部分要按照有述有评的原则对专题领域内的研究内容进行综合述评，提炼出研究前景。

1．述评的主要内容

一般来讲，研究生要对以下三个方面的主要内容进行综合述评：第一，总结已有研究取得的主要成果，简要总结哪些人在哪些时候做了哪些典型研究，在哪些方面取得了哪些成果。第二，指出已有研究存在的不足之处，简要归纳已有研究在哪些方面还存在哪些不足。第三，提出未来研究方向，基于已有成果和存在不足指出后续研究还可以在哪些方面做出哪些尝试和努力，可以在哪些方向继续前行，在哪些不足之处展开进一步探索，可能会取得哪些突破和成果。

2．述评的基本原则

文献综述是综合性的述评，研究生要在全面综述的基础上精准评论，做到有述有评、述评结合，不能只述不评。历史脉络梳理和核心内容归纳主要侧重于“述”，文献综述类写作的最后这部分要侧重于“评”。研究生要能够在理解的基础上批判性地学习文献中的思想和事实，并将它们融入自己原有的认知结构

① 刘良华：《教育研究方法：专题与案例》，华东师范大学出版社，2007。

中，[①] 对收集到的各种事实资料进行选择、组织，并对结果进行分类，再进一步质问假设、对缺少依据的主张提出质疑、将某个研究者的发现跟其他人的发现进行比较和评价，写出一份批判性的综述，[②] 在分析的基础上全面展示已有研究取得的成果，明确已有研究存在的不足并对后续研究提出针对性的建议。

总体来看，进行有效的文献综述类写作，要注意以下三点：首先，要在全面占有相关文献的基础上分别按照历史阶段和核心内容进行纵向和横向的分类整理；接着，要对不同阶段的主要特征和不同方面的核心内容进行提炼，将不同部分合乎逻辑地组合在一起，边写作、边阅读、边调整、边修改；最后，要对专题领域内的研究情况进行综合述评，并在总结成果、揭示不足的基础上为后续研究指明努力的方向，便于后续研究在已有成果的基础上或存在的不足之处中找到继续研究的起点、价值、动机和创新点，也能帮助后续研究者解决他们在学术论文写作过程中遇到的一些难题。在各种不同形式的学术论文写作中，研究者都会或多或少在第一部分梳理总结前期研究成果及其存在的不足，而“论文最前面的引言部分很难写”（L-M-20201221-C），因为研究生要在这部分“交代做这个研究的动机，和研究贡献”（C-M-20201209-D）。

二、问题解决类写作

顾名思义，问题解决类写作，就是要围绕具体问题及其解决来展开写作活动。理工科研究生主要通过实验研究来解决问题，人文社科类研究生则主要通过行动研究来解决问题，因而这两类研究生问题解决类写作的表现形式也会有所不同。但不管是哪种类型的表述形式，问题解决类论文写作的内容都包括具体问题的界定及其产生背景、问题解决的方法及其过程、问题解决的成效及其启示等几个主要组成部分。下面将以《开发儿童创造力的实验研究》[③] 和《“多元交互式”教学评价体系的建构与实践——基于地理教学观察的行动研究》[④] 两篇论文为例，进一步探讨问题解决类论文写作的相关具体问题。

① 何玲、黎加厚：《促进学生深度学习》，《现代教学》2005年第5期。

② 朱迪思·贝儿：《社会科学研究的基本规则》（第四版），北京大学出版社，2013。

③ 张景焕、陈泽河：《开发儿童创造力的实验研究》，《心理学报》1996年第3期。

④ 朱雪梅：《“多元交互式”教学评价体系的建构与实践——基于地理教学观察的行动研究》，《课程·教材·教法》2014年第11期。

（一）说明研究背景、问题与目的

问题是问题解决类写作中的锚地，后续问题解决的办法与过程、成效与启示都是围绕真实、具体的问题展开的。因而，在进行问题解决类写作时，研究生不仅需要对现实和现象进行分析和整理，还要根据具体问题的具体需要，交代问题产生的背景，说明问题出现的原因，总结前期相关研究取得的成果及其存在的不足，并进一步提炼出具体的问题，厘清问题的关键所在，并在对问题本身做清晰描述和界定的基础上明确提出研究的目的。

《开发儿童创造力的实验研究》一文的作者就在第一部分“研究目的”中对研究背景、问题和目的做了非常清晰、简洁、合乎逻辑的介绍。

1. 介绍研究的背景。“自本世纪五六十年代以来，世界各国教育改革运动此起彼伏，其中带有方向性的就是对人类智力与创造力的重视与培养。在我国，近年来就开展创造教育、发展儿童创造力等问题进行过一些探讨。”

2. 指出已有研究存在的不足。“但这些探讨都尚未把儿童创造力开发纳入正常的教学计划，更没有明确而具体的教育目标和实施技术。因此，难以保证培养创造型人才目标的实现。”

3. 说明研究问题和研究目的。“本研究的目的是在有关创造教育理论的指导下，通过……以期切实达到开发学生创造力的目标。”

《“多元交互式”教学评价体系的建构与实践——基于地理教学观察的行动研究》一文的作者也在第一部分“问题的提出”中具体交代了研究背景、问题和目的。

1. 介绍研究的背景。“从国内外评价研究的成果看，发达国家非常关注评价理论的建构，其中以发展性评价的影响较为显著。此理论自20世纪初传入我国，成为我国新课程评价改革的主要理论依据。”

2. 指出已有研究存在的不足。“但是，当时国内、国际对发展性评价的研究多停留在理论层面，直接为地理学科服务的评价实践方案几乎是空白，有待在课改实验中进一步探索，而且这种探索注定是一个长期而艰巨的过程。”

3. 交代研究问题和研究目的。“总结来看，本成果致力于解决以下三个问题，即评价者与评价对象相对立的问题、评价手段与评价理念相脱节的问题、评价路径与教学过程相游离的问题。”

研究生在进行问题解决类写作时，要“先找到一个问题”“定义那个问题，明确我们要达到一个什么写作目的”（L-M-20201211-X）。某受访研究生先对口罩问题产生的背景做出了清晰的解释，厘清了问题与背景、明确了研究目的、想好了预期效果之后马上申请实验室，花了半个月时间做实验，实验结果很好，接着他花了一周时间写论文，一个月不到就发了一篇文章。

“要解决任何一个问题，你必须要把背景讲清楚。第一点，现在新冠肺炎疫情在全世界蔓延，造成了很多人受感染和死亡。第二点，现在每个人都要戴口罩，口罩紧缺。第三点，一次性口罩会造成很大的环境污染，而且口罩上全是病菌，不好好处理的话，病毒可能会一直传播下去。基于这三点，我们就想开发一款针对疫情的、可以多次使用的、自动消毒的口罩。”（L-M-20201208-O）

这位研究生还遵循同样的思路研制了新型脉搏仪，写出了另一篇高质量的学术论文。

“做脉搏仪也是一样，我们确定要做这样的东西是有大背景的。现在国内老龄化状况严重，传统的脉搏仪又不够好，我们又发现这种新材料有很好的光电响应。结合这三点背景，我们就决定做脉搏仪。”（L-M-20201208-O）

（二）介绍研究对象、方法与过程

厘清了研究背景、问题与目的之后，研究生就需要选择适当的对象、采用适当的方法、遵循合理的步骤来解决问题。在进行问题解决类写作时，需要研究生交代研究的对象和范围、采用了什么方法、解决问题的过程等方面的具体情况。

《开发儿童创造力的实验研究》一文在第二部分“研究对象与方法”中，清楚地交代了研究对象、方法与过程。

1. 交代研究对象和过程。“本研究自1986年分别在泰安、济南、东营的三所小学进行实验，目前前两轮实验已结束，正在全省12个地市100余所学校的小学生中进行大面积推广，实验学生达1万人。该文所报告的是随机抽取的一个实验点，实验周期3年，从幼儿园大班到小学二年级。”

2. 交代教学安排。“实验班与控制班的其他教学条件相同，只是实验班在活动课时间上创造活动课，每周2学时，不留课后作业，控制班则上其他内容的活动课。”

3．交代教材、教师、教法。“根据著名心理学家的智力结构模型设想编写实验教材，由有一定心理学基础、受过实验培训、有强烈事业心和责任感的青年教师任教，选择有指导的发现学习作为创造活动课的基本教学方法。”

4．交代实验结果评估方法和工具。“实验结束后，采用斯坦福—比奈智力测验量表和北师大郑日昌、肖蓓玲编制的《创造性思维测验》，对两班分别进行智力测验和创造力测验，两班同时参加济南市的语文和数学统考。”

《“多元交互式”教学评价体系的建构与实践——基于地理教学观察的行动研究》一文也在第二部分“解决问题的过程与方法”中，清楚地交代了研究对象、过程与方法。

1．交代研究范围和对象。“江苏省扬州市初中与高中地理学科的老师和学生，完成3项省级重点课题的研究工作，100多名一线教师参与，完成27项子课题研究。全市有40多所学校根据评价手册开展实证性研究，累计为14余万名学生开展了档案袋评价。”

2．交代解决问题的过程。“本教学成果从提出问题检验、成果总结、推广应用到理论构建、实践历经近9年时间。”具体包括问题诊断与顶层设计、两轮实践与初步总结、理论深化与拓展研究等三个阶段。

3．交代解决问题的方法。具体包括顶层设计的方法、数据采集与分析的方法、课堂行动研究的方法和理论与实践比照的方法。

可以从两个案例中清楚地看出，这一部分的写作需要做到具体、简洁、清晰，同时也要合乎逻辑。不仅要注重交代研究对象、过程到方法的行文逻辑，更要注重研究对象、过程、方法三者之间的内在逻辑以及这三者对于解决研究问题、达成研究目的的内在一致性，让读者感觉到行文的规范性和研究的科学性。

（三）呈现结果、成效和启示

问题得到解决，会有一些标志、体现或成效。在进行问题解决类写作时，要注意论文的完整性，在厘清和分析问题、阐释问题解决办法和步骤之后，还要明确交代问题解决之后的结果、成效以及启示或建议。问题解决的成效可能体现为负面现象的消失，可能体现为正面现象的出现，还可能是两者兼而有之。而启示或建议则要提炼值得推广和借鉴的经验，要有一定的升华。不同专业和研究方向的研究生在具体写作活动中，可以根据具体问题、解决办法、步骤和成效的实际特点，采用不同的写作方法，但都要尽力展示问题的关键性和方法的创新性，因为成效的最佳表现形式莫过于用一个创新性的方法很好地解决一个关键性的问题。《开发儿童创造力的实验研究》一文的作者分三部分来交代这些情况。

1．在论文第三部分“结果与分析”中对实验结果进行了分析。首先，分析了学生智力水平发展情况、学生创造力水平、创造活动课对其他学科的迁移作用，结果显示创造活动课不仅能促进学生智力和创造力的发展，还对语文学习起了正迁移作用。其次，分析了性别、学生原有智力水平对实验效果的影响，结果显示实验班男女学生在创造力发展水平上没有显著差异。从智力与创造力的关系看，学生创造力水平与学生原有智力发展水平及现有智力发展水平有中等程度的相关，中等水平的智力是创造力发展的基础，学生创造力的发展以智力发展为前提。

2．在论文的第四部分“讨论”中，作者在对开设创造活动课的再思考、问题解决在发展学生创造力中的作用和智力与创造力的关系等三个方面提出了自己的看法与建议。

3．在论文的第五部分“结论”中，作者简明扼要地呈现了本次问题解决式实验研究的结论：创造活动课的开设开发了学生的创造力；创造活动的开展促进了语文教学，促进了学生智力的发展。

《“多元交互式”教学评价体系的建构与实践——基于地理教学观察的行动研究》一文用了两个部分交代研究结果、成效及启示。

1．在论文第三部分具体说明了“成果的主要内容”，具体体现在评价体系、评价工具、评价方式、评价标准、评价路径等五个方面。

2．在论文的第四部分说明了“效果与反思”。一方面，评价改革取得的发展性成效，基本达到了以评促教、以评促改的目的，研究共同体产生的巨大合力使扬州市地理教育发生了质的嬗变，研究成果辐射到全国许多地区。另一方面，作者也从自身研究内容和学科外部环境等两个维度，对评价改革面临的问题进行了深刻反思，为后续相关研究提供了一定的借鉴和启示。

总体来看，无论是热点、痛点、难点、关键点还是前沿问题，任何问题都需要研究生深入思考研究的具体问题是什么、问题产生的背景是什么、研究要达到什么目的、采用什么样的办法和步骤去解决这个问题及其成效和启示等。因此，问题解决类论文写作一般都会涉及这几个方面的内容。

“第一部分摘要大致介绍一下研究方向、领域，包括大概有哪些大牛已经做过相关的研究工作、这些工作存在什么问题以及你为了解决这些问题而提出的方法。第二部分介绍前人的研究结果。第三部分是你自己的工作，介绍你怎么去定义和求解问题，你自己使用的方法的复杂度、和别人的方法的不同。第四部分是做实验，你要做很多实验证明用你的方法效果比别人的好，用实验结果证明你的想法的有效性。最后进行总结。”（L-M-20201214-C）

不少研究生能意识到“每个人做学术的方法差不多”“写文章的时候要看别人的文献是怎么构思的”（L-M-20201208-O），在进行问题解决类写作的时候也会阅读和参考类似文献，对相关内容和写作方法进行批判理解、有机整合和建构反思并将之迁移运用到自身写作活动之中。[①] 要“按照模板写”，并积极寻求导师的专业建议，“把方法写得更高级一些，理论性写得更深一些，要解决的问题写得更迫切一些”（L-M-20201208-O），不断提升自身写作能力和专业素养，努力成为优秀的研究生。

三、自圆其说类写作

自圆其说类写作主要表现为提出个人观点并提供证据进行合理辩护。通常来讲，理工科研究生在提出观点（假设）之后，会通过实验的方式进行验证，得出一定的实验数据和结果，从而为自己的观点（假设）提供强有力的证据。因此，理工科研究生的自圆其说类写作属于实验研究的研究报告写作，写作方法与解决问题类实验研究的论文写作方法相近，只是这里的实验研究不是为了解决实践中的具体问题，而是要给自己的观点（假设）提供数据支撑。而人文社科类研究生的自圆其说类写作则属于典型的议论文写作。研究生在进行这类写作时，要综合考虑议论文写作的论点、论据和论证等三个方面，做到论点新颖明确、论据充分可靠、论证合理有力。这三点做到了，再加上精炼的文字和规范的格式，一篇质量不错的自圆其说类论文就完成了。

---

① 安富海：《促进深度学习的课堂教学策略研究》，《课程·教材·教法》2014年第11期。

（一）论点新颖独特

自圆其说类写作的核心是论点，也就是文章的主题，这能在很大程度上决定一篇自圆其说类论文的质量。研究生要开门见山，直接提出明确的主张或建议作为自圆其说类学术论文的论点。即便有时候研究生写作的目的只是对某个主张或建议的论证过程做出评价，并不提出自己的主张或建议，也要直截了当地表明自己的主要任务。① 要尽量保证论点的新颖独特，这也是学术论文写作的难点之一。

“第一个难点是你要有想法，别人没做过、新颖而且有意义的想法。成长的过程是很难的，一定要努力成长到你有自己的想法。”（W-F-20201213-C）

论点的独特性和研究问题的新颖有一定关联，但不一定是正相关的。从新的角度看待和研究新问题固然很重要，我们也可以从新角度看待和研究老问题，还可以从常规视角看待和研究新问题，这些都会给学术论文写作带来一定的新颖性和独特性。对于多数研究生来说，选择一个新问题并使用一个新方法进行研究，写出好文章的难度要更小一些，投稿发表的可能性也要更大一些。为了更好地选对主题、方法和视角并提出一个新颖独特的论点，研究生可以多阅读专题研究领域内的核心期刊，关注学术前沿和最新发展动态。

“确定选题之前我会了解想投的这几本杂志收录论文的依据、论文的风格。我当时看到了一个热点话题，觉得目前还很新，还没有人写，比较容易找到创新点，就把这个确定为我的论文选题方向。”（G-F-20201222-X）

研究生还可以尝试从不同领域之间的交叉地带寻找和探索新颖独特的论点。某位高等教育学专业的受访研究生结合自己的课程学习，选择“人工智能时代的高等教育”为主题撰写课程论文，提出人工智能对高等教育的发展有利有弊，人工智能和高等教育要和谐共存。“人工智能和高等教育二者相辅相成”（Z-F-20201222-X）。

（二）论据充分可靠

“论证”意味着要拿出一组理由或证据来证明一个结论。②因此，旗帜鲜明地提出了自己的论点之后，研究生就要开始寻找证据支撑自己的论点。论据多种多

①② 安东尼·韦斯顿：《论证是一门学问：如何让你的观点有说服力》，新华出版社，2011。

样，可以是收集的研究资料和理论依据，也可以是实验获得的实验数据。研究方法也很多样，可以采用质性的方法，也可以采用量化的方法，还可以采用混合式研究。

“我会围绕确定的选题搜集、细读相关的研究资料，找一些理论依据。确定之后提出选题的具体问题以及核心内容，然后再决定选用哪种研究方法。我准备用定量、定性两种方式相结合来写论文。”（G-F-20201222-X）

文科类研究生更多会偏向于思辨研究，在已有理论中寻找依据，作为自己观点的佐证。如上面提到的高等教育专业的研究生，在写作中就先讨论人工智能方面的几个问题：“人工智能是什么？研究者对人工智能有什么态度？我从分析问题中得出我的视角。”

“从20世纪50年代开始到现在，出现了三种不同的派别。第一个派别主张积极发展人工智能。第二个派别反对人工智能，他们觉得机器永远也替代不了人。第三个派别认同人机共存。”（Z-F-20201222-X）

工科类研究生更多会采用实验的方法获得实验数据来支撑自己的观点。

“第一个困难是实现你的想法，可以向你的老师和同学请教。第二个困难是实验效果不好，要么放弃要么想方设法改善，一直到把这个问题彻底解决，这个过程是很痛苦的。”（W-F-20201213-C）

焦尔当认为学习的本质就是与他人对质、自我表达、辩论。[①] 开展自圆其说类写作正是研究生进行深度学习的最佳方式。无论是对质、表达还是辩论，研究生都需要为自己的主张或建议提出可靠的论据。论据的数量不在多，能证明论点即可，但可信度要高。可以从过往经历中提取出一般观点或者就个别例子进行总结，并把它们按照一定的逻辑组合起来，这样才能成功说服别人。

（三）论证合理有力

有了论点和论据之后，研究生需要按照一定的逻辑把各个论据安放在文章的不同位置，紧紧围绕论点不断证明，这就是论证的过程。论证是自圆其说类论文写作的主体部分。研究生首先要把写作思路和写作提纲中的论证提炼出来，用简明的文

① 安德烈·焦尔当：《学习的本质》，华东师范大学出版社，2015。

字展示给读者，让读者从整体上了解你要论证的论点以及论证方法。[①] 对于多数研究生来讲，这并不是一件容易的事。

“学术论文难在陈述你做的研究，用专业性的语言有逻辑地陈述出来，这也是一个艺术加工的过程。”（L-M-20201213-O）

“推理属于科学，也属于技艺。它是一种我们不但要理解而且要做的事情。为我们的信念给出理由是很自然的事情，但是建构论证、检验论证的技能是需要训练的。通过训练加强了这种技能的人，比之从未思考过相关原理的人，更有可能做出正确的推理。”[②] 要想成为优秀的研究生，需要不断加强相关训练，提高论证能力和学术论文写作能力，感受推理带来的愉悦。为了让自己的论证既合理又有力，研究生在进行论证时要特别注意论证的相关性和逻辑性。

第一，要紧紧围绕写作主题展开论证。

“如果你的选题不够新颖，你要考虑你自己能给出什么样的见解。写论文的过程就是自圆其说的过程，不一定要有新颖的题材。”（G-F-20201222-X）

第二，论证要合乎逻辑。

“论文框架一定要有清晰的逻辑性，这是很重要的。”（G-F-20201222-X）

“论文的逻辑是最重要的。写文章就是讲故事，要讲好故事，让别人理解你在说什么，读了你的文章能够比较清晰地了解你解决了什么问题，解决问题的过程是怎样的，实验是如何证明你的想法的，等等。”（L-M-20201214-C）

人文社科类的学术论文的论证更可能是思辨性的，这会“很考验阅读量”（J-F-20201228-X），需要研究生借用别的理论、现象或者事实来论证自己的观点。前文提到的高等教育专业的某受访研究生在讨论人工智能与高等教育时，借鉴了其他研究者对人工智能的态度，并运用到自己对人工智能和高等教育的看法上。

“首先要弄清概念，找出不同学者的态度。这三种态度分别应用到高等教育上：第一是危害；第二是可能带来的好处；最后是实现的方法。”（Z-F-20201222-X）

① 安东尼·韦斯顿：《论证是一门学问：如何让你的观点有说服力》，新华出版社，2011。

② 欧文·M·柯匹、卡尔·科恩：《逻辑学导论》（第13版），张建军等译，中国人民大学出版社，2014，第12页。

如果是理工科的研究生，通过实验操作或量化研究得出一个结论、主张或建议则需要交代研究开展的具体方法与过程，这也是一个寻找论据、不断自圆其说的论证过程。

“我当时已经有了方程，接下来要进行数值模拟，就需要学代码。我当时对代码一无所知，花了大量时间学代码，好不容易学会了之后开始画图。我每天打开电脑画图画到晚上八九点，第二天接着画，画了上万张图。我最终发表的文章里面有133张图，还有很多图没有用到，因为没有找到很好的解释。再后面就开始写作论文了。”（F-F-20201214-D）

总体来看，自圆其说类论文写作需要研究生提出论点，再使用一系列论据进行论证和辩护。论点、论据和论证是核心三要素，需要引起研究生的高度重视。研究生只要综合考虑这三个方面构思整个论文，用充分的、可靠的论据合理地、有力地论证自己的论点，自然就能写出一篇很好的自圆其说类学术论文。

“我们专业写论文，通常是自己提出一个观点和数学模型，然后自己去做实验、求解、验证，证明自己结论的有效性。一定要有数据支撑，才有说服力。”（W-F-20201213-C）

为了写出好的自圆其说类学术论文，研究生还可以多看本研究领域内核心期刊上的一些自圆其说类学术论文，模仿其写作框架和论证模式。

“我会看《课程·教材·教法》《教育研究》之类的期刊，已经学习别人的写作思路。大纲一旦定下来，这篇论文就可以说已经完成了50%，剩余的50%就是给每一个部分填充内容，让它变得更加有说服力。所以我觉得首先是阅读，然后平时要多搜集各种类型的文章，学习写作框架。等到写论文的时候，可以参考别人的框架，把自己的内容确定下来，写进去。”（J-F-20201228-X）

四、调查研究类写作

调查研究可以宽泛地理解为包括资料收集和分析在内的实证研究方法，主要包括问卷调查法和叙事研究法。问卷是科研中资料收集的重要手段，因其快速、高效、客观、调查面广等特有优势，在国内外的科学研究中被广泛采用。① 因此，调

① 帅飞飞：《问卷调查》，载李臣之主编《教师做科研——过程、方法与保障》，海天出版社，2010，第97页。

查研究类写作的相关探讨主要采取聚焦问卷调查、兼顾叙事研究的思路来展开。

（一）说明调查的目的、方法和对象

研究生在进行调查研究类写作时，首先要说明调查研究的基本情况，具体涉及调查的目的、方法和对象。

1. 交代调查的目的

“调查能够回答像为何、何处、何时和如何之类的问题……调查的重点是寻求事实，如果一个调查被精心地组织、谨慎地引导，那么这个调查就会是一个相当容易并且能快速获得信息的好办法。”① 在开展调查研究之前，研究生要解释这个直率的研究价值问题：为什么要做这个调查研究？一般来讲，研究会有一个共同的、比较宏观的目的。“虽然有人会觉得这过于理想主义，但做研究的最终原因是解决问题时所带来的愉悦，发现没有人知道的事物的满足感，以及对于丰富人类知识与理解贡献一己之力。”②

除此之外，研究生还需要明确描述调查研究个性化的、更为具体的目的。在《中学综合实践活动课程实施：现状及影响因素》一文中，研究者这样提出调查研究的目的：“作为新课程改革的重要组成部分，综合实践活动课程实施的成功与否直接影响到新课程改革的推进与落实。学校一线实践中，综合实践活动课程的实施水平如何？其影响因素又有哪些？本文以深圳市中学的综合实践活动课程实施为例，尝试对这些问题做些探讨。”③ 在《慕课教学中教师角色转换的叙事研究》一文的引言中，研究者在梳理研究背景和前期研究的基础上提出了研究的目的：“本文采用叙事研究的方法带领读者进入慕课教师L的经验世界……提出相关建议，并为慕课教师的专业发展提出指导性策略建议。”④

---

① 朱迪思·贝儿：《社会科学研究的基本规则》（第四版），北京大学出版社，2013，第11页。

② 韦恩·C·布斯、格雷戈里·G·卡洛姆、约瑟夫·M·威廉姆斯：《研究是一门艺术》，陈美霞等译，新华出版社，2009，第4页。

③ 李臣之、帅飞飞：《中学综合实践活动课程实施：现状及影响因素》，《天津市教科院学报》2011年第2期。

④ 王添淼、张越：《慕课教学中教师角色转换的叙事研究》，《课程·教材·教法》2017年第3期。

2．交代研究方法和对象

调查研究方法主要包括问卷调查和叙事研究，辅以访谈法、观察法、实物分析法等。“过去收集资料主要是去当地调研、找人做访谈或者测绘。”（M-M-20201209-O）其中以问卷调查居多，社会调查十有八九是采用问卷方法进行的。研究生在进行这种类型的调查研究类写作时，要对问卷调查法进行具体说明，包括对问卷的编制、发放与回收等，并根据需要适当补充交代访谈提纲、访谈时间地点与方式等，还要清晰描述研究对象。在《深圳市中小学教师参与校本课程开发行为意向的调查研究》[①]一文中，作者对研究方法和对象做了如下交代：

“本研究采取自编问卷，问卷由研究者在文献研究的基础上自行设计，对参加继续教育的教师进行过小样本的试调查的基础上，修改定稿。基于研究目的，除基本信息外，问卷被设计为一个李氏5点量表，旨在了解深圳市中小学教师参与SBCD的行为意向及其影响因素，该问卷共包括7个维度（共43个题项）。”

“本研究于2009年4月进行，利用深圳市中小学教师参加继续教育的机会发放问卷，共回收问卷842份，其中有效问卷788份，有效率为93.6%。被试的选取有一定随机性和代表性。”

紧接着，研究者对研究对象的性别、职称、学历、教龄及任教学段进行了人口统计学的分析。

叙事研究是调查研究的另一种主要方式，在教育领域内较为常见。教育叙事研究是指研究者通过用“局内”视角“进入参与者的肌肤”，搜集和讲述个体教育故事，与教师平等地沟通、对话，描述个体教育生活，在解构和重构教育叙事材料过程中对个体行为和经验建构获得解释性理解的一种活动。[②]相关专业的研究生在进行这一类的调查研究类写作时，也需要交代研究方法和对象。在《慕课教学中教师角色转换的叙事研究》的第一部分“研究方法和研究对象”中，研究者直接说明研究的方法是叙事研究，并选择一名国内一流大学的资深教师L作为研究对象，因为“L教师的教育故事具有典型性，能够较为集中地反映慕课教学中教师角色的转

① 李臣之、帅飞飞：《深圳市中小学教师参与校本课程开发行为意向的调查研究》，《课程·教材·教法》2010年第4期。

② 傅敏、田慧生：《教育叙事研究：本质、特征与方法》，《教育研究》2008年第5期。

换，从而实现分析性的扩大化推理”[①]。

（二）撰写调查结果与分析

调查结果与分析是调查研究类写作的主体部分。研究生要严谨地解释收集到的资料和数据，搞清楚这些文字或数字意味着什么，逐字逐句进行深度审视，认真分析。[②]这种深度学习方式有助于研究生磨炼性格、养成良好的学术习惯，让研究生有机会变得更耐心、更敏锐、更有韧性、更渴望提高学术论文的写作质量。

通常来讲，对问卷调查结果的分析一般会涉及问卷的基本统计量和问卷各维度的情况。

1．说明问卷的基本统计量

一般需要分析问卷的效度、信度，问卷各分量表或各维度的均值、标准差、得分率及相关系数等。这些问卷基本统计量可以整合进一个表格中，采用三线表的形式呈现。

2．说明问卷各维度的情况

对调查结果及其分析主要取决于研究的目的、问卷的内容及内在关系，研究生需要对调查研究的内容以合适的方法分析问卷各维度的情况，再以合适的形式一一呈现出来，以达成调查研究的目的。最常用的数据分析方法有描述性统计、均值比较、相关分析、回归分析和方差分析等。研究生在写这一部分的时候，可以采用各种图表，向读者更直观清晰地展示调查数据的分析结果。同时要注意图表的格式和表达规范，如：表题、表号放在表格的上方，图题、图号放在图的下方，图表标号要规范，等等。

叙事研究也需要研究生结合研究目的具体交代研究的主要发现，让读者了解研究者是否回答了研究问题、达成了研究目的。在《慕课教学中教师角色转换的叙事研究》的第二部分“慕课教学中教师角色类型的转换”中，作者就详细地展示了L教师通过重新审视自身定位实现了知识结构的完善、信念的重构及重整行动、反思与

① 王添淼、张越：《慕课教学中教师角色转换的叙事研究》，《课程·教材·教法》2017年第3期。

② 莫妮卡·R·马丁内斯、丹尼斯·麦格拉思：《深度学习：批判性思维与自主性探究式学习》，中国人民大学出版社，2019。

实践、向慕课专家型教师迈进等四种角色的转变和在慕课教学实践中的专业成长。[①]

（三）呈现结论与讨论

在调查研究类写作的最后部分，研究生先要简要概括调查研究得出的结论，接着就研究结论展开进一步讨论，并提出相关启示和针对性的建议。

在采用问卷调查法的调查研究类写作中开展讨论时要注意以下三点：第一，表述要简要介绍、呈现调查研究的具体结论，并分条呈现出来。第二，要全面占有和深入阅读已有相关文献，并将自己的发现与前期或同时期其他人的相关研究结论进行比较，指出其中的异同及异同出现的原因，与引言或文献综述部分形成呼应，并在此基础上进一步揭示自己研究的创新之处。第三，根据得出的研究结论，在合理讨论的基础上对后续理论研究或实践问题的解决提出一些针对性的建议，以推动相关领域理论研究与实践探索不断向前发展。

在采用叙事研究法的调查研究类写作中开展讨论的方式可以表现为总结研究情况，并基于研究结果对后续研究或实践改进提出一些针对性的建议。在《慕课教学中教师角色转换的叙事研究》的第三部分“关于慕课教学中教师成长的建议”中，作者提出了建立更有针对性和实效性的教师职前慕课教学技能培养体系、提供更为完善的在职教师慕课培训、教师要树立终身学习的理念、教师要成为“反思性实践者”等四条具体建议。[②]

“可读性最高的作品是作者达到了建筑学上最完整的整体架构。最好的书都有最睿智的架构。”[③]学术论文亦然。“很多老师称学术论文为‘八股’，就是因为它有固定的范式，引言、文献综述、研究设计、结论”（C-M-20201209-D）。调查研究类学术论文有比较成熟的格式，通常先解释调查的目的、方法和对象，接着展示调查结果并进行分析，最后呈现调查研究的结论并展开相关讨论。研究生要遵循这些学术规范进行写作，但同时也要注意，“每本期刊的特点和要求不一样，对篇幅、字数还有图片格式的要求都不一样。有的强调你的结果，有的强调你的分析，有的强调你的方法”（F-F-20201214-D）。研究生需要收集和分析不同期刊的基

①② 王添淼、张越：《慕课教学中教师角色转换的叙事研究》，《课程·教材·教法》2017年第3期。

③ 莫提默·J.艾德勒、查尔斯·范多伦：《如何阅读一本书》，商务印书馆，2017，第71页。

本信息，包括其定位、目标读者、风格、篇幅、倾向性、喜好和格式规范等，“先了解这些期刊更倾向于收录哪一种论文”（G-F-20201222-X），做到有针对性地写作和投稿，能在一定程度上提高论文写作的质量和论文发表的概率。

第五章
营造专业社群促进深度学习

研究生教育是国民教育体系的顶端，是国家抢占科技战略制高点的重要基石，也是创新型国家建设的核心要素。新时代背景下，随着研究生招生数量的逐步递增，研究生教育质量问题日益突出，促进研究生深度学习是提升研究生学习获得感和研究生教育质量的重要举措。由此可见，探究研究生深度学习的促进方法具有重要的理论意义与现实意义。通过对优秀研究生的访谈发现，建构研究生专业社群是促进研究生深度学习的核心要素之一。以参与主体为划分依据，研究生专业社群可以分为同伴社群、导生社群和学术生活社群。本章将重点论述建构同伴社群、导生社群和学术生活社群对于促进深度学习的意义及方式。

第一节　建构友好同伴社群

研究生教育是本科教育基础上的精英教育，与本科生相比，研究生的学习更具有创新性和学术性，研究生除了完成一定的课程学习以外，更多的是在导师的引导和同伴的陪伴下体验科研过程。因此，影响研究生深度学习的环境要素具有一定的独特性，即相较于其他因素，同伴交往等因素对于促进研究生深度学习的作用尤为显著。有研究表明，在研究生群体生活中，同伴支持不仅会使研究生个体获得归属感，产生“向他人看齐”的动机和行为，还会提升研究生个体的心理韧性，促使研究生更积极主动地面对消极事件与现存问题。[①] 可见，建构友好同伴社群是促进研究生深度学习的重要手段。

一、友好同伴关系促进研究生深度学习

同伴关系是影响研究生深度学习的关键因素。同伴效应是指邻近的平等个体在各种社会关系中产生相互作用时，个体的思想和行为会不可避免地受到周围同伴的影响。社会文化理论也指出，学习的主体不仅仅有教师和学习者，还应该包括同伴，学生的学习行为是这三者共同作用的结果。同伴是研究生最重要的学术伙伴和交流对象。建立友好同伴关系不仅可以弥补导生互动的不足，还可以促使学生互相取长补短，搭建学术合作的桥梁，让研究生在互帮互助中提升学习能力和科研能力。

① 胡保玲：《导师支持、同学支持对研究生创新行为的影响：积极情绪的中介作用》，《黑龙江高教研究》2017年第9期。

（一）同伴交往是研究生学习生活的存在方式

交往是人类社会固有的存在方式。“人的本质并不是单个人所固有的抽象物。在其现实性上，它是一切社会关系的总和。”[①]“社会关系是人们生产出来的，而生产本身又是以个人彼此之间的交往为前提的。”[②]如果没有社会交往，就没有物质生产劳动，也就没有人本身的存在、创造和发展。从古至今，人们从事的一切活动无不直接或间接地与交往相关。个人的衣、食、住、行都依赖于与他人乃至社会的交往。只有在各种交往中，人们才能生产出满足自己需要的各种物质产品和精神产品，并通过交换、分配、消费这些产品来求得生存或获取享受。[③]正如英国诗人约翰·多恩所说，“没有人是一座孤岛，在大海里独踞；每个人都像一块小小的泥土，连接着整个陆地。”从某种意义上说，当代社会的研究生身处充满交往的时代里，同伴交往是研究生学习生活的存在方式，具体表现为：同伴学习是研究生顺利开展学习和科研工作的基础，同伴交往是研究生知识生成的催化剂，同伴交往是研究生社会化的必经之路。

1. 同伴学习是研究生顺利开展学习和科研工作的基础

一方面，与本科阶段的学习相比，研究生阶段的学习以探究、质疑、发现和创新为本质特征，以深度学习为目标，它不仅注重知识的广度与深度，更注重知识的运用和创造。高层次、高难度、高要求的科研训练和学业任务决定了研究生必须走出孤独、封闭的学习环境，通过主动参加各类研讨活动，与志趣相投的同学就感兴趣的研究问题开展探究与合作，在同伴交往过程中取长补短，发挥“1+1>2”的力量。

另一方面，研究生的大部分科研训练本质上是在导师指导下的团队协作。同门的研究生共同参与由导师主持的科研项目和研讨会，在日常学习过程中学术交流频繁、知识共享渠道通畅、同伴关系紧密，能够有效弥补导生互动的不足。有研究表

---

① 中共中央马克思恩格斯列宁斯大林著作编译局编译《马克思恩格斯选集（第一卷）》，人民出版社，1995，第60页。

② 同上，第68页。

③ 侯志水：《马克思社会交往理论的当代阐释》，博士学位论文，吉林大学哲学社会学院，2006。

明导师支持对研究生创造力的影响是通过团队成员支持的调节作用实现的。[①]

总而言之，研究生阶段的学习特点和科研训练的本质要求研究生必须走出个人世界，走入与他人交往、互动的学习过程中，主动将外部因素转化为自主学习的动力，从而实现全面而系统地理解、掌握和运用所学知识，有目的地发展自身的学习能力和科研能力，最终成长为能够独立从事科学研究工作的专门人才。

2．同伴交往是研究生知识生成的催化剂

皮亚杰认为，科学思想不是当前一瞬间的东西，不是一个静止的东西，而是一个过程，更加特别的是，它是一个连续不断地构造和重组的过程。对研究生来说，知识不再是不容置疑的教条，而是有待完善、发展的已有经验；学习不再仅限于诵读、识记经典名作；写作也不再是照抄名家思想。研究生的学习过程和科研过程都应是知识生成过程，而且这一过程只有在与同伴相互交往、合作的环境里才有可能真正发生，而当研究生长时间局限在个人研究领域时，创造性就容易被磨灭。通常大家总是宣传什么原理是某人发现的，什么技术是某人发明的……这种宣传无形之中制造了这样一种假象——新知是个人创造的。但是，独木不成林，任何重大科研成果的创造都离不开一定的学术梯队，离不开良好的学术生态环境，个人的知识更新与知识的社会共享过程是密不可分的。

知识在对话中生成，在交流中重组，在共享中倍增。[②] 在与同伴交往的过程中，知识被定义为能被交流和共享的经验和信息。知识的交流本性成为研究生推进知识生成过程的关键因素。在与同伴分享个人观点时，研究生会努力搜集佐证材料来支撑自己的观点，帮助其从自身的学习经验和科研经验出发，建构个人的知识体系，生成独具个人意义的知识。正所谓“掌握知识最好的方法就是把知识教给别人”，把自己的真知灼见用最通俗易懂的语言表述出来，分享给同伴，不仅可以激发思想碰撞的火花，也可以进一步增进自身对知识的理解和建构。

3．同伴交往是研究生社会化的必经之路

人是社会性生物，社会性是个体不能脱离社会而孤立生存的属性。当人的社会

① 王茜：《导师指导风格对研究生创造力的影响研究》，博士学位论文，中国科学技术大学管理科学与工程专业，2013，第69页。

② 柳夕浪：《知识生成的交往中介原理与知识创新教育》，《教育研究与实验》2000年第4期。

属性得到满足，人就会感到身心愉悦，使人的自然属性处于正常状态。研究生作为社会个体中的一员，其一切行为完全融合并扎根于社会关系之中，其社会、文化特质都是交往的结果。没有交往，就没有主体性可言。[①] 个体自我意识不是在封闭的自我环境中自然生成的，而是在与他人的互动和交往中逐步建立起来的。个体在与他人的互动中将自己视为一个被评价的客体，在与他人的交往中将自己的思想、情感、意志、价值等本质力量表现出来，然后从他人的反馈中认识自我。由此可知，研究生必定要通过与他人的交往来实现社会化。

而在研究生学习生涯中，他们接触得最频繁、最紧密的群体便是同伴群体，这一群体往往是依据自己的爱好、研究志趣、学习需要等建立的，对个人社会化具有特殊影响。在同伴社群中，个人社会化过程的限制和规矩最少，选择余地最大，研究生会在无形中按个人兴趣社会化。研究生的社会性素质，即人在处理与他人关系或人际交往方面所体现出来的倾向、方式、水平等素质，如语言能力、合作精神、共情能力、社会适应力、社会性情感、道德品质等都会在与同伴交往中形成。[②] 总而言之，同伴交往可谓是研究生社会化最常见、最易于接受的途径。研究生是否具备与同伴群体良性互动的能力将成为其最终能否适应社会、提升社会化水平的重要影响因素。

（二）同伴社群是深度学习的重要推手

基于情境认知理论，人类活动是复杂的，包括了社会、物理和认知的因素。人们不是根据内心关于世界的符号表征行动的，而是通过与环境的直接接触与互动来决定自身行动的。深度学习即某种程度基于情境的行动，深度学习的实现需要共同体的建构与支持。[③] 实证研究表明，学习环境感知中的同伴互助要素对深层学习具有显著正向影响。[④] 通过对优秀研究生的访谈也发现，同伴社群作为一种学习共同体，有助于实现深度学习的目标，即同伴社群有助于提升学习者的自主学习、批判

① 葛春：《身体在场：在交往中学习》，《教育发展研究》2015年第22期。

② 陈佑清：《交往学习：一种新的学习类型》，《中国教育报》2011年2月1日。

③ 张浩、吴秀娟：《深度学习的内涵及认知理论基础探析》，《中国电化教育》2012年第10期。

④ 程帆、吕林海：《研究型大学硕士研究生学习环境感知对深层学习的影响——以学术信念为中介的模型探析》，《扬州大学学报》（高教研究版）2021年第2期。

思考、知识创新、自我反思等高阶能力的发展。

1. 同伴社群有助于提升研究生的自主学习能力

自主学习是以学生为主体，通过学生独立地分析、探索、实践、质疑、创造等方法来实现学习目标，强调主动地、自愿地、自觉地学习。建构研究生同伴社群的目标之一就是让社群成员拥有自主学习、自主科研的能力。在同伴社群中，相同知识背景的研究生围绕共同的问题展开研究，彼此会拥有越来越多的共同语言，形成乐学、好学的学术氛围，从而唤醒他们的学习动力与学术热忱，提升他们的科研兴趣。不同知识背景的研究生就某一研究问题各抒己见，相互启发，取长补短，促进认知视野的拓宽和知识的更新。

由于社群成员间的相互作用，个体容易在同伴社群中寻找自己的理想人格作为自己活动的参照，使自己的认知、决断和行为方式受到理想人格的影响。有调查指出，66%的研究生认为，如果群体中有一个成员比较突出，其他个体也会付出相应的努力，以期赶超优秀的成员。[①] 有受访研究生表示："学术交流的过程中能够了解他人的研究水平，因而也能够助推自己的研究。当发现自己落后了，在心理上就会有紧迫感，会更加努力追赶。"（C-F-20201221-C）可见，身处同伴社群的研究生会依据社群成员的表现进行自我激励、自我控制、自我调节，进而成为科研活动的积极参与者。

2. 同伴社群有助于提升研究生的知识创新能力

个体独立进行学习和科研时，容易被自身的固有思维模式所禁锢，常常会不由自主地以自身存在的或环境给定的"视域"去理解研究问题，因而难以有新的思路和发现。但是在同伴社群中，研究生能够以群体协商的形式与具有不同认知结构、思维方式和学习经验的同伴进行交流、互动与碰撞，实现多种视域的对话、沟通、汇聚与融合，从同伴的想法和做法中汲取经验或获得启发，进而打破个人认知的偏见和局限，找到更多、更具有创新性的解决方案。

社会化学习理论指出，如果信息的传达者和接受者经历相似、关心相同的事情、面临相同的问题，则接受者更容易接收信息，参与者也可通过教导他人而强化

① 祝士明、王冰清：《发挥同辈群体优势　提升研究生创新水平——基于职业技术教育学专业研究生的调查》，《学位与研究生教育》2013年第8期。

自己的学习效果，实现“教”与“学”的双赢。[①] 有研究证实同伴社群的相似性容易给研究生创新提供较宽广的活动空间和较强的精神动力，从而坚定其开展创新活动的信念。由于社群成员往往具有相同或相近的年龄、爱好、研究志趣及价值观，所以他们容易产生共同语言和相对一致的心理感受、行为倾向。而且同伴社群开放性强、强制性少、接受新人和新事物的能力强，社群成员之间的各种能力结构、知识结构、思想观念等容易形成互补，有助于同伴社群成员利用各自的优势实现科研创新。正如某受访研究生所说：

“因为我们研究的是同一个领域，我们每个人有各自的优势，把优势结合起来，做研究速度快，互相都能向对方学习。”（C-F-20201230-C）

3．同伴社群有助于提升研究生的自我反思能力

社会学家库利指出，“自我知觉的内容，主要是通过与他人的相互作用这面镜子而获得的。通过这面镜子，一个人扮演着他人的角色，并回头看自己”[②]。换言之，每个人都是一面镜子，映照着对方。个体通过与他人的交往，根据他人对自己的看法和评价获得对自己的认识，形成自我意识，即一个人的自我意识是他人对自己所作出的判断的反映。如果脱离以他人为镜子而形成“镜中自我”，个体对自我的意识很可能会成为虚幻的自我意识。[③] 美国社会心理学家米德在《自我、心灵与社会》一书中也指出，在交往实践中，人能够用符号标示环境中的其他成员和客体，也能用符号标示自己，这就使得个体在与他人的互动中将自己视为一个被评价的客体而逐步建立自我形象和自我观念。由此可知，同伴社群是提升研究生自我反思能力的重要途径。

在同伴社群中，研究生可以通过同伴交往来借助他人这面“镜子”，以他人对自己行为的反馈、评价等为参照，从中“解读”自我，通过与他人的对比，反思、监控自己的行为，发现自己的不足和今后努力的方向，从而全面而客观地认识、评价自己，形成“客观自我”。正如某受访研究生所说：

“有很多自己想不到的地方、想错的地方跟同伴说一说，他们能帮我审视我做

① 邓智心：《同伴教育：研究生信息素质教育的创新实践探索》，《图书情报工作》2019年第6期。

② 柳夕浪：《为了共生的理想——交往活动课程研究》，江苏教育出版社，2001，第9页。

③ 陈佑清：《交往学习：一种新的学习类型》，《中国教育报》2011年2月1日。

的东西。”（L-M-20201208-O）

实际上，研究生与同伴交往的同时，也与自己结成了一种自我反身交往关系，这种反思性关系会促使他们认识到自己作为学习主体、科研主体的责任与义务，推动他们在科研创新中实现独特的社会价值。[①] 正如马克思所说：“人同自身的关系只有通过他同他人的关系，才成为对他说来是对象化的、现实的关系。”[②] 总之，同伴交往是一种反思性交往，是研究生自我肯定和自我否定的基本形式。

二、如何建好、用好同伴社群

一直以来，导师制的实行使得人们往往更加重视导师对研究生学习方式的影响，而弱化了同伴社群对研究生学习的重要作用。事实上，同伴社群的影响对于研究生培养也十分重要，但是这种影响有正、负之分。只有尽力规避同伴社群的负面影响，充分发挥其正面影响，最大化同伴效应的积极作用，让研究生同伴社群成为研究生认清自我、发展自我、超越自我的舞台，才能更好地促进研究生深度学习，进而提高研究生培养质量。

（一）建构同伴社群的过程

基于对访谈资料的分析和相关文献的梳理，本研究发现建构良好同伴社群必须坚持目标导向、文化熏陶和制度保障。

1. 目标导向：树立共同愿景，加强社群成员的内在关联

分析访谈资料可知，同伴社群的成员大多是同门关系、同学关系或舍友关系，因为具备这些关系的研究生往往比较有共同话题，在日常生活中的接触频率也比较高，具体表现可参见某受访研究生的说法：

“在我们宿舍，每个人的专业方向都不一样，但都是教育学专业的，所以我们平时会从不同的方向就某一些问题进行讨论，也会聊一聊不同的方向比较前沿的问题、最近有哪些研究……我也有几个关系比较好的同专业的同学，研究志趣比较相似，我们平时会通过读书会、日常闲聊等方式进行一定的学术交流。”（L-F-20210130-X）

① 王莹：《浅谈教育交往实践的特性及其价值实现》，《现代教育科学》2008年第6期。

② 中共中央马克思恩格斯列宁斯大林著作编译局编译《马克思恩格斯全集（第42卷）》，人民出版社，1979，第99页。

由此可知，研究生同伴社群的建构看似随意，实则存在内在规律，即同伴社群的建构是基于研究生解决某一研究问题的需要。当研究生对某一研究问题存在困惑时，他会自发地向身边的同伴讨教，这些同伴针对焦点问题各抒己见、畅所欲言，便自然而然地建构了一个同伴社群。所以同伴社群虽然是一个非正式组织，但是社群成员均具备潜在的共同愿景。有研究证实，“47.0%的研究生认为有共同目标的群体容易激发创造性活动；90.1%的研究生认为处于一个有良好学术、创新氛围的群体，并且群体成员目标一致时容易产生创造性火花；76.0%的研究生表示如果群体目标与自我成长发展需求的目标一致时，他们愿意加入群体，并分担群体任务；如果群体目标不是他们所倾向的，18.7%的研究生选择退出群体，18.0%的研究生选择消极怠工”①。由此可见，是否具备共同愿景会大大影响社群氛围的好坏、能否成功建构良好的同伴社群。只有当社群成员在社群目标上取得一致，明确社群进行和完成任务的原则、目的、方式时，同伴社群的效用才能最大化。

2. 文化熏陶：建立“彼此尊重，合作共享”的社群文化，增强学习型组织文化的感染力

文化是个人在追求自身最大利益的理性活动中积淀而成的。文化观念主宰着实践行动，而不是实践行动主宰着文化观念。② 文化对人的实践具有导向作用，可以为人的实践活动提供方向。通过共享“彼此尊重，合作共享”的社群文化，社群成员可以明确何种学习行为是适宜的、可以引起其他成员积极回应的，何种学习方式是有效的、符合社群研究方向的。与此同时，文化具有整合作用，共享“彼此尊重，合作共享”的社群文化有助于协调社群成员的行动。在同伴社群中，每个研究生都不再是孤独的求学者，而是学术团队中不可或缺的一份子，他们会结合个人需要和群体需要来开展相应的学习活动，这种共享的文化有助于消除社群成员之间的隔阂，促使社群成员各司其职，将团队力量最优化，“每个人都能做自己擅长的事情”（L-M-20201208-O）。

再者，文化具有维持同伴社群良好运转的作用。社群文化是社群成员以往共

① 祝士明、王冰清：《发挥同辈群体优势 提升研究生创新水平——基于职业技术教育学专业研究生的调查》，《学位与研究生教育》2013年第8期。

② 马歇尔·萨林斯：《文化与实践理性》，赵丙祥译，上海人民出版社，2002。

同生活经验的积累，是社群成员通过选择、比较后普遍认可、接受的思维方式、行为规范、价值观念等能够传承的意识形态，是团体智慧的结晶。如果能够在研究生同伴社群中建立起“彼此尊重，合作共享”的学习文化，那么社群成员就会认可和遵循这一文化，社群成员就会尊重彼此的观点、主张和信仰，关心彼此的情绪体验和客观需求。当社群成员真诚地倾听彼此的声音时，他们就会实现精神的相遇和相通。

尽管社群成员在角色身份、认知水平、学习经验、科研能力等方面存在差异，但是只要他们处于“彼此尊重，合作共享”的关系状态，他们就会感到自由和舒适，愿意敞开心扉，进入彼此的内心世界，展开有效的对话和互动。而同伴社群存在言不由衷、论资排辈、恶性竞争等情况时，则难以产生真正有效的对话和互动。例如某受访研究生说道：

“我们实验室不提倡合作，因为合作存在利益相关的问题。我们的实验室是一个大实验室，所有的老师和所带的学生都在一起。要是合作，那文章的第一作者、第二作者、通讯作者是给你的老师还是给我的老师？反正，我们组不鼓励合作，但也不阻止合作，这只能说是一种不成文的规定吧。大家合作很少，都是自己干自己的。”（L−M−20201214−C）

总而言之，建立“彼此尊重，合作共享”的社群文化，借助社群文化的导向作用、整合作用和维持社群良好运行的作用，可以增强学习型组织文化的感染力，有助于建构良好同伴社群。

3．制度保障：采用灵活多样的交流形式，增强互动方式的制度化

虽然最初建立起来的同伴社群可能是随意的、自由的、不受限制的，但是“没有规矩，不成方圆”，同伴社群的良好运行仍然需要依赖社群成员普遍认可和接受的制度来保障。同伴交互是同伴社群得以存在的本源，因此同伴社群制度化的首要措施是完善交互机制，采用灵活多样的交流形式。

由于社群成员在所属专业、研究领域、学习经验、科研水平、社交偏好等诸多方面存在差异，单一的交流方式往往无法满足社群成员多样化的需求。社群创建者和参与者应坚持以社群共同愿景为导向，以“彼此尊重，合作共享”的社群文化为指引，设计具有真实性、情境性的交流形式，如疫情或社群成员异地学习期间，宜

采用视频会议的形式进行交流，以消除社群成员进行学术交流的地域限制；社群成员的地理位置、空闲时间一致时，则比较适合采用面对面交流的形式，因为面对面交流中个人的交流感更强，双方的言语互动和情绪互动更为真实、可信。正如某受访研究生所说：

“线下交流有个好处，交流感会更强一点，更容易沟通。”（G-F-20201222-X）

社群成员在实践中将这些灵活多样的交流形式常态化后，逐步形成稳定的互动制度，就能为建构良好同伴社群提供必要的制度保障。

（二）团队合作是同伴社群功能发挥的基本方式

由前文可知，同伴社群的建构主要是为了解决某一研究问题，例如讨论某个项目，“我们团队一般按照项目进行学术交流（L-M-20201208-O）”，或者某个课题，“大家会一起去老师办公室商量一个课题。即使大家课题不同，我们也会听老师跟别的同学商量他的课题”（Z-F-20201222-X）。这些问题往往是个人暂时无法独立解决的，需要通过社群成员的积极对话与互动、在社群成员各司其职的过程中集众人之所长来解决。由此可见，团队合作是同伴社群功能发挥的基本方式，具体表现为团队合作能够发挥同伴社群的凝聚功能、交流功能、指导功能、创新功能。

1. 团队合作能够发挥同伴社群的凝聚功能

团队合作让研究生不再局限于个体的学术探究，而是进入到一个更开放、更多元、更灵活的学术环境。这种学术环境能让同伴社群成员加深对彼此的了解，通过不断的交流沟通，一个人的观点、见解、研究能力、专业知识掌握程度、表达能力才能充分反映出来。在团队合作中，大家充分表达自己的观点，各种思想强烈碰撞，摩擦出智慧的火花。正如某受访研究生所说：

“一个实验组进行合作的话，大家会毫无保留地分享自己的东西。分享出来后，大家才会知道你的想法，也会很直接地说出他们的经验，不会有顾虑。”（F-M-20201214-D）

与此同时，知识水平高、科研能力强的优秀研究生的参与能让同伴社群内形成“比学赶超”的良好势头和浓厚的学习氛围，从而提升研究生的整体素养。丰富多彩的团队合作活动也能给研究生的学术生活注入活力，点燃他们的学术热情，使得他们在学术活动中找到身份认同感和归属感，体验到从事学术科研工作的乐趣，增强内心追求科学真理的勇气和力量，从而形成对团队、学院、学校的向心力和凝聚力。

2．团队合作能够发挥同伴社群的交流功能

经历了四年的大学教育后，研究生的人生观、价值观、世界观已初具模型，对于任何事物都有自己的见解，不再愿意接受“填鸭式”教育，而是乐于在实践中学习经验，在同伴交流中探讨心得，在整合新观念中形成自己的知识体系。此时，研究生的学习创新能力正处于黄金时期，自我创新和自我实现的愿望十分强烈，需要一个平台展现自己的学习成果，分享自己的学术观点。而团队合作便是有助于研究生充分展现个人风采的高水平、高层次的学术交流平台，它遵循了研究生的发展规律，满足了研究生学习与交流的愿望，为他们提供了实践锻炼和学术交流的机会。正如某受访研究生所说：

“和同学合作，不懂的技术细节可以相互交流，这种交流比较及时有效。”（L-M-20201221-C）

总而言之，在良好的团队合作中，研究生能够充分发表学术观点、相互学习、取长补短，逐步打开学术视野、化解学术困惑、提高科研能力。

3．团队合作能够发挥同伴社群的指导功能

在研究生阶段中，导师是研究生成长成才的引领者、指导者和服务者，是研究生培养的第一责任人，导师的学术水平、工作态度、人格魅力等个体特征与研究生培养质量密切相关。然而当前仍然存在研究生导师学术水平不高、工作态度不积极、师德失范等问题，这些问题严重阻碍了研究生培养质量的提升。团队合作便是化解这些难题、弥补导师指导缺席的有效路径。

首先，同伴社群中汇聚了科研水平参差不齐的研究生，在团队合作中，社群成员充分展示自己，优秀的研究生能够鞭策暂时落后的研究生，而暂时落后的研究生能够在同伴激励下不断加强学习。社群成员通过借鉴彼此的学习经验，互相取长补短，结成互帮互助、共同进步的学习共同体。正如某受访研究生所说：

“如果是同一个导师的学生，我们会选同一门课，学习上遇到什么问题，就会

马上交流一下，互相帮助。”（L-M-20201221-C）

可见，团队合作为优秀研究生指导新手研究生进行科研实践活动创造了条件，有助于提升研究生整体科研水平和创新能力。在团队合作中，优秀研究生能起到价值引领、以身作则、适时指正、答疑解惑等作用。

其次，团队合作能够聚集不同专业、不同学科背景的研究生，所以研究生在团队合作中不仅能学习本专业的研究思路，还能学习其他专业的研究思路，进而丰富自己的研究思路和研究框架。正如某受访研究生所说：

“我会与非本专业的同学聊一些通用的学术思维，这种学术思维的底层逻辑是相通的，见识一下别人的学术思维很有用处。”（G-F-20201222-X）

可见，团队合作有助于研究生接触除本专业以外的研究领域，了解不同的学术思维，弥补导师个人认知领域和指导经验方面的局限性。

4．团队合作能够发挥同伴社群的创新功能

学术自由原则是高等教育界孜孜以求并赖以生存的基础，团队合作便是以“坚持学术自由”为原则而建立的学术实践模式。团队合作很好地遵循了学术自由这一原则，鼓励参与者对学术问题进行大胆的理论设想和观念创新，敢于质疑和突破已有的学术观点，所以在团队合作中，社群成员能自由地发表观点，哪怕此观点与他人观点、权威观点相左，哪怕此观点还不够系统、成熟，都可以通过集体交流不断得到发展和完善，进而产生有说服力的、创新性的新观点和新成果。正如某受访研究生所说：

“观点碰撞有利于输出更多内容，因为在不断交流的过程中，别人的一句话可能会激发你的观点。”（G-F-20201222-X）

而且在团队合作中，每个成员都能通过与其他同伴的交流获取多方面的信息，加深对前沿领域的了解，填补自己的认知空白，解锁以往没有接触到的研究方式，扩大已有思维的广度和深度，从而使自己的思考更深、思想更新，“可能自己想破脑袋都想不到，别人一句话就说出来了，这样可以少走弯路”。（J-F-20201228-X）可见，通过接纳差异、鼓励交流，团队合作成为研究生实现科研创新的最佳平台。

第二节 建立和谐导生社群

导生关系是研究生最重要的人际关系，对研究生的成长与发展有着决定性的影响。① 要“发挥导师言传身教作用”，“导师是研究生培养的第一责任人”②，导师不仅肩负着培养高层次创新人才的崇高使命，同时也是研究生群体近在咫尺的榜样，其言语和行为起着模范作用，这就要求研究生导师“既做学业导师又做人生导师”③：在学业成才上，给予研究生客观实在的支持，包括知识技能传授、科研指导、资源支持等；在人生成长上，给予主观体验的支持，用良好的思想品德和人格魅力影响研究生，率先垂范。有调查研究显示，大部分研究生认为良好的导生互动能演变为激励自己学习的动力，④ 师生良好的交往、指导或合作研究关系是研究生质量的基本保证。⑤ 换句话说，优秀研究生的培养建立在和谐导生关系的基础上，导生关系影响着导师榜样作用、支持和指导作用的发挥，影响着研究生的学习深度，进而影响研究生培养质量。那么，和谐的导生关系是如何通过促进导师作用的

① 许克毅、叶城、唐玲：《导师与研究生关系透视》，《学位与研究生教育》2000年第2期。

② 中华人民共和国教育部、国家发展改革委、财政部：《关于加快新时代研究生教育改革发展的意见》，2020年9月21日，http://www.moe.gov.cn/srcsite/A22/s7065/202009/t20200921_489271.html，访问日期：2021年7月16日。

③ 中华人民共和国教育部：《关于印发〈研究生导师指导行为准则〉的通知》，2020年11月4日，http://www.moe.gov.cn/srcsite/A22/s7065/202011/t20201111_499442.html，访问日期：2021年7月16日。

④ 马强、蔡茂华、刘运春：《当前硕士研究生学习情况调查及分析——广东省13所高校硕士研究生学习情况调查报告》，《高教探索》2013年第2期。

⑤ 苌庆辉、闫广芬：《扩招后影响研究生教育质量的主体因素——对生源、生师比、师生关系的考察》，《现代大学教育》2010年第5期。

发挥来促进研究生的深度学习的呢？和谐的导生关系又该如何建构呢？

一、和谐导生关系极大程度促进研究生深度学习

导师是研究生最亲密的异质群体，导师“闻道”在先，是优秀的先行者，他们一路前行，一步步走过深造之路成为研究生之师，他们沉淀下来的个人特质往往就是研究生群体通往优秀的必备品质。在和谐的导生关系中，研究生紧随导师前行，与榜样为伴，在点滴互动中感受导师自身品德和人格魅力的隐性教育，修炼深度学习的必备品质；在和谐的导生关系中，研究生的学习需求能迅速得到满足，收获导师直接的科研指导和资源支持，紧密推动深度学习进程。

（一）导师是优秀先行者，和谐导生关系能让研究生与榜样为伴

正如某受访研究生所说，“我的导师就是我的榜样”（Z-F-20201223-C），榜样的力量是不容忽视的，它往往成为促进研究生发展的外部动力。有研究者指出，导师的言传身教与模范作用是促进研究生学术能力发展的动力系统。[①] 导师的一言一行都可能成为鼓舞研究生发展的动力源。分析26位受访优秀学术型研究生的访谈材料可以发现，导师的品性、行为习惯、思想观念、学术素养、待人处事态度都会对研究生产生精神引领和榜样作用，直接或间接促进研究生深度学习活动的发生。

1. “最重要的是师德”，它能起“非常好的示范作用”

师德是教师的职业道德，但由于导师与研究生的交流并不局限于课堂，甚至不局限于学校，也就使得教师的教育活动可跨越时空，与教师日常活动发生重合，使得“教师生活‘教育化’与教育活动‘生活化’成为一种趋势”[②]。因此，师德已不再是狭义上的教师的职业道德，而是可以在广义上指教师在与学生互动的情境中所应具备的职业道德、私德和公德，这对于导师群体尤其如此。

导师师德水平不仅影响着研究生导师队伍素质，也决定着高层次人才培养质量。[③] 导师师德建设不仅与导师个人职业发展有关，更关乎研究生成人成才培养目

① 罗建国、谢芷薇、莫丽荣：《导生交往模式与研究生学术能力发展——基于扎根理论的质性分析》，《学位与研究生教育》2021年第3期。

② 陆道坤、张芬芬：《论教师专业道德——从概念界定到特征分析》，《教师教育研究》2016年第3期。

③ 刘志：《加强研究生导师师德建设需正确处理三大关系》，《中国高等教育》2019年第1期。

标的实现。导师师德虽然不会直接作用于研究生专业知识的习得，但是能直接影响导生交流的有效性，影响研究生投入学习的程度，进而间接影响学习质量。有受访研究生直言，在理想的导生关系中，最重要的是师德，其次才是学术交流。

“我觉得最重要的还是师德。师德很重要，不论老师的业务能力如何，老师的个人品质一定要给学生起到非常好的示范作用。其次理想的导生关系中包括学术交流。”（S-F-20201222-D）

“我的两位导师无论是学术能力还是人品都特别好，师德与师风都让我钦佩。而且他们也很懂得如何跟学生相处，很照顾学生的情绪。”（L-F-20210130-X）

这与某些研究者调查研究的结论相吻合，高校非研究生和研究生均认为教师考核构成要素中最重要的应该是教师个人作风品德，而研究生对于师德师风重要性的感触和认同最为强烈。① 既然研究生对师德如此重视，也就不难推测出，研究生不可能只是以旁观者的身份谈论“我的导师是个怎么样的人”，而是将自身置于导生关系中，谈论“因为我的导师是这样，所以我也……”。导师个人品质对研究生的影响是不容忽视的，一个师德高尚的导师在很大程度上会引领其研究生立志成为一个德才兼备的研究生。

2．“做事情要谋定而动”，动则“马上完成”

导师的行为习惯可分为“隐性”和“显性”两类，“隐性行为习惯”指的是“人后”的行为习惯，这种行为习惯更多发生在导师个人学习活动中，是研究生难以观察到的行为，这往往需要导师自述经验，进而指导研究生塑造新的行为习惯；“显性行为习惯”指的是“人前”的行为习惯，是研究生在与导师互动中能观察到的行为，通过模仿学习就能逐渐养成，不需要导师刻意指导。

“做事情要谋定而动”就是导师“隐性行为习惯”的例证。

“我的导师认为解决一个问题要谋定而动，他当时觉得我思维很跳跃，缺乏规划，就建议我做周总结、月总结。他说：‘你的精力太分散了，做不好事情，做事情要谋定而动’。”（B-M-20201210-O）

“谋定而动”强调做事之前要从长计议，做好规划再行动。对于研究生群体而

① 郑爱平、张栋梁：《立德树人根本任务指引下研究生导师师德建设研究——基于12所高校1496名师生的调查分析》，《研究生教育研究》2017年第4期。

言，规划常涉及职业规划、学业规划、学习规划，甚至是解决某个研究问题的规划。一份调查13所高校硕士生的报告指出，50.02%的学生没有规划研究生阶段的学习科研的习惯，“走一步算一步”或者“听导师、父母安排”；[①] 对民族院校硕士生的调查显示，导生交流存在职业规划关注度不够的问题，23.2%的研究生对学业成就规划持“走一步算一步”的态度。[②] 显然，缺乏规划意识是大部分研究生的共性问题。有研究指出，研究生学业规划意识不强对其科研动力、学术水平和培养质量有消极影响。[③] 换句话说，具备规划意识对研究生学业水平有积极影响，具备规划意识的少部分人往往就是优秀的研究生。受访案例的规划意识得益于导师自述经验的指导，研究生自身的践行和坚持同样也是其成为优秀研究生的重要影响因素。

谋定之后就是行动，导师在行动阶段的“显性行为习惯”往往可以被研究生察觉，进而影响其行为习惯。

“我的导师一接到任务就想马上完成，不想拖延。这点我受到她的影响比较深。”（L-M-20201208-O）

与案例中雷厉风行的作风相反的是，研究生群体普遍存在“拖延症”。有研究指出，有70%以上的研究生存在学业拖延行为，[④] 研究生学业拖延对学业成绩有显著消极影响，[⑤] 一般情境中的拖延行为也会使拖延者学业成绩更差。[⑥] 因此，减少研究生的拖延行为能有效提升其学业成绩。有研究发现，超八成研究生减少拖延的意愿达到中等或高等程度。[⑦] 大多数研究生都能正确认识减少拖延行为的必要性，但该如何减少研究生的拖延行为呢？有调查显示，研究生认为导师的影响是其学业

---

① 马强、蔡茂华、刘运春：《当前硕士研究生学习情况调查及分析——广东省13所高校硕士研究生学习情况调查报告》，《高教探索》2013年第2期。

② 敖俊梅：《民族院校硕士研究生学习生活现状调查与问题分析——以S民族大学为个案》，《民族教育研究》2014年第5期。

③ 吴荷平、顾现朋：《研究生学业规划的现状与改进》，《黑龙江高教研究》2015年第2期。

④ 胡春宝：《硕士研究生学业拖延分析》，硕士学位论文，华东师范大学教育科学学院心理系，2008。

⑤ 张烨君：《硕士研究生学业拖延状况调查》，《南京晓庄学院学报》2013年第4期。

⑥ 甘良梅：《大学生拖延与人格、学业成绩的相关研究》，硕士学位论文，南京师范大学教育科学学院，2007。

⑦ 刘瑞：《研究生学业拖延、应对方式和孤独感的关系研究》，硕士学位论文，山西大学教育科学学院，2010。

拖延行为最重要的原因。[1] 由此可知，导师对减少研究生拖延行为有不可取代的重要地位，如案例中的导师以身作则、通过无声的教育来影响研究生也不失为一种有效策略。

3．格局要大，心思要细

在导师负责制下，导师和研究生结成长期而紧密的导生关系，研究生在耳濡目染之下难免会受导师思想观念的影响。譬如，有研究生认为自己受到导师“格局要高一点”的观念的影响，产生的影响可以推及学术之外的生活和工作中。

“老师对我影响最大的地方是他每次都跟我说格局要高一点，因为他确实比较有想法、有干劲，干事情很果断。他现在做的项目或者在外面跟别人的合作，都很有想法。他经常跟我讲：‘格局要高一点’，这个对我影响还是挺大的。我找工作的时候，一开始找了一家小公司，后来挑了一家中型公司，最后去了大公司，我走上这种慢慢往上的发展道路都要感谢老师对我的影响。”（L-M-20201231-O）

格局是指对事物认知的程度和范围，每个人的格局都有一个从小到大、从低到高的循序渐进的发展过程，这是一个普遍规律。[2] 导师是优秀的先行者，他们的格局在学术前沿领域的苦心钻研和人生各阶段的经验积累中逐渐向远、向高推进。虽然格局发展有其特定规律，但是如果格局的发展能注入外力，格局增长的速度就会大大提高。导师思想观念的影响力有望成为这股外力，引导研究生看到更高更远的前景，助推研究生追求更好的自己。

但做事也不能一味“好高骛远”，格局的大小决定了“能走向哪”，心细程度决定了“能走多远”。细心不仅是一种优秀品质，更是研究生进行科研活动不可或缺的素养。常言道，“细节决定成败”，只有抓住细节，以精益求精的态度去完成每一个步骤，才能一步步迈向成功，而只有一个个成功累积起来才能成就非凡与优秀。有受访研究生认为，导师细心的研究态度，使其不自觉地开始从细微之处评判研究过程的严谨性和可行性，这一转变让其在科研之路上越走越顺畅，最终成为优秀研究生。

---

① 张烨君：《硕士研究生学业拖延状况调查》，《南京晓庄学院学报》2013年第4期。

② 张鹏、王兴尚：《中国当下道德困境的突围：大格局观》，《江汉论坛》2014年第11期。

“我的导师在做研究的过程中非常细心，所以我做研究的时候就会被他影响，会考虑细节的问题，比如：为什么要用这种技术做研究？怎么用？研究过程越来越严谨，细节方面考虑得越来越多，这些都是导师给我带来的影响。”（C-F-20201230-C）

4．“学术是严谨的”“每句话都不是随意说的”

学术素养是科研人员应该具备的基本素质和修养。有研究者认为，学术素养由学术意识、学术知识、学术能力、学术伦理道德组成，[①] 科学严谨的科学态度是其组成部分。[②③] 也有研究者认为，研究生学术素养是研究生专业知识、专业技能、研究方法、学术道德、学术情怀等的综合体现，严谨治学的学术意愿属于学术情怀范畴。[④] 不管是哪种界定，高尚的学术素养对于研究者来说都是至关重要的，严谨的治学态度、科研态度值得称颂。

“其实我现在也不记得导师修改的内容具体是什么了，但是他敬业的精神很打动我。”（L-F-20210130-X）

“我觉得导师就是我的榜样！谈到学术的时候，他会特别严肃，他认为学术是很严谨的。”（Z-F-20201223-C）

有调查研究显示，学术态度不严谨是造成学术失范的第二大原因，研究生学术失范与导师显著相关。[⑤] 还有调查指出，有95.5%的研究生认为学术态度不严谨是造成学术失范的原因，88.3%的研究生认为会受到“导师治学不严谨学风‘示范’影响”。[⑥] 可见，学术态度不严谨是研究生普遍担忧的问题，导师对研究生学术态度、学术情怀的影响不容忽视。如某受访研究生所说：

---

① 王立珍、袁金英、马秀峰：《研究生学术素养的内涵及培育探析》，《软件导刊》（教育技术）2012年第5期。

② 刘国荣：《文科研究生学术素养养成的基本途径》，《延安大学学报》（社会科学版）2009年第2期。

③ 张京梅：《浅谈研究生学术素养——从研究生投稿存在的问题说起》，《西北民族大学学报》（哲学社会科学版）2008年第4期。

④ 蒋立兵、朱文晓、付从荣：《学术型硕士研究生学术素养的要素结构与发展机制研究》，《黑龙江高教研究》2021年第3期。

⑤ 李超：《高校研究生学术失范研究》，硕士学位论文，西南大学高等教育专业，2010。

⑥ 蔡云：《研究生学术失范研究——以M大学为例》，硕士学位论文，江西师范大学高等教育研究中心，2012，第27页。

“我的导师治学的严谨性对我影响很大。在跟我导师合作的研究中，他对每一个点都非常严格，对每一句话也非常严格，每句话都不是随意说的。这也体现了他科学严谨的科研态度，这对我也有影响。”（Z-F-20201222-X）

“我的导师的专业情怀贯穿于他的研究之中，深深地影响着我的研究状态和研究态度。”（Z-F-20201222-X）

5．导生平等对话，鼓励引导为主

哈贝马斯认为，在理想的言谈情境中，参加对话主体关系具有对等性与平等性，[①] 这种“纯粹的主体间性是由我和你（我们和你们），我和他（我们和他们）之间的对称关系决定的”[②]。理想的导生交流情境，也应是导师和研究生在自由、自主的情境中建立起来的平等对话关系。只有导师和研究生双方平等且独立，研究生才可能作为独立而完整的人投入到对话当中，敞开个体的内在世界，与教育者积极交流。[③] 如某受访研究生所述，导师主动提出不必太注重“上下级”礼节，鼓励她畅所欲言的做法让她更敢于表达，更享受学习。

“一开始我跟导师发消息很谨慎，会发‘您好’‘您现在有空吗？’‘您什么时候有空？我来找您’这样的信息，但是导师跟我说，‘别这样跟我说话，我不喜欢这样，我们轻松地交谈就可以了’。面对他时，我不会觉得像有一堵墙挡着，也不会因为我的想法很幼稚就不敢讲……我提出的问题可能很幼稚，但导师会鼓励我说，‘你提的问题还可以，很有重点。’我觉得他一直在引导我，导师会一直跟我说，‘你要自信，要放开，不要局限自己。’所以我一直学得很快乐。”（Z-F-20201223-C）

实际上，导师待人接物的处世态度不仅能让研究生现阶段从导生交流中受益，还会持续影响到研究生毕业之后的发展，这是一种潜移默化的教育。有受访研究生认为，导师尽心尽力的指导和无微不至的关心让自己在实现目标的路上备受鼓舞。

① 刘晗：《从巴赫金到哈贝马斯——20世纪西方话语理论研究》，西南交通大学出版社，2017。

② 周宪：《20世纪西方美学》，高等教育出版社，2004，第230页。

③ 李毅弘：《互动与对话：研究生德育中的师生关系》，《学位与研究生教育》2008年第12期。

“我觉得最理想的师生相处模式就是我们目前这样的，导师尽心尽力地教导自己的学生，生活上也经常关心学生，学生以导师为榜样，在老师的激励下不断达成自己的各种小目标。”（J–F–20201228–X）

“她在为人处世上也很好，我可以向她学习。以后进入社会的时候，我可能会更顺利地融入社会。”（S–F–20201222–D）

纵观上述导师自身品德和人格魅力的隐性教育，导师在品性、行为习惯、思想观念、学术素养、待人处事态度等方面对研究生的学习和生活都产生了不可忽视的作用。但“人无完人”，并不是导师所有的特质都鼓励研究生照搬模仿。事实上，研究生群体是在批判中学习，这是优秀研究生批判意识的一个方面的体现。

“我的很多习惯都是在导师的指导下培养起来的，比如文件命名、字体格式都要注意之类的，我慢慢地受到了一些影响。当然除了比较正面的影响，也会有一些负面的影响。所以要自己辨别，没有人是完美的，不要把导师想象成完美的人。”（L–M–20201224–C）

（二）和谐导生关系能让导师指导与支持快速到位，推动深度学习进程

导师支持对研究生的创新行为和深度学习有积极影响，[①②] 导师指导是硕士生培养过程机制的主导性核心要素，[③] 是影响研究生创新能力发展的重要因素，[④] 对研究生的学习影响很大。[⑤] 在研究生的学习生活中，得到导师及时的学术指导和资源支持是学习进程稳步推进和深入的重要保障，和谐的导生关系是导师指导和支持有效发生的理想交往情境。对访谈材料进行分析发现，导师给予的指导主要包括方向指导、阅读指导、写作指导、规划指导、方法指导等；给予的支持主要包括人脉资源支持、阅读资源支持、设备资源支持等，导师的指导和支持能让研究生深度学习

① 程帆、吕林海：《研究型大学硕士研究生学习环境感知对深层学习的影响——以学术信念为中介的模型探析》，《扬州大学学报》（高教研究版）2021年第2期。

② 胡保玲：《导师支持、同学支持对研究生创新行为的影响：积极情绪的中介作用》，《黑龙江高教研究》2017年第9期。

③ 李明磊、黄欢、黄雨恒、胡蕴纹：《硕士生培养过程关键要素实证研究——基于中国研究生满意度调查》，《研究生教育研究》2021年第1期。

④ 刘宁宁：《本硕阶段学生创新能力培养体系衔接现状及其成效研究——基于1464名学术型硕士生的分析》，《现代教育管理》2019年第1期。

⑤ 马强、蔡茂华、刘运春：《当前硕士研究生学习情况调查及分析——广东省13所高校硕士研究生学习情况调查报告》，《高教探索》2013年第2期。

的进程更顺畅。

1. 获得研究方向指导可提升科研效率

导师是走在学术前沿的探寻者，对研究领域发展方向的掌握和判断更为确切，这一优势正是研究生群体科研学习最需要的。有调查发现，74.73%的研究生希望导师能给予研究方向的引导。[①] 本研究访谈发现，大多数优秀研究生的这一需求得到了一定程度的满足。

“一般来说，导师的眼光比较高，看得比较远，知道我们应该往哪一个方向发展，可以为我们指明方向，让我们少走一些弯路。”（L-M-20201211-X）

“选题的时候有很多个选择，不知道具体选哪一个，导师会给一些建议，提出几个选题的角度。我通过导师提的几个角度寻找资料，大大提高了效率。”（S-F-20201220-O）

“有了导师的帮助，可以很快筛选出哪些题目可以研究，哪些题目不能研究，可以省去很多精力和不必要的工作。”（Z-F-20201222-X）

从中可以看出，研究生对导师的方向指导持肯定态度，认为获取导师在研究方向上的指导是确定科研方向的捷径，能显著提高效率。研究选题是研究生进行科研的第一步，如何走好这一步尤其重要。但值得注意的是，优秀的研究生并不是“坐等”导师指明“生路”，而是事先综合多方因素、积极思考之后带着多种方案寻求导师指导，让导师起到“画龙点睛”的作用。有研究指出，研究生选题主要受到选题的可行性、数据资料收集难度等客观因素，自身兴趣爱好、研究方法的掌握程度等个体因素，以及导师平时指导的影响，超过74%的研究生认为导师对选题的指导作用比较大或很大。[②] 研究生确定研究方向并不是只受导师因素影响，而是解决多方因素的矛盾冲突后综合得到的结果。“兴趣是最好的老师”，一个有利于研究生深度学习的选题方向应该是研究生先结合自身兴趣爱好和自身能力得出多个初步选题方向，再听取导师对研究方向可行性和难度的研判，最后才确定的研究方向。如某受访研究生所说：

---

① 范利丹、秦刚：《导师负责制下关于研究生学术道德教育的思考——基于某高校师生关系的调查报告》，《河南教育》（高教）2015年第12期。

② 崔艳艳：《影响教育学硕士研究生学位论文选题的因素研究》，硕士学位论文，上海师范大学高等教育学专业，2017。

“导师可能会给一些方向，还有一些方案，再根据你做的工作评判一下你的方向，然后发表一些意见。你可以根据这些意见再评估一下实验的可行性，导师的丰富经验对科研很有帮助。”（L–M–20201213–O）

2. 规划指导和方法指导助力科研顺利推进

确定了研究方向之后，研究生的科研学习就以“问题解决”为主线展开，具备“谋定而动”的规划意识是成为优秀研究生的重要特质。应该如何做规划？需要考虑哪些因素？这些问题都需要研究生认真思考，而导师指导研究生制定规划很有必要。从访谈材料分析来看，规划指导的目的主要在于推动研究问题解决。导师对研究生提供的规划指导有两种方式，第一种方式是以研究进展汇报倒逼研究生制定研究计划，如：

“我一个月可能和导师交流两三次，汇报一下前段时间的学习成果，提出自己的困惑，再对下一周期进行工作展望。”（G–F–20201222–X）

第二种方式指向规划意识较弱的研究生群体，他们往往由导师辅助制定学习规划，如：

“我导师隔几天就会问，‘你最近的研究怎么样了？’‘你最近有没有看什么文献？’……他会给我一些任务，问我做得怎么样。我向他汇报了进展之后，他会说下一步的计划。”（Z–F–20201223–C）

“我的计划都是我的导师帮我写的。一开始是他培养了我这个习惯，当时我没有想到做计划这一点。我找到工作之后会和导师聊未来的规划。”（L–M–20210116–C）。

导师“亲力亲为”直接代劳，为研究生制定规划往往是无奈之举，但从结果来看，这种方式也有其积极意义。从最直接的结果来看，导师以这种方式介入规划指导仍能培养出优秀研究生；从更深层的影响来看，导师“手把手”的指导是推动研究生从被动制定规划到主动规划的有效方式。

事实上，事情的发展不会总是完全按照原定计划设想进行，当执行研究方案遇到瓶颈时，导师提供方法论指导就很有必要了。但“术业有专攻”，导师不可能对所有研究方向都了如指掌，尤其是导师尊重研究生的研究兴趣来指导他们的研究时，导师很难把握每个研究方向的具体方法，更不可能完全掌握各种层出不穷的新兴软件和设备的用法。因此，导师的方法指导大多是在理论层面，研究生需要发挥主观能动性，主动将问题解决转为自主学习的动力，学习新的方法，进而逐渐掌握新技能，这是专家型学习的过程，[①] 也是深度学习最终追求的目标，即学习者的学习趋向“专家建构”特征，[②] 积极主动且有目的地发展自己的知识和能力。

“导师可能不太懂你这个方向，但是他会帮你想办法，让你的工作顺利进行，相当于支持你的工作，然后扫除一些障碍。”（L-M-20201213-O）

“我有时候做不出来，导师会提出一些找出问题所在的方式。他说，‘任何事情都不能违背它原本的逻辑，只要你要把这个逻辑想通了，用合理的逻辑分析结果，就能明白现象背后的东西。’他给了我一些方法论的指导，但具体的知识还是要靠自学。”（B-M-20201210-O）

3．阅读指导和写作指导是研究生修炼基本功的必经之路

阅读和写作在“问题解决”的过程中贯穿始终，“哪些文献最有参考价值？”“怎样表达才符合学术规范？”这是每个研究者不得不思考的问题。阅读于科研而言就像是“磨刀”，只有通过“泛读”掌握相关研究动向，再通过“精读”对比分析研究思路和重要结论，才能精准抓住深入研究的切入点，选择出最优的研究方法，为深入的科研学习蓄力护航。据访谈材料可知，导师通过框定阅读范围、推荐阅读书目来指导研究生阅读能有效提高其阅读效率、拓展知识面、提高写作水平。

“导师提出几个选题的角度，我通过导师提的几个角度继续寻找资料，这样可以提高效率。我自己找可能没有针对性。”（S-F-20201220-O）

“导师会给你一些阅读方面的建议，让你去读什么书、什么文章。你读了之后，对写作也会有帮助。”（J-F-20201228-X）

除了比较常规的阅读指导外，有的导师还将阅读与表达结合起来，要求学生分享读后感，“以讲促读”，如：

“导师提供一些书目，让我去阅读。我会在读后跟导师交流一些感想。”

① 胡谊、吴庆麟：《专家型学习的特征及其培养》，《北京师范大学学报》（社会科学版）2004年第5期。

② 付亦宁：《深度学习的教学范式》，《全球教育展望》2017年第7期。

（S-F-20201220-O）

“我们组的学习状态一般是老师给一篇文献，让我们整理资料讲给他听，只有我们把这篇文章里面所有的问题都讲清楚了，导师才觉得我们真的懂了。听老师讲不一定懂，要能讲出来、讲明白，这才是真的懂。”（F-M-20201214-D）

一项讲读结合的改革实验发现，文献阅读研讨课可以有效提高研究生培养质量。[①] 另一专业文献阅读课程教学效果分析也表明，以学术组会形式开展专业文献阅读能明显提升教学效果。[②] “以讲促读”的阅读指导模式不仅要求研究生在阅读中运用高阶思维将相关文献进行归类、比较、系统化，还要求研究生在阅读过程中批判思考，在理解的基础上提出创造性观点，积极促进研究生的深度学习。

除了访谈材料中发现的导师阅读指导方式外，导师还可以引导研究生养成做批注、做摘录的阅读习惯，还可以鼓励研究生撰写文献综述。

当研究生把所思、所做、所想、所获文本化时，这个写作过程会经历三种认知过程：计划、转换、审查。[③] 计划即写作前组织提纲；转换即形成写作文本；审查即文本纠错。这三种过程会在写作过程中反复出现，而导师往往是在计划和审查过程提供写作指导，如：

“以论文框架的思维方面的指导为例，研究生论文如何将理论与实际更好地结合起来，会给我们一些思路上的启发。”（G-F-20201222-X）

“导师的作用是提纲挈领，但导师可能不会给你太多细节的东西，他只是从整体上把关，比如文章或者研究的思路对不对，方向对不对，导师会比较有经验。”（J-F-20201228-X）

在“计划”认知过程提供写作指导是研究生写作最关键的第一步，论文框架是论文的行文骨架，只有搭建的框架逻辑合理，骨架才会完整而系统。有研究指出，

① 叶志明：《开设文献阅读研讨课 培养研究生的创新能力——上海大学研究生创新教育模式探索》，《学位与研究生教育》2008年第7期。

② 刘喜军、杨雷、丛万锁、佟有才：《研究生专业文献阅读能力培养的探索与实践》，《黑龙江畜牧兽医》2017年第21期。

③ R.基思·索耶主编《剑桥学习科学手册》（第2版），徐晓东等译，教育科学出版社，2021。

在写作之前先组织文本提纲，所作文本的质量会比没有写提纲的文本高，[①] 所以研究生写出高质量的论文的前提条件是建构一个较为合理的行文框架，学会“整体”思考。导师在这一认知过程提供指导，意义匪浅。

“转换”认知过程是往框架里填内容的过程，但内容的质量如何、是否丰富，仍需要研究者审视认知过程来察觉、纠正错误。研究者难免会困在思维定式的牢笼里，再三审查也只能揪出个别字或语义错误，但若由经验丰富的导师指导，规范格式和表述，就能在修改、润色中让研究生发现被自己忽视的细节，学习更合理科学的写作范式。

“我导师会很细致地给我修改，小到标点符号、遣词造句都会一个个做批注。”（L-F-20210130-X）

“导师会指出我的开题报告、综述中措辞的问题或者表达上需要修改的、不严谨的地方。”（S-F-20201220-O）

“导师会帮助我修改论文，对我有一些帮助，我的思维和写作会更加清晰。”（J-F-20201228-X）

4．资源支持是进行科研的基本保障

导师支持除了主观的情感支持外，还有客观的资源支持，包括购买图书、期刊、论文集等阅读资源支持；购买软件、器械等设备资源支持；邀请公司、专业人员提供技术资源支持；邀请科研人员、专家朋友提供人脉资源支持等。

阅读资源支持不同于阅读指导，阅读资源支持是提供研究生所需要看的阅读材料，而阅读指导强调告知研究生应该阅读的材料和阅读方法，前者是客观实在的支持，后者是方法论层面的指导，属于不同范畴。不可否认的是，导师提供阅读资源支持变相提高了研究生的阅读便捷性和效率，更容易触发研究生的阅读冲动。如某受访研究生提到了阅读资源支持：

“导师会用研究经费资助我们买一些相关书籍；导师去其他地方参加学术会议，会把当时的学术论文集带过来给我们看，让我们了解最近几年比较新的研究成

① R.T.Kellogg, The Psychology of Writing, New York: Oxford University Press, 1994. 转引自R.基思·索耶主编《剑桥学习科学手册》（第2版），徐晓东等译，教育科学出版社，2021，第613页。

果。”（S-F-20201220-O）。

设备资源支持往往需要投入相当多的科研经费，导师的经费支持对于研究生而言，代表了导师的肯定和信任，这同时也是一种莫大的情感支持。来自导师的支持对研究生积极情绪产生正向影响，进而又对研究生创新行为产生积极影响，①促使研究生投入更多的精力钻研新设备。但设备的使用难免会面临技术问题，导师也不可能做到“百事通”，这时请专业人员提供场外技术资源支持就显得很有必要了。

如某受访研究生谈到设备资源支持：

“导师会提供硬件支持，比如购买服务器、软件等，但具体的一些东西他可能就不太懂，需要我们自己去学。”（L-M-20201213-O）

如某受访研究生谈到技术资源支持：

“我需要一些技术上的支持，比如我完全没碰过无人机、无人车，让我从头搭建一个平台去做，也是不太现实的。所以如果导师自己或者请外面的公司和其他方面的专业人员提供技术协助，我会很高兴。”（L-M-20201227-O）

除了物质资源支持外，人脉资源支持同样很重要。

如某受访研究生谈到人脉资源支持：

“导师为我们联系学术权威，为我们解惑，在收集资料方面也会为我们找好渠道。”（M-M-20201209-O）

人类是社会关系的总和，人要发展就要交往，人脉资源支持不仅可以用来解决人脉问题，更是学术生活交流圈建构的契机，是提高研究生沟通与协作能力的锻炼机会。

二、如何建构、融入和谐导生社群

建立紧密和谐的导生关系是研究生潜移默化接受导师率先垂范的隐性教育，得到导师及时指导和支持的理想情境条件。何为和谐的导生关系？导师不干涉研究生学习生活的“放养型”导生关系是否就一定是和谐的？导师严格要求的“控制型”导生关系是否就一定不和谐呢？优秀研究生群体的导生关系都和谐吗？导生关系分为哪些类型，有什么特征？他们对自身导生关系的感受如何？他们的个人特质和导

① 胡保玲：《导师支持、同学支持对研究生创新行为的影响：积极情绪的中介作用》，《黑龙江高教研究》2017年第9期。

生关系有什么关系？对这一系列问题进行探究，或许能对如何建构促进研究生深度学习的和谐导生关系有所启发。

（一）如何建立和谐导生关系

导生关系的分类标准尚未统一，有按照导师的领导风格将导师领导行为分为对研究生创造力有积极影响的变革型、支持型、授权型、道德型领导行为，对创造力有消极影响的欺辱型、威权型领导行为；①有按照导师领导行为"关心学习任务"与"关心学生个体"的二维结构分为师友型、俱乐部型、威权型和放任型四种类型；②有按照导生关系中双方角色分为师徒型、平等朋友型、老板雇员型、父母子女型，③分为师徒关系、家长与子女关系、朋友关系、普通师生关系、老板员工关系，④或者分为普通师生关系、良师益友关系、家长子女关系、老板员工关系。⑤导生关系分类或基于理论，或基于实证建构，具有多样性。实际上，即使扮演同一角色，不同个体仍具有其独特的个性。因此，本研究根据访谈材料，以导生角色组合为分类标准，分为老板雇员型、父母子女型、普通师生型、亦师亦友型，并在分类内部再分析导师的个性，如"普通师生型"的导师有平淡型、温暖型、控制型、放养型（见表5-2-1）。

表5-2-1　受访研究生导生关系分类表

导生关系类别	原文及受访者编号
老板雇员型	"导师是老板，我是员工"（F-F-20201214-D）
父母子女型	"导师感觉像个慈爱和睿智的父亲"（J-F-20201228-X）、"导师像父亲一样"（L-F-20210130-X）

① 蒙艺、贺加、罗长坤：《医学院校研究生导师的领导行为和研究生的创造力——基于领导力理论的思考》，《中国卫生事业管理》2014年第12期。

② 张东海：《研究生指导效果及其影响因素的调查研究》，《复旦教育论坛》2013年第2期。

③ 秦莹、屈晓婷：《基于立德树人的新时代研究生导生关系建构研究》，《辽宁大学学报》（哲学社会科学版）2019年第5期。

④ 蔡茂华：《大众化教育下研究生与导师关系的调查与分析》，《教育与职业》2013年第14期。

⑤ 高鹏、李媛、张伟倩：《关于导师与研究生关系的调查和实证分析》，《科学学与科学技术管理》2007年第4期。

（续表）

导生关系类别	原文及受访者编号
普通师生型	平淡型：“师生关系界线清晰”（C-M-20201209-D）； 温暖型：“导师挺平易近人”（L-M-20201211-X）、“能够用温柔两个字来形容”（L-M-20201227-O）； 控制型：“导师很严格”（C-F-20201221-C）、“导师非常严肃”（L-M-20201224-C）、“导师喊我的时候我才能去见他”（L-M-20201231-O）、“导师对我的学习要求比较高”（L-M-20210116-C）、“导师很严厉”（W-F-20201213-C）； 放养型：“我导师是放养型的”（L-M-20201214-C）（L-M-20201221-C）、“导师对我是放养式管理”（S-F-20201222-D）
亦师亦友型	“我的导师像学长一样”（B-M-20201210-O）、“我和导师私交很不错”（C-M-20201209-O）、“我的导师关心我的学习和生活”（G-F-20201222-X）、“我和导师私人关系比较近”（L-F-20210130-X）、“我和导师一起吃饭，一起去滑冰”（L-M-20201208-O）、“我会和导师交流最近的学习情况和生活情况”（Z-F-20201211-D）、“我和导师聊的内容包括学习方面，也包括生活方面”（Z-F-20201213-C）、“导师对我来说亦师亦友”（Z-F-20201223-C）

1. 老板雇员型导生关系

在老板雇员型导生关系中，导师一般根据自己的科研需求安排学生的科研任务，并给予一定的经费作报酬，但对学生科研兴趣、情感需求、日常生活等方面缺乏关心。有研究表明，这类导生关系主要存在于理工科专业，占比较小，向往老板雇员导生关系的研究生极少。[①] 这与本研究结论相一致，仅有一位理学研究生（F-F-20201214-D）表示自己与导师属于老板与雇员关系。

“师生关系从单纯的师生关系变成了老板和员工的关系。不单是因为导师会给我们发补助，除了学术上的事情之外，我们也经常参与导师其他的事情，比如给他填写申请基金的表格，筹办会议，还包括准备材料、酒店接待、回复邮件、安排会场、安排住宿、报销等，都是我们学生在做。”（F-F-20201214-D）

在老板雇员关系下，“和导师的相处只能说正常”（F-F-20201214-D）。该研究生没有对老板雇员型导生关系表示认可，但也没有表示出“老板雇员型的关系

① 张睿：《硕士研究生与导师关系的调查与分析——以综合性大学Z为例》，硕士学位论文，苏州大学高等教育学专业，2014。

应该避免”[①]的消极态度，而是认为导师安排的学术任务和日常事务对能力培养也有积极作用。

“导师做某项研究，要用到一个软件，他就让我去学，给我一个任务——用这个软件把图画出来。为了学习报账，我还专门做了一个小册子，上面写着各种报账流程，需要去财务部门问，我觉得这也是一个学习的过程，不能说研究生就100%的时间都是在做科研，以后进入社会工作我们也需要做各种事情。”（F-M-20201214-D）

导师安排的学术任务会倒逼研究生自学，处理日常事务倒逼研究生练就事务程序化处理的能力，似乎老板雇员型导生关系也有其正向的一面。虽说老板雇员型导生关系主要靠“任务—劳务费”维系，但是不能否认，任务传达和处理过程提高了导生的交流频率，劳务费是对研究生脑力劳动和体力劳动的肯定，能带来一定程度的愉悦体验，任务对研究生学习有一定促进作用。但也有研究指出老板雇员型导生关系对研究生知识获取效果影响最弱。[②]因此，老板雇员型导生关系在保留“任务—劳务费”模式的同时，还需要导师更多地考虑任务与研究生科研兴趣、内在需求的匹配性，考虑任务量与研究生学业之间的协调性，提高对研究生生活的关切度，加强情感联系，激发研究生内在学习动机。

2．父母子女型导生关系

导师在父母子女型导生关系中扮演着“父亲”“母亲”的角色，是研究生既亲近又格外敬重的长者和学者。导生交流频率很高，交流内容涉及学习和生活的方方面面，双方关系如亲人般亲密。这类导生关系极为难得，占比也较小，在受访研究生中有如下两个案例：

“我很满意我和导师的相处模式。我的导师就像是父亲一样，不会给我很多操作性的建议，更多的是为我树立了优秀学者的形象。有一次，我和我同学的奖学金申请表需要导师签字，因为跟导师发消息的时候提及我们想跟导师聊一聊，导师就让我们去他家里做客，聊了学习、生活、规划相关的问题，我觉得很温暖。”

① 楚永全、陈文婷、陈姗姗：《研究生与导师关系类型的分析》，《高校辅导员学刊》2011年第6期。

② 谢沙、张耘、欧阳忠明：《师生互动方式与研究生知识获取效果的实证研究》，《当代教育科学》2020年第4期。

（L-F-20210130-X）

“我跟导师既是家人又是师生，导师给我非常慈爱和睿智的父亲的感觉，导师很关心我，业务能力也很强，我很庆幸选对了导师，我觉得我目前所取得的所有成就都离不开导师的悉心教导。虽然现在很少回学校，但导师经常询问我的近况，特别让人感动。我觉得我们是最理想的师生相处模式。”（J-F-20201228-X）

在父母子女型导生关系中，导师会让研究生感到暖心，研究生认为这种类型的导生关系最理想。但一项调查研究显示，部分处于父母子女型导生关系之中的学生期望导生关系变为其他类型，期望和导师建构父母子女型导生关系的学生占比最小（7.3%），原因是害怕导师像父母一样干涉自己的生活。[①] 如受访研究生所说，“我和导师在微信上交流比较多的时候是论文刚开题的那段时间，他隔两天就会在微信上说一句‘快去改你的开题报告’，时刻提醒我论文进度”（L-F-20210130-X），以及“我跟导师每天都联系”（J-F-20201228-X），这种高频率的师生互动，以及如“不仅是学术上的交流，我还会帮导师做一些事务性的工作”（L-F-20210130-X），“导师尽心尽力地教导自己的学生，生活上也经常关心学生”（J-F-20201228-X）。这种兼顾学术与生活的交流内容并不一定适合每个研究生，导师的“关怀备至”反而可能会变成一种束缚，让研究生产生抗拒心理。

由此可知，父母子女型导生关系较前述老板雇员型导生关系更注重研究生的情感关怀，但是交流的频次、内容要结合研究生个人情感需求的独特性进行调整，并弱化导师在交流中“长者”的角色身份，减少研究生对“自由被束缚”的担忧。

3．普通师生型导生关系

普通师生关系是指导师与学生以传统的师生关系为主，双方界线清晰，基本只谈学术，不聊生活。导师个性不同，对待学生的方式也不同，有的表现出“君子之交”的平淡，有的表现出平易近人的温暖，有的严格控制，有的自由自在地放养。

（1）平淡型。这种风格的导师追求学术圈和生活圈尽可能独立，与学生界线清晰，“君子之交淡如水”，会给学生一种距离感。这种交流方式的优点在于，由于

① 陈世海、宋辉、滕继果：《高校导师与研究生关系研究——以华中地区某高校为个案》，《青年探索》2003年第6期。

师生之间比较“客气”，导师不太可能给学生安排科研兴趣以外的学术任务和学术以外的日常事务。如某受访研究生所说：

“我和我的导师沟通起来有一定的困难。他是个一板一眼的、非常老派的绅士，我想去见他，要先通过邮件预约。我试图去加他的微信，但他没有通过，我们之间的界限很清晰。”（C-M-20201209-D）

但值得注意的是，该受访研究生还有另一位“亦师亦友”型的小导师，可见，对于优秀研究生群体而言，导生间的生活交集必不可少。

（2）温暖型。这种风格的导师虽不主动关怀学生的生活，但胜在平易近人，在学术交流之余会倾听研究生的生活，提供必要的建议。如受访研究生所说：

“我和导师相处挺好的，导师平易近人，有问题随时可以跟他们沟通交流，包括工作、学习、科研，什么都可以跟他们说。”（L-M-20201211-X）

“我跟导师相处很愉快。我觉得可以用温柔两个字形容他。我如果有问题就在微信上跟他联系，约时间见面，主动交流。”（L-M-20201227-O）

导师的“分寸感”掌握取决于学生的需求，即让自己处于被动一方，以亲和的态度鼓励学生主动需求帮助。但这种风格更适合主观能动性较强的研究生，倘若研究生性格被动，那么很有可能演变成平淡型导生关系。

（3）控制型。这种个性的导师往往严于律己，也严于律生，习惯掌控研究生的学习动态，要求研究生按照导师规划按时完成科研任务，通过高标准、高强度的学习任务和科研训练提高研究生的学习能力，但会让学生倍感压力，产生恐惧心理。

“我对待导师毕恭毕敬，毕竟导师还是很令人敬畏的。我的导师是一个很严格的人。疫情之前，我每次去找导师腿都会打战，比较紧张。”（C-F-20201221-C）

“导师对我的学习要求比较高，有时候早上布置完任务，下午就会问我进度。刚开始我接受不了，我不喜欢像高中那样每个小时都被人知道在干什么。有时候他觉得我挺‘飘’的，让我去他办公室做事情，就坐在他旁边学习，我就觉得压力很大。”（L-M-20210116-C）

虽然学生对导师严格要求的反应看似消极，但事实上优秀研究生基本都会在做出成绩之后感恩导师的严格。有研究认为，导师的监督控制可以督促研究生投入必要的时间和精力在科研活动上，保证知识和能力的培养。[①] 尤其是研究生个人主动性较低时，控制型指导对创新思维和创新行为有较大的积极影响。[②] 但很明显，如果研究生没有足够强大的心理素质，是很难化压力为动力，全身心投入学习，顺利达到导师的严格要求，成为优秀研究生的。

“我当时有抵触，但是现在回想起来是很感谢他的。回过头来看，按照导师的要求做事情真的对我很有帮助。我觉得我现在跟导师之间的相处状态比较理想。”（L－M－20210116－C）

“如果我没有遇见我的导师，没有他对我的严格要求，我就不会有现在的成果，我拿不到国家奖学金。这个对我来说还是很重要的，每个研究生都很向往。反过来想，导师对我的严格要求其实也是我的幸运。我和导师相处的状态很理想，虽然他很严厉，但我很感激。”（W－F－20201213－C）

即使导师的严格控制行为对学生学习效果而言是有用的，但对研究生的心理健康仍然存在潜在的、不确定的不利影响，会让研究生缺乏科研学习的自主权，承受极大的心理压力，对其内部学习动机产生阻抑，严重的还可能让学生产生消极的心理和行为倾向。因此，要保证所建构的控制型导生关系是和谐的，就要柔化导师安排任务的指令性，加强对研究生心理健康的关注和干预，引导研究生正确看待导师布置的科研任务，将外部动机转化为内部动机，实现“专家建构”。

（4）放养型。这种个性的导师不会对研究生的学习和生活过多地干预，一般只要求研究生阶段性汇报学习进展，尊重研究生个人学习规划设计和学习意愿，但这种给予研究生足够“自由”的指导风格并不一定会带来和谐的导生关系。

“导师平时对我的指导不多，我也挺喜欢他这种放养的模式。我不喜欢那种压抑的方式，比如每天必须到实验室打卡。导师也不是完全不管我，他也会定期检查我的进度，我比较能接受。我觉得我和我导师之间就是比较理想的导生关系。”（L－M－20201221－C）

---

① 古继宝、王茜、吴剑琳：《导师指导模式对研究生创造力的影响研究——基于内部－外部动机理论的分析》，《中国高教研究》2013年第1期。

② 吴杨、韦艳玲、施永孝、李明磊：《主动性不同条件下导师指导风格对研究生创新能力差异性影响研究——基于九所大学的数据调查》，《复旦教育论坛》2018年第3期。

“我导师对我是放养式管理。因为我不喜欢别人管我，其实我一个阶段内是会做出东西的，但是不愿意老是被催。我比较爱自由，所以导师对我‘放养’。”（S-F-201222-D）

“我导师对我是放养型，虽然我们有组会，一周一次，但是我不想去就可以不去，随便找一个理由都能过关。我不满意现在与导师的相处状态，我理想的状态应该是导师和学生共同成长，他指导我，我有新的点子反馈给他，大家共同成长，这种相处模式比较理想。”（L-M-20201214-C）

放养型导生关系能否保持和谐的关键在于学生是否爱自由和导师给予的自由度有多高。自由不是无边界的，有研究指出，严格控制型导生关系的研究生学术能力比放任自流型导生关系的研究生学术能力高。[①] 也就是说，无边界的自由不仅可能会让“不爱自由”的学生不满意导师，还有可能影响研究生的学习质量。因此，要保证研究生的深度学习，保证导生关系的和谐，放养型导生关系必须要把握住自由的度，张弛有度，让研究生既有自由生长的空间，又有达标基准线。

4．亦师亦友型导生关系

导师在亦师亦友型导生关系中有着双重身份，既是研究生的学术导师，主动关心研究生的科研学习，也是研究生生活中的朋友，关心和融入研究生的生活。有研究指出，研究生在亦师亦友型导生关系中最能感受到导师关怀，导生交流频率最高，[②] 近九成导师和学生希望能建构良师益友型导生关系，[③] 与本研究受访研究生都认可亦师亦友型导生关系的现象一致。

“我们交流的内容包括学习和生活两个方面，学习上，我会带着问题找导师，生活中导师也会跟我交流。他比较注意我的心态，当发现我焦虑或难过的时候，导师会给我讲他自己的亲身经历，帮助我从不良情绪中走出来。”（G-F-20201222-X）

“我平时跟小导师联系更密切，主要是因为我现在要在她办公室上自习，她隔

① 池丽泉：《导师指导与全日制学术型硕士研究生学术能力的关系研究——以J大学为例》，硕士学位论文，江西师范大学高等教育学专业，2017。

② 楚永全、陈文婷、陈姗姗：《研究生与导师关系类型的分析》，《高校辅导员学刊》2011年第6期。

③ 王海林、卢小慧：《高校导师与研究生导学关系调查研究——以南京地区为例》，《扬州大学学报》（高教研究版）2015年第4期。

三岔五就联系我，有些事务上的工作也会找我。因为我的小导师是女性，年纪比较轻，才三十多岁，和我年纪相仿，所以也没什么代沟，生活上会有很多交流，私人关系会近一点。”（L-F-20210130-X）

“我和导师交流比较多，大概一周一两次。聊的内容有学习和生活两方面。一般情况下我和导师都是微信聊天，一个学期也会打两三次电话，面谈大约一个月一次。我的导师对我非常关心，冬天的时候，她会给我润唇膏和护手霜，我就觉得心里很暖，觉得读书也是一件很轻松的事情。我和导师之间的相处特别美好。”（Z-F-20201213-C）

受访研究生较接受亦师亦友型导生关系绝不是偶然，它不仅给研究生带来愉悦的情绪体验，把学习变成一件轻松愉快的事情，还让研究生的“知识获取效果最佳”①。亦师亦友型导生关系是研究生快乐学习的理想情境，要建构和谐的亦师亦友型导生关系需要导师通过高频率的交流在学术上指导和支持研究生、在生活上关心和鼓励研究生，积极组织师生学术交流活动和群体娱乐活动，让研究生快乐学习，快乐生活。

由对四大类型导生关系的分析可知，和谐的导生关系并不是只有一种模式，也并不是所有研究生都适合同一种导生关系。要发挥每一种导生关系的优势，需要结合适用条件进行改良，如导师根据研究生科研兴趣和心理承压能力调整任务内容和任务量，根据研究生的情感需求增加人文关怀，调整交流频率、内容和形式等等。有研究指出，读书会、例会或课题组例会等正式指导形式能够使研究生有较大收获，导师指导效果较好。② 研究生也要发挥主动性、激发内部动机、增强心理承受能力以适应导师的指导风格。和谐的导生关系是导生双方互相磨合和协调产生的结果。此外，可尝试普遍实行双导师制，利用双导师在年龄、性格、指导风格、阅历等方面的互补建构和谐导生关系。

① 谢沙、张耘、欧阳忠明：《师生互动方式与研究生知识获取效果的实证研究》，《当代教育科学》2020年第4期。

② 张东海：《研究生指导效果及其影响因素的调查研究》，《复旦教育论坛》2013年第2期。

（二）与导师合作研究是最好的成长方式

研究生首要的学习任务是科研，“导师与学生最为理想的关系类型为科研合作关系”①，与导师合作研究的方式包括合作做课题、合作写论文、做导师的助教等，参与导师的科研课题是建构和谐导生关系最好的方式之一。有调查显示，在被问及“研究生希望与导师建立的良好的关系”中，有71.39%的研究生希望有机会参与学术研究，② 与导师建立良好的合作研究关系。有研究指出，“科研伙伴关系也已成为一种重要的师生关系模式”，研究生参与导师课题的热情很高，③ 还有多个研究指出，大多数研究生认为参与导师科研项目能够使自身的科研能力得到比较大的提高。④⑤⑥ 对访谈材料的分析发现，受访研究生大多是根据自己的科研兴趣参与导师科研项目，与导师合作研究主要可以提升资料收集与处理能力，发现问题、分析问题、解决问题的能力，写作能力，人际交往能力，团队管理能力，动手操作能力等，研究生在合作研究中可获得导师资源支持和指导，从而快速成长。

1. 研究生按照科研兴趣参与导师科研项目更有获得感

从受访研究生的反馈来看，与导师合作研究的研究生均对参与与自己科研兴趣相合的导师课题抱有积极态度。课题与兴趣相符合的情形主要有三种。

其一，研究生个体主导，依据研究生科研兴趣确定课题主题，导师以参与者身份参与研究生的课题。

“我的导师支持我做感兴趣的研究。”（L-M-20201231-O）

在这种情形下，研究生的科研兴趣得到充分尊重，能激发科研自主性和积极性，但需要导师加强引导和帮助，如科研主题的确定、导师提供的资源支持等。研究生依据兴趣自主选题很可能会导致研究难以进行，挫败信心，消磨科研兴趣，最

① 郭楠：《硕士研究生导师与学生关系调查研究——以西安市为例》，硕士学位论文，西安外国语大学课程与教学论专业，2019，第26页。

② 范利丹、秦刚：《导师负责制下关于研究生学术道德教育的思考——基于某高校师生关系的调查报告》，《河南教育》（高教）2015年第12期。

③⑤ 周文辉、张爱秀、刘俊起等：《我国高校研究生与导师关系现状调查》，《学位与研究生教育》2010年第9期。

④ 王海林、卢小慧：《高校导师与研究生导学关系调查研究——以南京地区为例》，《扬州大学学报》（高教研究版）2015年第4期。

⑥ 徐贞、牛梦虎：《研究生教育中师生合作发表的学科差异分析——基于全国39所研究生院高校的调查》，《中国高教研究》2018年第3期。

后推翻重来，导致重新选题的窘境，严重影响研究计划和质量。因此，研究生要珍惜自主选择的机遇，把科研兴趣置于已有研究现状背景和现有研究条件下，研判课题的意义、重点、难点，细化研究思路形成研究方案，充分发挥主观能动性，主动寻求导师的指导；导师也要积极介入研究生课题申报和研究的全过程，及时指导和纠正，并提供必要的资源支持，对于不熟悉的课题积极引入外援科研人员，形成互助科研生态圈。

其二，以导师的科研课题为主体，研究生依据自己的科研兴趣参与导师的课题或子课题，导生互为合作者。

“我做的是老师的科研课题，老师给了课题的大方向，我根据自己的方向做一些工作。研究生一般都是跟着导师做，自己做的话很少会有平台，除非去别的课题组，但这种可能性比较小。跟着导师做的话，只要导师的大方向没错，一般跟研究生的兴趣还是比较吻合的。”（L–M–20201213–O）

这种情形的好处在于研究生在导师已成功申报的课题下做研究，选题质量基本有保障，可以共享导师的科研资源，得到导师的及时指导，但“基本上是导师带着研究生在做，研究生不算是合作者，只能算跟随者”（F–F–20201214–D），合作研究中导生的双主体地位难以保证。这一问题出现的原因往往是导生科研能力过于悬殊。因此，研究生要尽早开始参与导师的科研课题，多听、多想、多记录，积累科研经验快速成长，在中后期多说、多写、多质疑，成为导师的合作者，积极争取合作科研的主体地位。

其三，研究生依据科研兴趣自由参与任一导师的课题，跨师门合作研究。

“我对另外一个课题更有兴趣，就去参加了。导师也不会不开心，都是从学生的角度考虑事情，更关注我们的发展。”（L–M–20201211–X）

情形三则综合了情形一和情形二，具有这两者的优势，但这种合作研究的情形较为少见，与现行的科研评价制度、导师负责制等存在一些冲突，难以保证研究生培养质量，也会产生因按统一标准评判研究生科研成果而导致评价结果不公平等问题。在这种情形下，研究生的跨师门合作可尽量建立在师师合作的前提下，集合双方导师的关注和指导。另外，研究生也要调整自身价值追求，以自我科研能力成长为主，乐观看待科研能力评价结果。

2. 资料收集与处理能力

资料包括数据、文献、文本、图片等，资料收集与处理能力是系统地收集和分析信息的能力，它关系到研究问题和研究结果的正确性。有意义的“真问题”是建立在全面收集和分析信息的基础上的，正确的研究结果产生于准确科学的数据分析和处理，资料收集与处理能力是一项基本的科研能力。和导师合作研究能让研究生高效学习并有效锻炼这两种能力。

“最近我导师打算录制一门有关‘一带一路’的网络课程，我作为助教收集数据。我本科阶段也做过一些研究，比如和导师一起去调研等。”（C-M-20201209-D）

“导师会交给我一定的任务，比如整理文献、写报告等。参与的过程中，我对这个课题的内容、结论，也会有一些了解。”（S-F-20201220-O）

3. 发现问题、分析问题和解决问题的能力

问题意识对于科研来说至关重要，它是研究者的必备品质。问题是研究的起点，也是研究的终点，它贯穿着科研工作的全过程，推动着科研的进步和发展。发现问题是第一步，某受访研究生认为学习导师的课题申报书是一个提升发现问题能力的途径。

“导师的课题一般是国家项目或者市级项目，我可以看项目申请书学习，学习自己做项目怎么提炼科学问题、怎么提出切实可行的方案。”（L-M-20201213-O）

提出研究问题的下一步是分析问题。“分析是指把客观事物的整体分解为各个部分、方面、要素，以便逐个加以研究的思维方法”①，分析能力是一种逻辑思维能力。分析问题则是将研究问题细分为问题串，以期通过一系列小问题的解决来逐步逼近研究问题的解决，这是问题解决的基础。问题解决能力是在分析问题的基础上提出假设、验证假设的能力，在解决问题的过程中往往也会锻炼人际交往能力、团队管理能力、动手操作能力等。从访谈来看，不仅受访研究生的问题分析能力和问题解决能力在参与导师课题中得到锻炼，某些受访研究生甚至认为“我比别人更

① 《数学辞海》编辑委员会编：《数学辞海·第六卷》，中国科学技术出版社，2002，第561页。

强”。参与导师的课题、与导师合作，可让研究生的高阶思维能力显著提升。

“课题研究更多的是围绕一些问题想解决方案，这跟我自己做的研究不太一样。要解决问题，就肯定要以这个场景为主，而不是以研究的模型为主，这两者是完全不一样的。这时我会更多地考虑应用场景，思考有哪些我们可以挖掘的东西和可以用的数据。”（C–F–20201230–C）

“我参加导师的课题，跟导师学得最多的是做科研，如何分析问题、解决问题。这一点很重要，可能我这方面比别人更强。”（L–M–20201208–O）

4．写作能力

将研究过程中的所思、所作、所获系统严谨地表达出来，进行广泛的学术交流，考验的是研究者的写作能力。虽然文本表达的过程是相对独立的，但研究生在写作前的框架建构、写作文本的格式、写作后的修改都应寻求导师的指导，这种指导是提高写作能力的捷径。

“写研究报告或者修改论文的时候，导师会给我一些具体的建议，让我对研究问题本身有更深入的了解。”（S–F–20201220–O）

“跟导师进行一些课题研究，对我的学术写作能力和学术规范意识都有很大的提升。有导师指引，提升速度会很快。”（G–F–20201222–X）

不可否认，与导师合作研究能让研究生的专业知识、科研能力、专业技能都发生质的飞跃，但科研最为重要的创新能力没有受访研究生提及。有调查研究发现，研究生创新意识不强，[①] 我国研究生创新能力的现状不容乐观。[②] 可见，研究生创新能力不足是一个常态问题，如何让研究生更具创造力值得深入探讨。

① 薛文飞、刘国学：《研究生创新能力培养的现状分析与对策研究》，《河北师范大学学报》（教育科学版）2012年第12期。

② 刘佳：《我国高校硕士研究生创新能力研究》，硕士学位论文，合肥工业大学科技哲学专业，2012，第28页。

第三节　建构良好学术生活社群

深度学习并不是持久稳定的个体特征，它的发生需要适合的情境触发学习者的内在学习需求，深度学习的实现需要共同体的建构与支持。[①]共同体成员的复杂性和异质性容易产生认知冲突，有助于刺激学习者运用高阶思维批判思考新知识和新观点，从而促进深度学习。共同体在有些译著里被译成“团体”“社群”等[②]，研究生群体的学术共同体包含前述的同伴社群、导生社群，也包含由更大交往半径组合而成的学术生活社群。但学术生活社群有着不同于前两个社群的定义内涵，它的建构形式、途径和群体的不同使其对研究生深度学习产生了独特影响。那么，学术生活社群的典型特征是什么？它如何影响研究生的深度学习？应该如何建构有利于研究生深度学习的学术生活社群？又应该如何维系学术生活社群的生命力呢？

一、良好学术生活社群促进研究生深度学习

良好的学术生活社群是孕育学术发展、学术创新的温床，使研究生跨出了同伴交流和师生交流的小环境，是走向“学术界”大环境的平台。不同的思想、声音在这个平台交融、碰撞，研究生的认知在这个平台巩固、推翻、创新，让研究生置身于良好的学术生活社群中能极大程度促进研究生的深度学习。

① 张浩、吴秀娟：《深度学习的内涵及认知理论基础探析》，《中国电化教育》2012年第10期。

② 苌光锤、李福华：《学术共同体的概念及其特征辨析》，《煤炭高等教育》2010年第5期。

（一）学术生活社群及其特征

学术生活社群不同于同伴社群和导生社群，在主体身份、组建方式、交流内容、交流方式等方面存在差别。学术生活社群主要指通过学术会议、学术群、论坛、博客等方式建构起来的、由因寻求问题解决方法而主动结识的其他院校或其他专业的同学和教师组成的集合体。研究生个体与这些人的日常生活几乎没有交集，主要的联系是通过讲座、论坛、网络平台进行学术交流。学术生活社群与同伴社群和导生社群的具体区别和联系见表5-3-1。

表5-3-1　学术生活社群、同伴社群、导生社群的区别与联系

内容	同伴社群	导生社群	学术生活社群
主体身份	以研究生与本校同专业或同师门的研究生同学为主	研究生与其导师	研究生与其他院校或其他专业的研究生、老师、科研人员
组建方式	依靠同学、师门、朋友等人际圈自然形成	导师负责制的产物	主动结识
交流内容	学术与生活兼顾	学术与生活兼顾	学术为主
交流方式	线上+线下，线下为主，组会、课堂、课题研讨会、项目合作等	线上+线下，线下为主，一对一、组会、课题合作等	线上+线下，线上为主，讲座、论坛、博客、学术群等
组建目的	互相监督、互助互进、合作共享	保证培养质量、教学相长、课题研究	问题解决、信息共享

可见，学术生活社群主体更多元、复杂；研究生需要主动融入学术生活社群，而不是如同伴社群那样可以自然而然发展或者像导生社群那样由制度的规定性来制约；学术生活社群以学术交流为主，与生活交际圈相对独立，而同伴社群和导生社群中往往生活交际圈和学术交流圈有交集，交流内容兼顾生活与学术，更体现人文关怀；学术生活社群的交往半径最大，在同伴社群和导生社群的外围，交流主体存在不可抗的空间距离，交流方式往往以线上为主，包括各大社交平台和学术交流平台，线下主要以论坛、讲座等形式进行交流，而同伴社群和导生社群线上线下交流方式切换自如，可按需调整，可消除地理距离；学术生活社群的组建主要是为了获

取和分享学术动态信息，寻求问题解决建议和帮助其他研究者解决问题，而同伴社群和导生社群除了共享信息、问题解决互助的目的外，也是为了加强生生和师生合作研究。这三个社群既有联系又有区别，具有相对独立性，但不完全对立，三个社群之间存在着各种复杂的联结。

需要强调的是，研究生的学术生活社群不同于学术共同体。有学者认为，学术共同体是指“致力于某一学科知识领域的学者群体，他们共享着某种价值和文化、态度和行为方式，也就是所谓的‘学术部落’”[①]，这个群体的身份是“学者”。也有研究者认为，学术共同体是“基于不同学科背景下对问题的解决而成立的学术组织”[②]，是有“组织”的。还有研究者把共同体成员的身份界限进一步放宽，弱化共同体的组织特征，认为学术共同体是“学者与其他人相互依赖、探究、交流和协作的一种学术活动方式或平台”[③]。学术生活社群里的主体包含热爱和从事科研工作的所有人，不一定是“学者”，可以是“学生”；研究生学术生活社群不是一个组织，也不是一种学术活动方式或平台，而是研究生个体和与之进行学术交流的其他人组合成的集合体，这个集合体由每个研究生按自己的学术交流圈来决定，体现出研究生学术生活社群的独特性、开放性、跨学科性、松散性。

1. 独特性

独特性是指每一位研究生的学术生活社群都是独一无二的，可能有重叠部分但绝不会重合。独特性体现在两个方面，一是学术生活社群的成员结构，二是研究生与学术生活社群成员的关系。每个研究生都是按自己的需求结识不同的研究者的，有的需要掌握某一领域前沿动态而主动结识领军专家，有的因志同道合而结识其他院校的学生，还有因学习研究方法的需要而主动结识其他科研领域的师生……研究生的研究方向差异越大，所建构的学术生活社群差异就越大。每位研究生的交际能力、交往方式的差异也会产生联系密度和强度不一的学术生活社群网络。这样的独特性是研究生个性化发展的基本前提。

---

① 边国英：《学术文化的影响因素分析——〈学术部落与学科领地〉述评》，《北京大学教育评论》2007年第4期。

② 蒋晓虹：《大学师生学术共同体新构摭论》，《高教发展与评估》2011年第5期。

③ 詹先明：《“学术共同体”建设：学术规范、学术批评与学术创新》，《江苏高教》2009年第3期。

2．开放性

开放性一方面是指不约束学术生活社群的成员身份，学术生活社群可以涉及不同年龄层、不同职业身份，成员可以是以科研为学习任务的研究生、以科研工作为职业的研究员、指导和带领研究生进行科研的研究生导师、对学术科研充满好奇和热情的广大学生群体和社会人士等。开放性体现在成员知识面、能力、视野和资源的不平衡性和异质性上，群体层次的落差有助于产生推动社群内部交流的动力势能。在这样的大环境下，研究生们有着前所未有的“安全感”，他们自主思考，各抒己见，畅所欲言，在论述中反思自己的思考过程，批判吸收他人的观点，激荡灵感，推动发展与创新。

开放性另一方面是指成员进出学术生活社群的开放性，研究生可以根据自身科研兴趣和需要主动加入某一群体来拓展自己的学术生活社群，或者主动退出某一非刚需群体来缩小学术生活社群，集中精力进行有效的学术社交。这样的开放性带来了社群人员的流动，推动了社群内部与外部的交流，避免因封闭而导致内部的同质性增加，使知识创新能力逐渐丧失。①学术生活社群的开放性是研究生创新能力发展的根本动力源泉。

3．跨学科性

顾名思义，学术生活社群跨学科性是指研究生学术生活社群的成员不一定与研究者同一学科或者同一科研方向。实际上，科研活动本身就具有跨学科性，包括研究过程、研究内容的跨学科性。某学者认为“文学研究在思想资源、知识依据、阐释技术等方面都体现出一种‘跨学科’的学理特性”②，某个对物理和化学学科热点论文跨学科性的分析研究发现，“大部分论文的参考文献所跨学科数目在6～10个之间”③。正因为科研活动的跨学科性和跨学科研究的发展倾向，研究生结识自己专业、科研方向以外的其他师生是必然且明智的选择，比如人文社科类的研究生可以结交理工科的研究生，向他们请教数据分析软件的使用方法和数据分析结果的解

① 郑文力：《知识创新中的导师与研究生学术共同体运作范式探究——基于自组织视角》，《当代教育论坛》2018年第2期。

② 冯黎明：《文学研究的跨学科性》，《湖北大学学报》（哲学社会科学版）2019年第1期。

③ 成心月、刘逸云、叶鹰：《物理学和化学热点论文的跨学科性分析》，《图书与情报》2020年第3期。

读等。学术生活社群的跨学科性越突出，社群的异质性越显著，就越能激活研究生的创新能力。

4. 松散性

松散性是指学术生活社群并不是一个有组织有纪律的团体，学术生活社群是由研究生通过学术交流建构起来的、自己定义的一个外围的学术交流圈，学术生活社群里的成员无须主动申请入群，研究生个体会把他们纳入自己的学术生活社群，成员处于不确定或不知情的状态。因此，社群里的成员没有隶属关系，研究者也没有约束他们的权利。正是由于这样的松散性，学术生活社群里的学术交流是自主的、自由的、平等的。有研究者认为“学术自由是繁荣学术、发展科学、探求真理的基本条件”①，学术生活社群的松散性是研究生发展科研能力的基本条件。

（二）学术生活社群对深度学习的影响

具有独特性、开放性、跨学科性、松散性的学术生活社群充分尊重研究生个体的主体地位，营造出自由、活力、共赢的科研学习氛围，这有助于研究生自由自主、批判创新、合作共享，实现以“问题—解决”为主线的深度学习。

1. 推动研究生进行自由自主的深度学习

自由自主的深度学习的发生以激活学习者内在学习动机为前提。有学者认为，“深度学习以内在学习需求为动力”②，学习者的内在学习需要是构成学习动机的基本心理因素，它表现为学习的意向、愿望或兴趣等。③ 如果研究生可以自由地追求学习意向、学习愿望、学习兴趣，那么他将会在内在学习动力的助推下在学术生活社群中自主交流，寻求共鸣。如某受访研究生所说：

“我会和其他研究者交流文学的传播方式、效果，还有影视传媒等相关话题和内容，这些方面我比较感兴趣。”（S-F-20201220-O）

学术生活社群的松散性允许研究生不受拘束、自由地追寻感兴趣的研究方向，它的跨学科性和开放性使得研究生自主发起的交流不仅可以发生在志同道合的同专业研究者之间，也可以使研究生按需进行跨学科的交流和学习，建构更丰富多元的学术生

① 蒋晓虹：《大学师生学术共同体新构摭论》，《高教发展与评估》2011年第5期。
② 付亦宁：《深度学习的教学范式》，《全球教育展望》2017年第7期。
③ 谢新观主编《远距离开放教育词典》，中央广播电视大学出版社，1999。

活社群。

2. 鼓励研究生进行批判创新的深度学习

学术生活社群的开放性和松散性是孕育批判创新的土壤。“新思想和新知识的产生需要创造的空间，创造需要在个性的基础上共同讨论、共同争论”[①]。在异质的、平等的社群氛围里，所有人可以自由发表自己的见解，批判吸收别人的新思想、新观点。研究生在这样的科研环境中既可以吸收新的观点、信息、方法来检验和反思前人或自己的已有认知，也可以结合已有认知来质疑或论证新的思想、新的知识，这样的新旧碰撞往往会迸发创新的火花。

“来自学术交流群的建议让我认识到自己的想法比较浅、不够新颖或者不属于这个学科。”（Z−F−20201211−D）

3. 落实研究生合作共享的深度学习

合作共享是研究生学术生活社群带来的便利和机遇。社群的开放性决定了成员身份的异质性、地域的异质性，造就了资源的丰富性和多元性。研究生在其中可能遇上研究方法、研究工具相同或相似的研究者，也可能遇上研究内容相同或相关的研究者并将其发展为合作者。如某受访研究生所说：

“假如某个代码我不会写，有一个人刚好做过，他会直接给我一份，我照着他的思路过一遍，就学会了。大家在研究同一个问题时相互借鉴，甚至可以发展成合作者。”（C−M−20201209−D）

4. 实现研究生以“问题—解决”为主线的深度学习

研究生的首要任务是进行科学研究，并将科研成果用于现实问题的解决，这是研究生进行深度学习的必经过程和最终目的。学术生活社群是以“问题—解决”为主线建构起来的，寻求问题解决是研究生与社群成员交流联系的主要目的，随着一个个小问题的解决，研究生学习得以逐步深入。

“我加了两三个群，在里面发言还挺多。当时是为了解决问题而加群的，进去之后问题解决了，我也会把自己觉得有用的资料发到群文件里面共享给大家。我写一些程序时会参考群友的模板，还是挺方便的。”（L−M−20201231−O）

---

① 詹先明：《“学术共同体”建设：学术规范、学术批评与学术创新》，《江苏高教》2009年第3期。

不可否认的是，学术生活社群的活力正是在你来我往的“问题—解决”中得以保持，建构属于自己的学术生活社群能促进深度学习的发生。

二、如何建立、维系学术生活社群

研究生的科研能力是指研究生运用理论和研究方法研究、解决本学科领域的历史或现实的理论及实践问题的能力，它既包括理论研究能力，又包括实践能力。现阶段研究生理论研究能力的培养主要依托必修、选修课程的教学以及课程论文的撰写；实践能力的培养则主要依靠参与科研项目。但是研究生的科研参与机会不均等，研究生的实践能力参差不齐，[①] 亟需更多实现理论研究能力与实践能力有机融合的学习平台。除了同伴社群和导生社群，参与学术生活社群也是提升研究生科研能力的重要手段，如何建构、维系学术生活社群是高等教育研究领域一大研究主题。

（一）有意识地交往，主动建立学术生活社群

研究生可以通过有意识的交往建立基于学术论坛和网络平台的学术生活社群。

1. 建立基于学术论坛的学术生活社群

开展学术论坛是当前国际政治、经济、文化等各行各业中最常见的学术交流、合作方式之一。建构基于学术论坛的学术生活社群是指研究生以学术论坛为学习平台，以参与学术论坛为契机结交研究领域的知名学者和志同道合的学术伙伴，就共同关心的研究问题进行探讨。正式的学术论坛一般采用“讲评互动+名师引领”的形式，即由某个参会成员率先开启话题，论述自己的论点，其他成员做出点评，然后参会成员之间就疑难、困惑进行交流，最后由该领域的知名学者进行总结与指导，或是研究生导师进行理论点拨。除此之外，学术论坛也可以采用集体辩论、经验总结、专题报告、个案分析、主题发言、调研汇报等形式，具体的组织形式一般基于参会人员的实际需要。论坛开展的主要目的在于深入探讨某一研究问题。论坛结束后，研究兴趣相同的学者还可以自主建立网络聊天群组，帮助研究生以“滚雪球”的方式拓展学术交流圈，了解和分享更多的学术资讯。正如某受访研究生所说：

① 刘力、黄小莲：《基于专业学习共同体的研究生科研能力培养研究》，《学位与研究生教育》2009年第5期。

“我加了一个与艺术学相关的网络聊天群，里面有很多学术权威专家，一些艺术类高校的教授也在这个群里，经常在群里发一些与艺术学相关的论坛和学术文章。”（Z-F-20201211-D）

2. 建立基于网络交流的学术生活社群

基于网络交流的学术生活社群具有两个突出的优点：一是具有相对自由的言论环境，在网络上研究生既可以选择公开发言，也可以选择匿名发言，所以他们往往会畅所欲言，大胆地表达自己的看法与观点，形成“百家争鸣”的局面；二是具有即时性，研究生在网络上进行学术交流时不受时空限制，可以随时随地参与或退出网络讨论，实时分享个人研究中的困惑，及时得到多方反馈。此外，基于网络交流建构的学术生活群形式多样、功能不一，可以满足研究生的不同需求。访谈资料显示目前研究生主要以网络聊天工具、电子邮件、网络线上会议软件、博客、学术交流网站为学术生活社群的网络交流平台。

（1）网络聊天工具。这是当下非常流行的学术交流工具，方便快捷，而且研究生“可以加入很多学习交流群，与学术交流群的成员一起探讨，做科研就不会那么无聊，自己也能学到更多的东西”（L-M-20201208-O）。研究生完全可以依据自己的兴趣、爱好或者研究需要查找并加入相应的群组。

“我会专门加入学术群组，跟学习群组的人交流。和有经验的人一起探讨问题，我受益良多”（L-M-20201208-O）。

在网络聊天群组中，群成员可以采用文字聊天、语音聊天、视频聊天三种方式进行交流与互动。在聊天群中以问答的形式进行实时交流不仅可以锻炼被提问者的应变能力与表达能力，也可以使提问者及时得到他人的反馈和指导。

（2）电子邮件。又称电子信箱，也是一种网络学术交流平台，具有使用便捷、投递迅速、自动保存、全球通用等优点。通过电子邮件系统，研究生可以轻松地与国际学者建立学术联络。正如某受访研究生所说，“我和国外的人用邮件联系”（L-M-20201211-X）。电子邮件能以文字、图像、声音等多种形式传递信息，必要时还可以选择加密传输，是学术生活社群成员进行学术交流的重要工具。

（3）网络线上会议软件。这是新冠肺炎疫情期间研究生参与学术研讨不可缺少的重要音视频会议软件，如某受访研究生表示自己所参与的学术生活社群是“参加学术会议时建的交流群，疫情期间有很多线上论坛，线上论坛的组织者也会组建交流群”（Z-F-20201211-D）。网络线上会议软件可以提供音频、视频两种会议形式，参与者可以根据实际需要自行选择。而且这类软件具备数百人在线会议、全平台一键接入、实时共享屏幕、在线文档传送、在线录制等诸多功能。可以说，网络线上会议软件在一定程度上弥补了社交软件的局限性，能够赋予参会者更加身临其境的感觉。即使在疫情好转后，多所高等院校在举行学术论坛时，依旧以线上会议为主要交流平台或者采取“线上会议+线下面对面交流”的形式。这样不仅打破了学术交流的时空限制，还方便保存会议记录，让参与者深度解读会议内容，充分把握会议精神，高度提炼会议要旨。

（4）博客（Blog）。作为目前网络上发展迅速、应用广泛的交流工具之一，博客也为研究生建立学术生活社群提供了广阔的平台。正如某受访研究生所说，“通过博客我认识了一些朋友，加了网络聊天账号以便交流。他们也会私信我，大家做的领域差不多，就会互相加个网络聊天账号，了解一下”（L-M-20201221-C）。研究生不仅可以在博客中撰写日志、发表言论，还可以把博客当作一个信息储存空间，把自己在网络上发现的有价值的信息发布到博客上，在博客空间内进行信息的组织和管理，有助于形成独具某一学科特色的博客群。博客作者在浏览、收集、整理自己所需要的知识和信息时，也为其他访问者提供了丰富的学习资源。这种由众多博客组成的博客群也可能演变成新的虚拟学习社群。社群成员在虚拟学习社群内可以发帖，也可以阅读和评价其他成员的博客，还可以就某一个主题与博客作者或虚拟学习社群的其他成员进行持久、深入、广泛的探讨。

（5）学术交流网站。它也是研究生建构学术生活社群的重要工具之一，如ResearchGate。某受访研究生提到，“一般大家都会把论文放在ResearchGate上面，国外的作者和论文都有”（L-M-20201213-O）。以ResearchGate为例，学术交流网站的用户可以通过它联系不同国家、不同地区的同行，了解最前沿的研究动态，分享最新的科研方法；也可以通过它分享自己的研究项目、学术著作等，倾听来自世界各地的声音，进行国际化学术研讨；还可以通过它参加一些科研论坛或兴趣小组。学术交流网站，尤其是国际层面的学术交流网站汇聚了来自各个国家和地区的研究者。研究生通过与这些网站上的研究者进行交流与互动，能拓宽学术视野，增加自身参与国际科研项目的机会，成为走向国际的中国学者。

（二）“问题学习”是维系学术生活社群的动力源泉

一般而言，研究生学术生活社群的共同愿景是解决某一研究问题。社群成员共同确定研究问题后，会主动围绕该问题开展一系列科研活动，将所学知识应用到解决实际问题中，进而激发自身的学习兴趣与科研热情。总的来说，问题学习是维系学术生活社群的动力源泉，具体表现为问题学习是社群成员进行学术对话的纽带、学术合作的契机、学术交往的桥梁。

1．问题学习是社群成员进行学术对话的纽带

问题学习是学习者以合作的方式建构知识的活动，是研究生意识到同学术生活社群的关联、直面共同求解的研究问题、探究应对方式的一种挑战。在问题学习中所建构的知识不是个人的创造物，而是协同对话的衍生物[①]。正如社会建构理论所主张的，知识是随着对话的继续而不断被生产出来的。“人的知识系统必须同外界保持必要的信息沟通，没有外界的信息沟通就谈不上主体对外在世界的意义建构。”[②] 可见，对话是问题学习过程的核心，研究生要通过协同性学习解决研究问题，必须以问题学习为纽带与研究领域的专家对话、与高于自己研究水平的同行对话、与不同学科的学者对话。只有不断拓展自己的对话范围，提升自己的对话能力，才能实现自身认知结构的调整与完善、反思能力的生成与提升以及创造能力的形成与维持。不同学术见解相互碰撞的过程就是对话的过程。问题学习就是一种“意义生成的对话学习”，社群成员就是宝贵的对话资源。在这种学习中，学术思想得以互相融合、吸收，生成研究生个人无法独自创造的新观点。

2．问题学习是社群成员进行学术合作的契机

随着学科领域的交叉与融合，研究生在学习和科研期间遇到的很多问题都需要运用跨学科知识来解决，这就要求研究生除了博览群书、潜心钻研以外，还需要主动与其他学科领域的学者合作，在跨学科合作中吸纳多学科知识，融合多学科视野，进而更好地解决研究问题，提升综合素养。而且，合作科研不仅可以弥补研究生个人在认知结构和科研经验方面的局限性，还能减轻个人的工作量；

① 钟启泉：《问题学习：新世纪的学习方式》，《中国教育学刊》2016年第9期。
② 郭本禹：《当代心理学的新进展》，山东教育出版社，2003，第307页。

“跟同学合作的话，可以大家共同承担工作量，没有一个人做那么累；合作时也能进行思维的碰撞，发现自己想不到的问题。合作能起到互补的作用。”（J-F-20201228-X）

此外，合作研究还能增强研究生的受挫能力，使其得到更多的心理支持，正如某受访研究生所说，“如果遇到困难，合作至少让我心理上有个伙伴可以一起探讨交流，有一个倾诉对象”（L-M-20201227-O）。因此，“现在很多社科领域都是以学术团体的形式做研究。”（L-F-20210130-X）由此可见，当下合作研究已成为研究生解决高难度、跨领域研究问题的首选，问题学习就是社群成员进行学术合作的契机。

3．问题学习是社群成员进行学术交往的桥梁

研究生的日常交往通常是一些无确定主题的、无明确要求的、无严密组织的交流活动，这类活动仅适用于浅层次地了解某一研究主题的概况，不利于研究生全面而深刻地把握所讨论的内容，也不利于研究生形成结构化的知识体系。因此，开展有组织的问题学习，提升研究生交往的质量和水平，将与学术研究相关的日常交往转化为有效的学术交往十分必要。从本质上说，问题学习过程就是学术交往过程，学术交往与问题学习密切相关，以问题为先导的学习活动可以激发研究生的问题意识和学习兴趣，进而提高研究生学术交往的密度和质量。研究生根据自身学习需要参与问题研讨时，可以与具备不同认知结构和学术水平的同行交流，拓展自身的学术视野和认知领域，形成庞大的学术交流圈，进而增加自己与不同专业、学校、地区、国家的科研团队的接触机会和合作机会。正如某受访研究生所说，“与不同的人接触才能认识到更酷的朋友”（L-M-20201208-O）。由此可见，问题学习不仅有助于研究生实现知识层面和人际关系的变革，也有助于研究生实现人格层面的变革。

第六章
研究生学术学习与闲暇生活的内在统一

稳定的婚恋关系与充实的闲暇生活是研究生进行高效学习的保障，1995 年 12 月 14 日通过的联合国 50/81 号决议明确指出：“任何社会都承认，休闲活动对青年人的心理、认识能力和身体发展非常重要。”研究生的闲暇生活包括运动、文艺欣赏、摄影、跳舞、购物等丰富多彩的活动，这些活动在保障研究生身心健康的同时，也能对学术学习起到正向的积极作用。此外，根据埃里克森的人格发展阶段理论，人一生会经历婴儿期、儿童早期、学前期、学龄期、青春期、成年早期、成年中期与成年晚期八个阶段，每个阶段都有其独特的发展任务。研究生大多处于成年早期阶段（18~25 岁），面临的主要发展任务是获得亲密感，避免孤独感。埃里克森认为，人若不能完成每个阶段的主要任务，就会产生情绪障碍和病态人格。研究生有着对亲密关系的渴望与需求，恋爱与婚姻作为人生的必修课，是研究生必须面对的问题。本章基于对优秀研究生的访谈与相关理论的分析，介绍了优秀研究生平衡学习、闲暇生活与婚恋的相关经验与建议。

第一节 研究生学术学习与闲暇生活的关系

亚里士多德在其著作《形而上学》中提到，哲学与科学的诞生需要三个条件，一为“惊异”，二为“闲暇”，三为“自由”。这在一定程度上揭示了闲暇与科学创造之间的关系。闲暇生活是研究生生活的重要组成部分，为研究生紧张的学习与科研带来乐趣，保障研究生的身心健康发展，促进研究生的深度学习。平衡闲暇生活与学术学习的关系是研究生不可缺少的课题。

一、文武之道，一张一弛

《礼记》中有记载，孔子说，“张而不弛，文武弗能也；弛而不张，文武弗为也；一张一弛，文武之道也。”意思是弓箭不可能一直保持张开的状态，箭发出去后，箭弦要收回来，再蓄力待发。毛泽东曾在《对晋绥日报编辑人员的谈话》中说：“古人讲求‘文武之道，一张一弛’。现在‘弛’一下，同志们会清醒起来。”同理，对于研究生来说，过于紧绷的学习与科研生活会导致“精神之弦”过紧，甚至会有崩断的危险；而如果一直处于松弛的状态，则难以抖擞精神学习与科研。

受传统的劳动价值观和社会经济发展程度等因素的影响，闲暇活动在中国社会经济生活中一直不受重视。从观念上讲，人们普遍认为只有劳动甚至只有物质劳动才能创造社会财富，推动社会经济发展。休闲只是对现有财富的消费，是不利于生产发展和社会进步的。[①] 这在一定程度上误解了“闲”的含义。“闲扯”“闲荡”

① 张广瑞、宋瑞：《关于休闲的研究》，《社会科学家》2001年第5期。

所代表的闲暇活动是低层次的活动，高层次高质量的闲暇活动能使人为社会做出贡献。随着社会的进步和科技的发展，借助于先进科技工具的产生，人们逐渐从机械而繁重的体力劳动中解脱出来，有了更多的闲暇时间，从而有时间和精力与大自然拥抱、与身边人交流。科技的进步带给人们更好的闲暇生活，而闲暇生活也滋养了人们的身心，促使人们能够以更好的状态投身于工作、学习。

一个人如果不能享受闲暇，精神不好，就会影响学习与工作。研究生忙碌的学术学习与闲暇生活相辅相成、缺一不可。若没有充实的学习，研究生生涯将转瞬即逝，毫无收获，所以研究生不得不“忙”；而若一味忙于学习与研究，研究生将会失去生活的趣味，失去感知社会和缤纷世界的触觉，变成人们口中的“书呆子”。只有忙里偷闲、闲中有趣才会使研究生生活更精彩，毕业时也不会感到后悔和遗憾。

（一）何谓“闲暇”？

《教育大辞典》对“闲暇”一词的解释是：“闲暇指的是除了工作等必要的活动以外的时间、不属例行事务的‘游戏’活动、具有内在价值的体验的三者的结合物”①。《国际教育百科全书》对“闲暇”的解释则是：“从量的角度来定义，即按照时间、活动范围、与工作的关系来规定；从质的角度来定义，即按照自由选择和个体内心满足所引起的心理状态来规定，质的定义强调闲暇个体的本质特性，包括内心态度体验和心理状态。”②

英语中闲暇一词为“leisure”，源于古法语“leisir”，是指人们摆脱劳动之后的自由时间和自由活动；该古法语源于拉丁语“licere”，意指“被允许（to be permitted）”和“自由（to be free）”，由“licere”所衍生的英语还有“license”，原指免除公务责任的行为。③“school（学校）”一词就源于希腊语“skolk”，其意思就是“闲暇”“休息”。从词源上来看，古希腊和古罗马的哲学家认为学习与闲暇是密不可分的。

自古以来有不少思想家论述过闲暇对个人和社会发展的重要性。柏拉图是西方历史上第一位阐述闲暇思想的哲学家，他认为，闲暇是“一种自我控制的自由

① 顾明远：《教育大辞典》，上海教育出版社，1999，第365页。

② 李维主编《国际教育百科全书》（第五卷），贵州教育出版社，1990，第654页。

③ 孙丽华：《大学生闲暇生活态度研究》，硕士学位论文，南京师范大学教育科学学院，2004。

状态和休闲状态”，他曾把闲暇理解为四层含义，即“空闲”“从活动中获得自由”“一种自我控制的自由状态”和“休闲的状态”。[①] 柏拉图的学生亚里士多德认为，沉思的生活是最高的幸福，是一种神圣的活动。在这种沉思中，人们越来越可能认识到，人的本性中什么是最神圣的。[②] 而被广泛采用的关于闲暇的定义则来源于马克思，他在1862年完成的《剩余价值理论》中指出：“可以自由支配的时间，也就是真正的财富。这种时间不被直接生产劳动所吸收，而是用于娱乐和休息，从而为自由活动和发展开辟了广阔的天地。时间是发展才能的广阔天地，财富就是可以自由支配的时间”。[③] 闲暇时间是一种宝贵的资源，是一个人真正的财富，正如某受访研究生所说，“学习之外的娱乐活动让我感觉幸福，正常需求得到了满足”（Z-F-20201211-D）。在闲暇之中，一个人可以做自己想做的事，有更多机会使自己成为活动的主体而不是活动的客体，充分感受和发挥自己的主体性和独立性，享受属于自己的自由。

有学者将大学生的闲暇生活定义为“所有教育教学计划所安排的活动（如上课、实验、实习等）、为完成教学培养计划（如做作业、复习）的活动及满足基本生存的活动（如睡觉、吃饭）之外的时间”，大学生在可以自由支配的时间内自主安排的生活或活动、事务。[④] 此研究中对大学生闲暇生活的定义也适用于本书中的研究。

某学者认为，研究生的闲暇生活是一种学习闲暇。闲暇是一个休闲色彩极浓、与工作相对的概念，它是“非劳动时间”，但并非“非学习时间”。[⑤] 对于研究生来说，最主要的任务是学习与研究，为未来的生活与学术做准备。因此，研究生的闲暇生活是一种“学习闲暇”，是学习与研究之余的放松，也是对未来生活的一种准备。对于研究生来说，享受闲暇生活、处理好闲暇生活与学术学习的平衡，能对

① 冯建军、万亚平：《闲暇及闲暇教育》，《教育研究》2000年第9期。

② 马惠娣：《休闲问题的理论探究》，《清华大学学报》（哲学社会科学版）2001年第6期。

③ 阿斯曼、斯托贝格：《马克思列宁社会学原理》，李景琪、贾稚岩、王雅林译，黑龙江人民出版社，1983。

④ 胡仕勇、康恒元：《大学生闲暇生活行为倾向研究——对1000名大学本科生的调查报告》，《当代青年研究》，2001年第4期。

⑤ 朱正平：《试论当代大学生的闲暇生活与闲暇教育》，硕士学位论文，湖南师范大学教育学·教育学原理专业，2005。

研究生的高效学习起到积极的作用。

（二）闲暇生活是释放压力的出口

研究生普遍面临着来自各方面的巨大压力，研究生的压力来源不止包括学业，还包括毕业、升学、找工作、恋爱等等。在繁重的研究工作中，闲暇生活是研究生释放压力、调节情绪的有效出口。研究生在闲暇生活中能够滋润心灵，从而以更好的面貌和清醒的头脑面对学习。

1．压力的主要来源

学业是研究生压力与焦虑的主要来源。有的学校要求研究生在就读期间发表数篇期刊论文，而教育部为提高研究生培养质量、规范学位论文，也对研究生的学业提出了更高的要求。2013年以来，教育部颁发了《关于深入推进专业学位研究生培养模式改革的意见》《关于加强学位与研究生教育质量保障和监督体系建设的意见》等文件。2019年，为应对个别单位和人员招生违规、学术不端、论文作假等现象，教育部下发了《关于进一步规范和加强研究生培养管理的通知》。一系列的高要求、高指标使得研究生在学习与毕业方面临着不小的压力。

有研究发现，约四分之一的研究生存在较大心理压力，社会环境性压力源是研究生心理压力的主要压力源，研究生心理压力多为一般单一性生活压力，并且这种心理压力会反映在睡眠、心情、社交当中。还有研究发现学业压力位居研究生心理压力成因首位，研究生对学习现状的满意程度极大地影响其情绪状态。① 本书中的26位受访的优秀学术型研究生中，不少被访者表示自己在学习与科研方面有较大的压力。

“压力肯定有，学术的压力很大，课题、毕业有压力，升学、找工作也有压力。有段时间我很焦虑，都睡不着觉。”（C-M-20201211-X）

“我之前写论文极度焦虑，因为任何人都帮不了我，是我自己领域里的问题。”（Z-F-20201213-C）

“压力大”已经成为研究生的常态，学业与科研带来的压力常使研究生面临失眠与焦虑的问题。若无法有效释放压力，可能会导致研究生出现一系列的心理问题。

① 宋晓东、黄婷婷、景怡：《研究生心理压力调查报告——以北京某985高校研究生为例》，《中国青年社会科学》2019年第3期。

此外，本研究发现，研究生的压力大小与研究生所处的阶段有关。一些受访研究生认为，研究生的压力是分阶段的，某些阶段压力较轻，某些阶段压力则相对更重，如某受访研究生所说：

“研二的时候学习任务和学业压力是最大的。因为研一主要是课程的学习，属于积累的过程。研二的时候需要输出。”（J−F−20201228−X）

某研究发现，在硕士研究生群体中，研二学生群体的心理压力相对更重。在年级的维度上，研二学生的压力在7个因子（学业、人际交往、就业与前途、家庭关系、经济、婚姻爱情、其他）中都是最大的，其中学业、人际交往、就业与前途的压力显著高于研一、研三的硕士研究生，家庭关系和婚姻爱情极显著高于研一、研三的硕士研究生。[①] 对于硕士研究生来说，研一学生的主要学习活动是上课与阅读，这一阶段研究生的压力来源大多数是适应新的环境与学习节奏；研二学生则需要边实习边准备学位论文的开题报告，还要向学术期刊投稿，发表研究成果，有些专业的研二学生可能还需要上课，面临课程学习的压力；研三学生一般集中准备学位论文，与此同时为找工作或升学进行紧张的准备。因此，在研二阶段，学生面临的学习、科研任务较重，同时可能还要思考未来毕业的去向，压力和焦虑较重。

2．释放压力的方式

在重压之下，研究生需要调节自己的压力与情绪，安抚自己的心灵。闲暇生活对于研究生来说是不可或缺的调整方式：

“要有其他的爱好分散自己的精力。比如说我很喜欢摄影，有自己的电子产品。我有时候做了一天研究却什么都没有做出来，就需要玩一点别的，拿单反相机拍照或者听音乐。爱好可以花钱，也可以不花钱，比如散步就不需要花钱。学术和生活之间需要缓冲带，这个缓冲带要用爱好来填补。”（C−M−20201209−O）

研究生能在闲暇时光中得到放松，在进行闲暇活动的时候让心灵从焦虑中回归沉静。闲暇生活能为紧张的学习生活提供“缓冲带”，让研究生的心灵得到休养。在闲暇时光中，研究生能短暂地从学术活动中解脱出来，获得释放压力、调整情绪的机会：

① 刘海鹰、赵媛媛：《硕士研究生心理压力调查报告》，《山东理工大学学报》（社会科学版）2013年第4期。

“我遇到压力的时候，很喜欢和别人沟通，说出来心情会好一点。憋在心里的话，思想、心理可能出问题，这就很严重了。跟别人聊天的过程就是在排解压力，特别是得到同学回应的时候，就会觉得很痛快。”（W−F−20201213−C）

听音乐、看电影、倾诉等闲暇活动为研究生提供了释放压力、调整情绪的出口，让研究生重新面对学术学习的时候能重整旗鼓，高效学习。

（三）闲暇生活为健康提供保障

身体是革命的本钱，健康的身体是学习与工作的基本保障。良好而充足的睡眠与饮食能保障身体的基本机能，闲暇活动为身体与心灵的发展提供了条件。毛泽东在他早期的著作《体育之研究》中写道：“无体是无德智也”“体者，载知识之车而寓道德之舍也”。一个人只有体魄强健、精力充沛，才能获得德与智。访谈之中，有受访研究生提到自己身边朋友因身体原因无法继续学习的例子：

“我建议大家学习时把自己的状态调整好，身体健康是学习最大的影响因素。什么都不如身体健康重要。我的一个舍友，学习成绩特别优异，去年毕业以后查出来肝癌晚期，才23岁。他各种大奖拿到手软，获得的荣誉很多，但经常熬夜做任务、赶比赛的项目，可能他身体本来就不太好，所以导致了生病。”（C−M−20201209−O）

健康的身体是科研的基础，闲暇之中的放松不仅能释放压力，也能使身体放松下来。持续处于紧张状态之中的人，不仅大脑容易感到疲惫，肌肉和五脏六腑也会随之受到影响。当人从紧张状态中抽离出来、放松心情时，大脑和身体都能得到一定程度上的休整。有受访研究生认为，没有休闲的生活是“可怕”的，会使自己没有足够的精力学习：

“我觉得有些学生很可怕，天天只面对书本，没有别的生活。这种紧绷的状态只是某一阶段的状态还好，但如果一直都是这样的话，我觉得还挺可怕的。我也做不到全身心只专注于学习，不能持续地做同一个领域的事情。我觉得还是要平衡学习和生活休闲娱乐。”（L−F−20210130−X）

研究生闲暇生活需要科学而合理的设计，研究生的身体、生活习惯、兴趣特长各异，需要围绕学习与发展取长补短。比如有受访研究生提到，晨跑能够使她的头脑清醒起来，提升学习状态：

“跑步可以减肥，让我的头脑清醒。跑步后，我会觉得做事情的效率更高。对我来说，一个人跑步的时候心会沉下来，思考今天要做什么，反省昨天的得失。一个人也需要这种反省的时间。”（Z-F-20201223-C）

通过参加体育运动、娱乐游戏等活动，研究生的身体健康得到保障，就能有充足的精力迎接新一天的学习。有的受访研究生更喜欢通过瑜伽锻炼身体：

“我不喜欢跑步，也不提倡跑步。瑜伽比较好。每个人都有自己的选择，没有必要强求别人和我们一样。”（F-F-20201214-D）

研究生需要根据自身情况与条件选择恰当的闲暇活动，选择喜欢的运动，激励自己坚持做下去。闲暇活动为身体和心灵提供营养成分，我们需要对这份营养进行合理“配比”，让其最大限度地滋养我们的身体和心灵。

（四）闲暇生活中易迸发灵感火花

没有闲暇，人类就不可能有深刻的思想活动，也不会有真正触及人的灵魂和精神的文化产生。这是因为，相对于目的性极强、缺乏丰富内涵和创造动力的物质报酬性劳动而言，闲暇的自由时间的活动包含有增长人的道德、智性，寻找人生志趣和活力，精神生活得到满足的自由支配性的活动。①“没有自由时间，就不会有一切科学、艺术、诗歌等富有创造性，融智慧及浪漫于一体的社会文明。”②

许多伟大的发明创造和科学发现都是科学家们在闲暇生活中领悟到的。瓦特在家里烧水的时候，看着开水壶的壶盖“咕噜咕噜”冒热气，联想到了蒸汽的动力作用，从而发明了蒸汽机，揭开了工业革命的序幕。生活中的小细节往往就是伟大发明和科学发现的开端，科学家们在结束了紧张的思考之后，在放松心情、思想神游的时刻，反而能从微小的事物中得到灵感。

某受访研究生提到，他们的研究灵感经常源于师门组会中的闲聊：

“我们12点到办公室开组会，一谈就谈到下午7点，中间会叫外卖或者吃点心，边吃边讲，跟茶话会一样。可能有三四个小时是在闲聊，因为闲聊是很多灵感的来源，我们的交流没有那么严肃。学术是比较严肃的，但学术活动并不一定非得严肃。”（L-M-20201224-C）

① 华凤霞：《闲暇教育理念探析》，硕士学位论文，河南大学教育学原理专业，2006。

② 马惠娣：《休闲：人类美丽的精神家园》，中国经济出版社，2004，第12页。

研究生深度学习的关键在于创造性、批判性的思考，适当享受闲暇生活不但不会浪费时间，还有可能得到更多灵感，迸发思维的火花。与朋友聚会、运动的时刻，都可能成为萌发灵感的契机。

（五）闲暇生活促使研究生的个体社会化

研究生学业繁忙，与本科生相比交际圈较小，基本仅限于班级和实验室之中。狭小的交际圈可能导致一定的心理问题，使研究生产生焦虑、孤僻、内向等情绪，若持续下去会越来越严重。一定的闲暇活动能使研究生走出实验室，结交新朋友。有受访研究生表示，打羽毛球和跳舞都是结交新朋友、扩大交际圈的有效途径：

“我会打羽毛球，但我没有参加社团。偶然有一次和学弟打羽毛球，他把我拉进了一个大群里，群里有各个专业、各个年级的同学，大家都不认识，会在群里约打羽毛球。”（Z-F-20201223-C）

“之前我会在外面学跳舞，学跳舞是一个释压的过程，会流很多汗。我会通过跳舞认识不一样的人，可以跨领域结交朋友，会让我觉得在接触外面的世界。”（C-F-20201230-C）

从这两位受访研究生的经历可以看出，闲暇活动可以使研究生打开生活圈，增加与人交流的机会。此外，多参与闲暇活动不仅能帮助研究生结识有相同爱好的朋友，还能使研究生结交相同或不同研究领域的朋友，有助于建立学术共同体，为研究生提供不一样的科研平台与视角：

“我觉得学习上可以多跟周围的人比如师兄师姐和同级的同学交流。如果遇到了学习上的问题，跟不同领域的同学聊天，他们说的话会启发到我，这其实很有用。”（L-M-20201221-C）

研究生在闲暇活动中能接触到各种各样的人和事，从不同的角度了解这个社会，而不只是局限在实验室和图书馆中。在闲暇生活中，研究生不仅能认识许多朋友，也能在与朋友、社会的交往中不断认识自己、发现自己，从而促进个体的社会化，有助于研究生在走上工作岗位时更好地适应社会。

二、研究生闲暇生活存在的问题

爱因斯坦认为，人的差异在于如何利用业余时间，而他成功的重要原因之一是懂得如何利用闲暇时间。研究生的闲暇生活有重要价值，但在现实中，研究生的闲暇生活状况并不理想。本节通过总结访谈和已有研究分析现实中研究生闲暇生活存在的误区与不足。

（一）闲暇时间的缺乏

紧张的学术生活往往使研究生忽略自己的闲暇生活。对于科研任务繁重的研究生来说，整日泡在实验室与图书馆成为常态，他们的生活中似乎没有了闲暇时间，更不用提享受闲暇活动。在繁重的学习与科研压力之下，研究生通常会选择牺牲休息时间，集中精力攻克科研难题，有受访研究生认为，在学业的重压下，自己难以兼顾学习与闲暇，只得放弃闲暇生活，把全部精力用在学习上：

“一般来说，如果时间只够兼顾学习与工作，就得抛弃娱乐。（L-M-20201211-X）。

“研究生的学术研究生活和闲暇生活是没有明显界限的。下班不是结束，思考是不会停止的。论文投出去的那一刻，我会觉得一个阶段的研究结束了，但马上就会进入下一个阶段。生活与学习不是自己说了算的，因为导师会安排，不能想休息就休息。”（F-F-20201214-D）

研究生紧张的学习与科研生活使得研究生往往将闲暇生活当作可有可无的“边角料”与“牺牲品”。忙碌的学习与科研生活看似十分充实、有意义，但完全处于忙碌状态也是“对生活的一种压缩”①。在这种思想下，闲暇生活难以发挥应有的价值，研究生也难以通过闲暇活动休养生息，缓解学术上的压力。

（二）闲暇意识的不足

闲暇意识不足是指研究生没有意识到闲暇生活的意义与重要性。某个对工科研究生闲暇生活的调查研究发现，工科研究生大多认为自己的大部分时间都是在实验室度过的，比本科生的活动地点更集中，所以无须对剩下的闲暇时间进行规划。②

---

① 吴冰雪：《研究生闲暇教育：价值与策略》，《教育观察》2020年第9卷第38期。

② 陈敏：《工科硕士研究生闲暇生活状况及其影响因素调查与分析——以浙江大学为例》，《高教论坛》2017年第10期。

在访谈中，只有一半的研究生明确表示自己在努力尝试改变，这也说明研究生对闲暇生活的自觉意识不足。某学者认为研究生的闲暇生活往往表现出“过闲”与“过忙”两种极端的状态。“过闲”的研究生往往会“为了解闷进行娱乐及寻求刺激的活动”，处于这一状态的研究生往往没有合理规划的意识，会无意义地度过空闲时间。“过忙”的研究生往往会“投入情感参与活动”“积极参与活动”，处于这一状态的研究生的大部分时间都在图书馆、实验室度过，很少区分工作日和双休日。①“过闲”与“过忙”两种生活状态的背后都存在着闲暇意识的缺乏，这两种状态都会使研究生身心难以健康而充分地发展，更无法启迪研究生的创造灵感。

在没有紧张的学习与科研任务时，研究生会有许多闲暇时间。对闲暇的模糊意识易导致研究生对自己的闲暇生活缺乏思考，难以在闲暇中发挥自主性，闲暇时间被无意义的事情填满，虚度时光。

（三）闲暇活动层次偏低

闲暇活动有高低层次之分，高层次的活动能滋养人的心灵，而低层次的活动易使人堕落。纳什将闲暇活动按从低到高的顺序划分为六个层次。纳什认为闲暇就是业余活动，他按照人们在业余时间内所从事活动的价值，把闲暇分为六个层次：创造性参与活动，如发明、创作等，价值为4；积极参与活动本身，如跳舞、运动等，价值为3；情感投入观看活动，如看演出等，价值为2；被动消极观看活动，单纯寻求轻松、刺激与娱乐，打发时间，释放压力，如听音乐、心不在焉地翻看小说等，价值为1；纯官能享受型活动，如酗酒、赌博、沉迷网络游戏等，价值为0；犯罪等反社会行为，呈负价值。②

有研究指出人们可能得到的快感有三类，分别来自感官、情感皮层、智力皮层。在愉悦感的产生过程中，大脑皮层对于这三类快感所起作用的部位不同。③感官皮层的娱乐活动包括破坏公物、体育运动等；情感皮层的娱乐活动是人们的感官和智力因素共同起作用的一种活动，如品酒、作画等；智力皮层的娱乐活动是指那

① 吴冰雪：《研究生闲暇教育：价值与策略》，《教育观察》2020年第9卷第38期。

② 罗华：《大学生闲暇及闲暇教育现状的抽样调查及对策研究》，硕士学位论文，西南师范大学教育学原理专业，2004，第15页。

③ 杰弗瑞·戈比：《你生命中的休闲》，康筝译，云南人民出版社，2004，第102—104页。

些单纯基于智力行为而绝不涉及感官刺激的活动。

低层次的闲暇活动不利于研究生的身心健康发展。网络上流传着这样一句话："硕士三年睡着睡着就过去了。"这样的闲暇生活非但无法对研究生的学习起到积极正向的促进作用，反而会使研究生养成不良生活习惯。有受访研究生表示，大学生活容易使人变得懒散：

"我前两天还在感慨，上大学有种把人上废了的感觉，到了大学一下子就放松了，没有很紧张的感觉，大家都很休闲，我的学习能力也下降了。"（W-F-20201213-C）

某学者通过研究发现，在研究生的日常休闲活动中，最常做的五件事依次是影视观看或音乐欣赏，网上聊天与游戏，看小说、报刊，自修及体育健身活动。调查数据表明研究生的休闲行为主要停留在"解闷"这一层级。研究生在闲暇时间进行创造性活动的比例太少，研究生的创造性没有在日常休闲中发挥出来。①

另一学者的研究也支持了以上观点，硕士研究生的闲暇活动具有明显的趋同性与单一性。调查显示，"上网"以远远高于其他活动的分值而位于所有活动的首位，"睡懒觉"这样一种以松散为特征的休息方式居于第二位，这说明硕士生闲暇活动的质量需要提高。②

还有一个研究发现，38.32%的学生认为闲暇生活的主要作用是打发无聊时间，甚至有7.94%的学生认为自己的闲暇生活无聊空虚，不知道做什么好，做什么都觉得没劲，以致浑浑噩噩，心灵空虚。③若研究生的周末都在上网与睡懒觉中度过，周一早上就容易感到无精打采和疲劳，产生过了一个"假周末"的错觉。单一而低层次的闲暇生活不仅难以使研究生的身心获得充分的休息，还容易使研究生养成懒惰的惯性，丧失积极进取的志气，堕入"得过且过"的深渊。

---

① 郭清秀：《研究生休闲教育研究》，硕士学位论文，南京师范大学高等教育学专业，2008。

② 吴晓璐：《"生活即教育"视域下硕士研究生闲暇生活的审视与构建》，硕士学位论文，云南师范大学成人教育学专业，2019。

③ 陈敏：《工科硕士研究生闲暇生活状况及其影响因素调查与分析——以浙江大学为例》，《高教论坛》2017年第10期。

（四）缺乏规划与执行力

缺乏规划的闲暇生活容易使人空虚、疲劳。某学者通过访谈研究发现，研究生的闲暇生活普遍存在着缺乏规划的现象。[①] 某学者的研究显示，硕士研究生对闲暇生活缺乏反思与计划，调查中只有 31.7%的硕士生选择“会”或“比较会”对自己的闲暇生活进行反思，只有 22.1%的硕士生选择“会”或“比较会”对闲暇生活做出计划，许多硕士生没有对闲暇生活做计划的习惯或者执行计划的行动力不足。[②] 已有的研究结果说明大部分研究生疏于规划自己的闲暇生活。

研究生若不对闲暇生活进行规划，闲暇活动将倾向单一化和低层次化，难得的闲暇时间被睡懒觉和玩手机浪费，不仅无法消除学习和工作中的疲惫，也可能对身心健康产生负面影响。缺乏规划与自主性的闲暇生活容易出现“从众”现象，这种状态下的研究生易被外界影响活动方式和心情，闲暇的价值难以发挥。

三、平衡闲暇生活与学术学习：“恰当地利用闲暇是一生做自由人的基础”

亚里士多德认为，恰当地利用闲暇是一生做自由人的基础。[③] 闲暇时间的增多并不意味着闲暇生活的质量随之提升。有时候，闲暇时间的增多反而会增强人们的空虚感。在美国，犯罪率的升高来源于失业率的高居不下，游手好闲的青年会为了寻找生活的刺激而选择犯罪；在一些视工作为“天职”的国家里，如日本，闲暇则使染上“工作癖”的“工作狂”们有一种失落感、愧疚感，进而导致心理失衡。[④] 亚里士多德认为，闲暇愈多，也就愈需要智慧、节制和正义。在闲暇活动中，智慧可以使我们远离嫉妒、仇恨、报复和伤害，克服浮躁、空虚和无聊；节制可以使我们对自身的行为加以约束，避免纵欲和任性；正义可以使我们明辨是非、从善如流。[⑤] 那么，如何才能使研究生的闲暇生活发挥最大的价值呢？

---

① 潘秀新：《全日制硕士研究生闲暇生活现状分析及对策研究》，硕士学位论文，辽宁师范大学教育学原理专业，2013。

② 吴晓璐：《“生活即教育”视域下硕士研究生闲暇生活的审视与构建》，硕士学位论文，云南师范大学成人教育学专业，2019。

③ J·曼蒂、L·奥杜姆：《闲暇教育理论与实践》，叶京等译，春秋出版社，1989。

④ 陈乃林、孙孔懿：《终身教育理论视野中的闲暇教育》，《教育发展研究》2000年第2期。

⑤ 万慧进：《高校闲暇德育对大学生闲暇德性的建构》，《理论与改革》2007年第5期。

（一）“摆正心态，做好规划”

现如今，“时间就是生命”“时间就是金钱”等观念已经深入人心，时间的规划与管理对一个人的成功至关重要。时间管理包括对时间进行合理规划与对计划的严格执行。某个对1387名大、中学生的调查研究发现，时间管理的好坏可能是影响主观幸福感的一个重要因素。研究显示，时间监控观对学业成绩有一定的预测作用，时间管理倾向各维度（时间价值感、时间监控观和时间效能感）与积极情绪之间存在显著正相关，与消极情绪之间存在显著负相关。[①]

相对本科生而言，研究生的闲暇时间较少，因而更加珍贵，对时间的合理规划有利于节省出闲暇时间：

“首先，时间被多项事务分割的情况下，效率更容易提高，因为心理上会有压迫感。其次，在很多事项同时进行的情况下，我会区分事情的紧迫程度，紧急的事情先完成，其他事情后完成，不拖拉。最后，学习是积累的过程，不会因为某段时间的其他工作耽误学习。给自己的时间越多，越容易产生拖延心理，工作与学习的平衡需要摆正心态，做好规划。”（C-F-20201221-C）

“我能够在规划时间内完成学习任务，基本上不熬夜，这是因为我做了规划。”（Z-F-20201213-C）

从访谈记录中不难看出，能够平衡好闲暇生活与学术学习的研究生都着重提到两个词：“规划”与“设置优先级”。通过对整体生活进行合理规划，对要做的事情做到心中有数，对闲暇生活和学术学习的时间进行合理分配，这是平衡生活的第一步。“走一步看一步”的无规划状态容易致使生活走向无序，到最后不仅学习与科研任务不能顺利完成，也没有时间休息和娱乐。要想获得闲暇时间，首先要对整体时间做好合理的规划，合理分配好工作、学习与闲暇生活，而不是把闲暇当作可有可无的“边角料”来任意压缩。

某研究表明，对闲暇时间是否有规划对闲暇生活满意度的影响最为显著。对闲暇时间有明确规划的学生满意率比没有规划的学生高60%，可见，对闲暇时间能否

① 张志杰、黄希庭、凤四海、邓麟：《青少年时间管理倾向相关因素的研究》，《心理科学》2001年第6期。

做好计划是影响闲暇生活质量的重要因素。[①] 若缺乏规划，生活就容易失去应有的节奏，会使人力不从心，感到空虚。合理的规划能使研究生重新审视自己的生活，对学习时间和闲暇时间做好统筹分配，在专注学习的同时也充分享受闲暇生活。

（二）自律使人自由

学生往往倾向于过充实的、有质量的生活，但在现实中却不自觉地被懒惰“俘虏”，难得的闲暇时间被空虚的活动占满，一天的生活结束后却毫无收获感。也有的同学会做很多规划，但是一做完规划就“心满意足”地把规划丢在一边不执行，等到回过头来发现一事无成时才感到懊悔。实际上，对时间做好合理规划只是平衡闲暇与学习、工作的第一步，认真执行规划、做好自我监控才是迈向充实生活的关键。访谈中，有很多受访研究生提到了自律对自己的积极影响：

“要自律，做完了事情之后就有很多空闲时间了。我会关注画展、艺术展或者戏剧。我不太赞同通过发泄的方式排解压力，比如大吃一顿火锅或者狂买很多衣服，我不会那样做。慢慢地排解压力会好一些。”（Z−F−20201213−C）

“要管理好时间，如果时间管理不好，情绪就会不好，就什么都做不好。在能把控的范围内做好自己的本分，心态也要放好，这两点很重要。”（C−F−20201230−C）

“第一点，在时间管理上做好平衡，学习、工作和生活三者可以并行处理。如果时间把控不好，肯定就会发生一些冲突；第二点，要提前设立长期和短期的目标，这样更有利于生活的平衡。”（L−M−20201227−O）

人首先要能管理好自己的时间与行为，才有成功的可能。对研究生来说，无论是学术学习还是享受闲暇，都应做到“克己”，不过度沉迷于放松娱乐，也不过度将自己置身于学习之中，而应该合理安排好学习时间与闲暇时间，并井然有序地在计划的时间内完成应做的事情，丰富自己的研究生生活。

（三）在闲暇中学习

闲暇与学习不是对立的，在自由的闲暇时间里，只要从事的是自己喜爱的活动，无论是运动还是科研，都能让人感到充实。在很多人看来，物理是可望而不可

① 陈敏：《工科硕士研究生闲暇生活状况及其影响因素调查与分析——以浙江大学为例》，《高教论坛》2017年第10期。

即的高深学问，但对爱因斯坦来说，他最热爱的闲暇活动就是物理研究。他在工作之余进行研究，在航海旅游之时也拿着笔记本进行思考，对他来说，风平浪静之时更能让他沉浸在科学的世界中。此外，音乐也给了爱因斯坦许多灵感，他在小提琴的音乐世界中感悟到了物理的和谐与美。伊壁鸠鲁认为，世上存在两种优劣殊异的快乐，较高层次的快乐常常是指沉思、欣赏和开发智力所带来的快乐，这是一种自我完善的过程。较低层次的快乐大体等同于一种周期性的、对天生嗜好做出的反应。[①] 创造性的活动能使人更有收获感和满足感。在闲暇中学习自己热爱的知识与技能，收获的不仅是知识，还有真正的幸福与对自己的认可。

罗森勃吕特在哈佛大学餐厅设立了科学讨论会，使哈佛大学的餐厅不时迸发“餐桌上的思想火花”，控制论、计算机、博弈论、神经控制论、人工智能的开创者们都曾是在这个餐厅讨论的常客。[②] 无独有偶，有学者在访学期间发现，斯坦福大学的餐桌上谈论的几乎都是与自己的研究、学习、工作有关的事，他们在吃饭时交流信息，激发灵感，寻找合作契机。利用闲暇时间与同伴交流学术，不仅有助于激发灵感，还能开阔自己的视野，收获新的想法与知识。

学习不应局限于固定的场域之中，在教室、图书馆之外，学习随时随地都能发生。闲暇之中发生的学习，能帮助我们从学科专业之外的角度认识、了解这个世界，了解自己。

“我对游戏、短视频一类的软件不太感兴趣，喜欢学一些比较好玩的东西，比如画画、吉他、滑板……学了画画之后，可以从另外一个角度看待艺术品、看待世界，这是对我帮助非常大的一点。”（L–M–20201227–O）

人们在闲暇时间内往往会感受到愉悦和幸福，在这种心态下发生的学习会使人记忆更深刻。在闲暇中学习，让学习随时随地发生，这是终身学习的关键，也是建构学习型社会的关键。

---

① 马惠娣：《休闲问题的理论探究》，《清华大学学报》（哲学社会科学版）2001年第6期。

② 沈爱民：《闲暇的本质与人的全面发展》，《自然辩证法研究》2004年第6期。

第二节　善用艺体放松身心，为紧张学习充电

研究生作为一个逐渐壮大的群体，其成长成才得到了社会的普遍关注。虽然我国已经成为数量上的研究生教育大国，但研究生教育质量却不容乐观，研究生的获得感还有待提升。善用艺术、体育和游戏的方式放松身心，是研究生群体为紧张的学习充电，保障自身健康成长成才的重要条件。因此，本节依据《黄帝内经》这部医学经典著作带来的启示，剖析优秀研究生高质量闲暇生活的内容，并提出了一些放松身心的策略，以帮助广大研究生调整生活方式，保障生活质量，为深度学习做好身心准备。

一、深度学习考验体能

体能即身体能量，是一种拥有足够的能量完成各种活动任务的能力。体能与人们的身体健康紧密相关，人们身体越健康，体能就越强。当前国民的身体健康越来越受到广泛关注。2016年10月，中共中央、国务院印发了《“健康中国2030”规划纲要》，[①] 提出到2030年要实现“人民健康水平持续提升”“主要健康危险因素得到有效控制”等目标。在“健康中国”这一背景下，中医以其特有的资源优势，成为中国卫生事业发展的重要基石。

研究生的身体健康也得到了社会的普遍关注。多项研究表明，研究生科研压力

① 中共中央国务院：《“健康中国2030”规划纲要》，2016年10月25日，http：//www.gov.cn/xinwen/2016-10/25/content_5124174.htm，访问日期：2021年7月10日。

大，加上久坐、运动不足等，使得研究生的身体出现问题，[①②]体能也有所下降。为了改善研究生的身体状况，提高研究生的体能，本节从中医的源头《黄帝内经》开始，通过梳理《黄帝内经》的主要思想，溯本求源，为研究生的体能改善提供理论依据与参考。

（一）《黄帝内经》的养生观

《黄帝内经》作为我国现存最早的一部医学经典著作，是中医养生学形成的理论基础。《黄帝内经》说："上古之人，其知道者，法于阴阳，和以术数，食饮有节，起居有常，不妄作劳，故能形与神俱，而尽终其天年，度百岁乃去。"[③]这段论述说明，如果人们懂得并实行了养生之道，身体就会健康。这其中的体质养生思想对当代研究生的体能改善具有重要的指导意义，对《黄帝内经》的养生观进行系统的整理分析可以指导研究生更好地健康生活。

1. 何谓养生

养生，又称摄生，也叫道生，在我国有着悠久的历史。"养生"一词最早见于《庄子·内篇》，所谓"养"，即保养、调养；所谓"生"，即生命、生存，总的来说，养生即保养生命。古代的养生是根据人体生命过程的客观活动规律，有意识地通过多种手段和方法，有效地保护人体生命，促进身心健康的主客观行为。[④]当代所定义的养生是"研究增强体质，预防疾病，以达到延年益寿的理论和方法。"[⑤]由此可见，古代和现代的养生概念并未发生太大的变化，而是有着一致的精神实质。

2. 养生观

《黄帝内经》广纳各家养生思想，形成天人相应的整体观、未病先防的预防观

---

① 夏祥伟：《研究生体育锻炼与健康问题的研究》，博士学位论文，华东师范大学运动人体科学专业，2005。

② 喻瑶：《高校研究生群体的健康促进研究》，硕士学位论文，武汉大学社会医学与卫生事业管理专业，2005。

③ 王洪图、贺娟主编《黄帝内经素问白话解》（第2版），人民卫生出版社，2014，第11页。

④ 王珏：《〈黄帝内经〉体质养生思想的研究及其对后世的影响》，博士学位论文，南京中医药大学中医基础理论专业，2017，第3页。

⑤ 刘占文主编《中医养生学》，上海中医药出版社，1989，第2页。

和形神共养的生命观。

（1）天人相应的整体观。《黄帝内经》认为，人体与自然是一个有机的整体，人体与自然虽然各有各的特殊性，但两者平衡互补，互为存在的前提与条件。据此，《黄帝内经》认为人应顺应四时的变化。一天之中的昼夜晨昏变化如同一年一季的气候变化，也有一定的规律性，人体的生理、病理状态也随着昼夜变化规律而出现相应的适应性调节。把人的一天按照四季划分，早上阳气生发，能够抵御邪气；中午阳气旺盛，能够制伏邪气；傍晚阳气衰减，到了半夜，人体的阳气都深藏内脏，形体只有亢盛的邪气。人体之所以能够进行正常的生命活动，是人体阴阳相互制约而取得统一均势平衡的结果。

近年来，世界睡眠研究会等各种官方与非官方机构对青年睡眠指数的研究均显示，青年的熬夜现象日益凸显。[①] 对于大多数研究生来说，熬夜已成为一种常态。根据分泌系统的运行原理，23点后入睡属于熬夜。根据“天人相应”观点，人体本应在白天阳气充盛，兴奋功能占据主导地位；入夜则阴气充盛，抑制功能占据主导地位。[②] 但熬夜使得研究生在夜晚时兴奋功能占据主导地位，第二天白天时，兴奋功能难以充分延续，出现精神萎靡、头昏脑涨和反应迟钝等问题。由此可见，顺应人体生长的自然规律对人的健康成长至关重要。研究生需要学习并正确运用这一规律，即当人体在白天精力旺盛时，应以学习为主要活动；在夜晚，研究生要及早进入睡眠状态，从而涵养阳气。因为只有一日之内人身的阴阳二气保持均衡协调的统一状态，研究生才能健康地生活。

（2）未病先防的预防观。《黄帝内经》提倡“未病先防”，形成“治未病”理论。首先，如《素问·疟论》说：“疟之未发也，阴未并阳，阳未并阴，因而调之，真气得安，邪气乃亡”。[③] 这说明机体在没有疾病之前，应采取有力措施积极预防，增强机体的抵抗力，防止疾病的发生。其次，如果疾病已经发生，仍可以根据病情的轻重采取热敷、针刺等方法治疗。正如《素问·八正神明论》所言：“上工救其萌芽，必先见三部九候之气，尽调不败而救之，故曰上工。下工救其已成，

① 周详：《青年熬夜行为的心理机制与干预》，《人民论坛》2019年第29期。

② 杨寒松：《〈黄帝内经〉阴阳思想的哲学源流及其理论的内涵与特点》，硕士学位论文，北京中医药大学中医基础理论专业，2014。

③ 王洪图、贺娟主编《黄帝内经素问白话解》（第2版），人民卫生出版社，2014。

救其已败。”[①] 最后，治疗疾病的时机也很重要。《灵枢·逆顺》曰：“上工，刺其未生者也……下工，刺其方袭者也，与其形之盛者也，与其上工治未病，不治已病。”[②] 疾病最好的治疗时机是发生之前，其次是邪气未盛时，最差是等到邪气已衰。治疗的时间拖得越久，对身体造成的伤害也越大。

未病先防的预防观有助于研究生保持身心健康，而身心健康是研究生深度学习的基本保障。已有研究表明，研究生的健康和体质状况不容乐观，主要表现在体质下降、心理问题凸显、社交意识淡薄、自杀事件时有发生等。[③] 一方面，部分研究生因科研、学习压力重，参与体育锻炼时间少，造成身体的巨大损耗，易患感冒发烧、胃痛等疾病。另一方面，课程难度、人际敏感、婚恋压力和就业问题等使得部分研究生常处于焦虑、多疑等消极情绪之中，严重者转化为抑郁症等精神疾病，影响研究生深度学习。因此，为保证研究生的学习质量，根据“未病先防”的观点，研究生在生活中应树立未雨绸缪、防微杜渐的“治未病”思想，平时应提高警惕，多注意养生，养大于治；其次，当发生生理或心理疾病时，应及时积极治疗，切勿讳疾忌医。

（3）形神共养的生命观。《黄帝内经》指出，人是形与神的统一体，二者相互依附、相互影响，既要注意形体的保养，也要注意精神的摄生，使形体健壮，精力充沛。“形”指的是人体的脏腑身形，“神”指的是精神意识思维活动。只有使形体和精神处于协调发展统一，人体才能健康长寿，这就是黄帝内经的“形神供养”思想。如《素问·上古天真论篇》曰：“形体不敝，精神不散”[④]，《素问·八正神明论》曰：“故养神者，必知形之肥瘦，荣卫血气之盛衰。血气者，人之神，不可不谨养。”[⑤] 气血是人体精神产生的物质基础，强调了形体与精神都需要谨慎保养，这是人健康长寿的有力保障。

部分研究生存在形体与精神不一致的情况。如有的研究生形体安逸舒适，但精神苦闷，郁郁寡欢，具体体现在部分研究生虽身体健康，但遭遇生活与学习的困境时情绪起伏大，常常忧愁思虑、怨天尤人，不能正确看待个人的利害得失。有的研

①②④⑤ 王洪图、贺娟主编《黄帝内经素问白话解》（第2版），人民卫生出版社，2014。
③ 夏祥伟、沈继章、刘单：《我国高校研究生全面健康问题的实证研究》，《国家教育行政学院学报》2019年第8期。

究生形体劳苦疼痛，但精神愉快。具体而言，研究生在醉心科研时能获得成就感与满足感，精神舒畅，然而忽略了养护身体，导致机体体能下降，脏腑等器官的功能减弱，出现诸多或大或小的生理疾病。有的研究生形体与精神均存在困苦，既不能做到少思虑、平喜怒、淡好恶，又不注意保养身体，身患数病，形神俱伤。众所周知，只有形体与精神的相互作用产生良性影响，才会促进研究生的身心健康。一方面，精神是生命活动的集中体现，研究生可以通过静以养神，调养情志，从而增进身心健康；另一方面，形体是精神活动的物质基础，研究生应当通过适当的运动增强体质，提高身体防护能力，保障身体强健，促使精神舒畅。

3．养生之道

《黄帝内经》虽没有阐明具体的养生方法，但其养生理论一直广为流传，给中国养生史带来不可磨灭的贡献。其养生涉及多个方面，主要提倡从饮食、起居和运动来养生。

（1）饮食养生。饮食是机体生长发育，维持人体生命活动的物质来源。合理科学的饮食可以更好地滋养身体，因此，在选择食物时，必须五味调和。五味是指酸、苦、甘、辛、咸五种味道。《素问·六节藏象论》提出："是故谨和五味，骨正筋柔，气血以流，腠理以密，如是则骨气以精，谨道如法，长有天命。"① 强调人如果饮食调理得当，就可以长期保持生命力。部分研究生的饮食问题在于爱吃高脂肪食物、含盐量高的食物和太多甜食，② 这与《黄帝内经》注重摄食均衡性的观点相违背。尽管食物都具有营养的作用，但因每种食物的性能不同，偏嗜不仅不能补充人体营养，反而会让脏腑功能失调，危害身体健康。

饮食和养神联系密切。《素问·六节藏象论》中写道："五味入口，藏于肠胃，味有所藏，以养五气，气和而生，津液相成，神乃自生。"③ 这表明饮食结构的合理对人的精神至关重要。相关研究显示，部分研究生存在不吃早餐的现象。④ 早餐作为研究生早上起床后的第一次正餐，对其身体状况有着重要影响。如果早餐不能保证足够的营养摄入，就会导致注意力难以集中，甚至引发胃病和其他疾病，

①③　王洪图、贺娟主编《黄帝内经素问白话解》（第2版），人民卫生出版社，2014。

②④　冯军芳：《当前我国高校研究生生活方式研究——以河南某高校为例》，硕士学位论文，郑州大学社会学专业，2007。

从而直接或间接地影响学习效率。对于研究生来说，健康的饮食习惯有助于促使其拥有积极的精神状态，为实现深度学习奠定良好的身体基础。

（2）起居养生。良好的起居习惯是人体进行工作、学习的动力和支柱。《素问·上古天真论》主张“起居有常，不妄作劳，故能形与神俱，而尽终其天年，度百岁乃去”①，批评了那些“以妄为常，醉以入房……逆于生乐，起居无节”②的不良生活习惯。部分研究生存在不良的起居习惯。③究其原因，研究生的课程较本科生少，闲暇时间相对充裕，这种自由状态容易使得部分研究生对生活盲目、无计划，肆意享受玩乐生活，养成熬夜、晚起等不良的起居习惯。实际上，研究生不规律的起居习惯是一种“自我创造性的危险”，长此以往容易引发消化系统紊乱、头晕、头痛等生理不适，影响学习。

（3）运动养生。“动则不衰”是我们中华民族养生的传统观点。《黄帝内经》重视运动养生，提倡“动以养形”④，强调运动可促使人体气血充盛、百脉畅达、精气流通，提高人体抗病能力，使得机体强健而祛病延年。⑤相关调查发现，研究生每周参加体育锻炼的频率并不高。⑥原因可能有以下几点：首先，绝大多数高校研究生体育课开课率低，教育主管部门并未充分重视研究生体育工作。其次，由于科研和学业任务比较繁重，研究生大部分时间都集中在写论文、做实验与完成课堂作业等任务上，闲暇和体育锻炼的时间大大减少。最后，近年来，高校本科生和研究生扩招速度加快，然而高校体育场地和设施的扩充未跟上其扩招速度，导致研究生的个人资源占有率降低，体育锻炼的场地和设施使用受到限制。根据《黄帝内经》的观点，运动可以加快研究生的身体新陈代谢，使各器官充满活力，有益于深度学习。因此，研究生必须有自觉运动的意识，通过参与体育锻炼提升体能水平。

---

①②④ 王洪图、贺娟主编《黄帝内经素问白话解》（第2版），人民卫生出版社，2014。

③ 姚计福：《太原理工大学在校硕士研究生体质现状的研究与分析》，硕士学位论文，太原理工大学运动人体科学专业，2010。

⑤ 刘朝贵：《海峡两岸〈黄帝内经〉养生思想研究》，博士学位论文，广州中医药大学中医基础理论专业，2009。

⑥ 黄晟、武晓峰、王孙禺：《高校研究生经济文化生活状况研究——基于清华大学的调研结果》，《中国青年研究》2011年第1期。

（二）《黄帝内经》的养生观对研究生身体健康的启示

研究生受到繁重的学习和科研任务影响，生活方式上存在不健康的因素。例如在作息习惯上，有些研究生仍存在主动熬夜或被迫熬夜的情况；在饮食习惯上，部分研究生存在不吃早餐的情况；在锻炼方面，大部分研究生虽有加强体育锻炼的意识，但是由于时间精力有限，无法进行锻炼，研究生体能下降，无法保证其身心的健全发展。本节通过对访谈资料的整理分析以及对《黄帝内经》养生观的梳理，为研究生身体健康提供传统视角，促进研究生身心和谐，提升健康水平。

1. 克己是一种雅致的生活方式

研究生在求学中应坚持合理科学的饮食，既不能暴饮暴食，也不能五味偏嗜。如《素问·生气通天论》所说："阴之所生，本在五味；阴之五宫，伤在五味；是故味过于酸，肝气以津，脾气乃绝……味过于辛，筋脉沮弛，精神乃央。"① 除了五味调和，饮食还要有节制，以适量为宜，这是人体身体健康、体能强大的重要条件，如《灵枢·玉版》云："病之生时，有喜怒不测，饮食不节。"②《素问·至真要大论》说饮食过饱会"气增而久，夭之由也"③。"饮食有节"对研究生来说很重要。

"儒家讲'克己复礼'"，'克己'其实是很雅致的一种生活方式。"（Z-F-20201213-C）

这位受访研究生在饮食方面很有节制，她把"克己"作为一种生活方式。研究生在做科研时会受到来自导师、同伴的压力，这会使研究生迫切寻找出口发泄压力，部分研究生会选择用大吃大喝来缓解压力。如果任由大吃大喝等不合理的行为泛滥，不仅对压力的排解无济于事，也会对身体造成很大的损害。

2. 保持健康的作息习惯

研究生合理作息，不仅能使自身保持健康，还能保证精力充沛、生命力旺盛、神采奕奕。研究发现，部分研究生存在不良的起居习惯，④ 这与某受访研究生所说的不谋而合：

①②③　王洪图、贺娟主编《黄帝内经素问白话解》（第2版），人民卫生出版社，2014。

④　孟艳霞：《理工科硕士生健康理念及行为调查研究——以中国科学院大学为例》，《中国科技论坛》2015年第1期。

“生活上早睡早起，按时吃饭。我发现大家读研以后基本都做不到早睡，保持健康的作息习惯很重要。”（L-M-20201221-C）

研究生作为高学历群体，需要完成的科研任务也较为繁重。虽然研究生对作息的重要性有很强的认知，但在实际学习生活中往往因各种原因导致作息不规律，而不规律的作息会对研究生的身体健康造成严重影响。研究发现，长期熬夜会影响机体健康，比如导致眼科疾病和胃肠道受损等。[①②]某受访研究生因不健康的作息习惯出现眼科疾病：

“我10月份做了个眼部手术，视网膜浅脱离。这对我影响很大，我的心态完全变了。现在我会养生，把重心移到对自己的关怀上。伤口已经痊愈了，没有什么问题了。医生说我的视网膜先天比较薄，加上用眼不健康，侧着玩手机或者长时间看电脑，导致生病。”（F-M-20201214-D）

《素问·举痛论》说“劳则气耗”[③]，过劳会耗损人体的气血、筋骨、脏腑等。某受访研究生长时间久坐以及盯着电脑不休息，过度用眼，损伤了身体。他认为熬夜对人体的精神状态造成危害：

“熬夜对人的状态影响很大。一定要保证自己的身体状态好，才有精力思考、计划，因为之前我经常熬夜熬得很厉害，第二天完全没有状态，整个脑袋都是懵的，没有办法思考。”（F-M-20201214-D）

充足的睡眠时间是研究生良好精神状态的重要保证，如果研究生有熬夜的习惯，睡眠时间得不到保证，合理规律的作息习惯更是无从谈起，就会影响研究生第二天的精神状态和学习效率。

3．运动强身健体

运动可以加快身体新陈代谢，延缓衰老，对人体的心血管系统尤其有益，研究生应坚持适度运动。《黄帝内经》十分重视形体与精神的整体调摄，提倡形神共养，认为动以养形，静以养神，动静结合才能如《素问·上古天真论》所说的“形

---

① 赵浉、李嘉璐、鲁晶晶、贺雯娟、郭继芸：《1000名大学生近视加深影响因素调查》，《中国校医》2018年第9期。

② 吴学虹、王丽燕、李胜兵：《嘉兴地区2860名体检人员幽门螺杆菌感染状况调查及影响因素分析》，《健康研究》2019年第1期。

③ 王洪图、贺娟主编《黄帝内经素问白话解》（第2版），人民卫生出版社，2014。

与神俱，而尽终其天年"[①]。"动以养形"是指运动可促使人体气血充盛，强身健体。《素问·上古天真论》的"独立守神，肌肉若一"[②]，就是形神共养的体现。某受访研究生认为养生必须练形：

"运动可以强身健体，没有什么比好身体更重要。我上了研三之后，身体好像一下子被掏空了。运动可以缓解身体的疲惫，加强体质，增强抵抗力。"（G-F-20201222-X）

受年龄影响，该受访研究生感觉自身的身体素质下降，意识到运动能帮助自身一定程度上缓解疲劳、增强体质。相关研究也发现，部分研究生意识到自身的体质在逐步下降，担心患慢性病。[③]运动不仅可以让研究生的身体素质处于良好状态，还可以缓解研究生因科研任务繁重、学习压力过大带来的心理压力，从而提高研究生的学习效率，最终促进研究生深度学习。

二、艺术、体育和游戏：放松与激活思维的手段

我国的高等教育给予了研究生群体更为广阔的天地，研究生除了学习之外，闲暇时间有更多发展的可能性。纳什的闲暇层次理论按照人们在闲暇时间所从事活动的价值（包括社会价值和个人价值）把闲暇方式分为6个层次，如表6-2-1所示。

表6-2-1　闲暇层次类型

层次	价值	特征的描述	属于类型
第一层次	负价值	违法或不道德的行为活动	反社会性型或伤害自我型
第二层次	零价值	纯官能享受活动	消磨时间型
第三层次	价值为一	被动消极观看活动	摆脱单调型
第四层次	价值为二	情感投入观看活动	情感投入型
第五层次	价值为三	积极参与活动本身	积极参与型
第六层次	价值为四	创造性地参与活动	创造性

① 徐月英、王喜涛：《〈黄帝内经〉中的运动养生思想及方法》，《沈阳体育学院学报》2006年第2期。

② 王洪图、贺娟主编《黄帝内经素问白话解》（第2版），人民卫生出版社，2014。

③ 龚盛：《驻邕高校在读全日制硕士研究生体育活动行为现状研究》，硕士学位论文，广西师范学院体育人文社会学专业，2011。

结合访谈发现，研究生的闲暇生活层次主要集中在第四、第五层次，如跳舞、练字、弹琴、画画、打球等提高自身的积极活动上。总体上看，大部分优秀研究生的闲暇活动层次还是比较高的，他们比较注重在闲暇时间里积极地发展自我，在闲暇中能达到学习与娱乐并进。艺术、体育和游戏是优秀研究生常在闲暇时间里增强体质、放松心情的方式，这与《黄帝内经》“形神共养”的思想不谋而合。本小节将论述研究生的文艺、体育和游戏三种闲暇活动方式对深度学习的助力作用。

（一）在文艺活动中放松心情

根据《现代汉语词典》的解释，“文艺”是文学和艺术的总称，“活动”是为达到某种目的而采取的行动。文艺的形式有很多，不仅包括文学，还包括绘画、戏剧、电视、电影、建筑、音乐、舞蹈等多种表现形式。根据个人是否动手参与，文艺活动分为观赏性文艺活动和操作性文艺活动。观赏性文艺活动指的是个人没有动手参与，以看、听为主要方式的活动，如看新闻、看电影、听音乐、看演唱会、看艺术展、看绘本等；操作性文艺活动强调个人动手积极参与，如练字、弹琴、刺绣、画画等如图6-2-1所示。

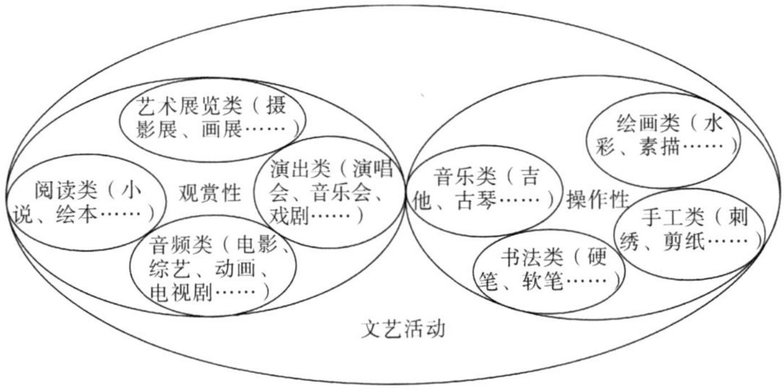

图6-2-1　文艺活动的分类

可以看出，研究生的文艺活动种类丰富，形式多样。本小节将从访谈资料入手，分析和归纳研究生对文艺活动不同种类的看法，以及他们是如何通过这些文艺活动来放松心情、促进学习的。

1．观赏性活动

观赏性活动是以观看和欣赏为主的活动，根据访谈资料概括为四大类：艺术展览类、演出类、阅读类和音频类。

（1）艺术展览类：满足需求。艺术欣赏是感官性的，艺术家在创作时会运用视觉、听觉、触觉等所有可被观众感知的手段传达理念、思考和意义。艺术欣赏的最突出表现是艺术展。艺术展是大众闲暇生活方式的一个重要组成部分，在城市中已经成为重要的文化现象。艺术展包括美术展、摄影展等传统艺术展览，也包括当代装置艺术展览、利用电脑技术呈现的新媒体展览。

在看艺术展时，审美的非功利性让观展的人感受自由的精神状态。正如康德所说“美是一切无利害关系的愉悦的对象”①，审美使人暂时忘却现实的烦恼，实现精神上的自由。如某受访研究生提到通过观看艺术展满足自身需求：“我喜欢逛展、去博物馆看艺术展。这些让我的正常需求得到了满足。”（Z-F-20201211-D）

日复一日地坐在办公室里，专注于学习和科研，难免会感到枯燥乏味，因此要善于从闲暇生活中寻找审美享乐的源泉。根据马斯洛的需要层次理论，该研究生通过观展沉浸于美的享受，不仅满足了自己的审美需求，也让自己的精神变得自由起来。

（2）演出类：放松心情。根据《现代汉语词典》（第7版）的解释，演出是把戏剧、音乐、舞蹈、曲艺、杂技等演给观众欣赏。与艺术展览相同，看演出也是欣赏艺术的过程。某受访研究生在学习之余，参加的娱乐活动是听音乐会、演唱会（S-F-20201220-O）。演出最显著地区别于图书、电影、电视艺术等的特性就是活人与活人之间的活生生的交流。在演出中，观众和演员交流互动，演出后，观众拥有了最终的体验，这番体验充满了感性的力量，给观众留下愉悦的记忆，使观众心情得到放松。

（3）阅读类：缓解学习疲劳与焦虑。阅读是运用语言文字来获取信息、认识世界、发展思维，并获得审美体验与知识的活动。习近平总书记在接受俄罗斯电视台专访时谈到阅读的好处：“读书可以使人保持思想活力，让人得到智慧启发，让人滋养浩然之气。”②

---

① 康德：《判断力批判》，宗白华、韦卓民译，商务印书馆，1985，第48页。

② 习近平：《读书可以开启智慧 滋养浩然之气》，2016年10月15日，http：//news.cctv.com/2016/10/15/ARTInfzDRJnjX7bzriRzWkGv161015.shtml，访问日期：2021年7月15日。

首先，阅读可以启迪人的智慧，增长人的见识，缓解学习疲劳。某受访研究生注重养生，喜欢看中医类书籍，她说：

“我最近很喜欢中医，在看《针灸心学浅谈》，是一个很厉害的大师写的。我还会学传统文化，儒、释、道这三家我都会去接触，了解别人对生命是怎么思考的。我对传统文化很感兴趣，喜欢读书。读书可以增长知识，读医书虽然不能治病，但用上面的技巧能缓解疲劳，按摩特定的穴位如太阳穴、风池穴等可以缓解眼部疲劳。”（F-F-20201214-D）。

对于该研究生来说，阅读中医类书籍有三点原因，一是兴趣使然；二是增长知识；三是缓解学习带来的身体疲劳。

其次，阅读可以使人保持思想的活力，缓解学习焦虑，有利于心理保健。某受访研究生认为看绘本可以缓解学习的焦虑。

“我们学校有简约书吧。我之前写论文写到极度焦虑的时候，我就去简约书吧里面看绘本，静静地坐在那里看一个小时。”（Z-F-20201213-C）

研究表明，大部分研究生有不同程度的学习焦虑。[①] 一般来说，科研学习上的困惑和交流上的制约容易带来学习焦虑问题，研究生要调整自身的学习、科研状态和保持良好的心态。从访谈中可以了解到，该研究生缓解学习焦虑、调整心态的方式是阅读绘本。因为绘本是一种以绘画为主、附有少量文字的书籍，阅读绘本有助于研究生从复杂的论题、海量的文字中暂时得以解脱，跳入另一个新鲜有趣的图画世界，忘却当下的学习烦恼。

（4）音频类：“分散注意力”。随着信息化社会的发展，人们的生活与电子媒体的关系越来越密切，研究生的生活也不例外。在访谈中，研究生的闲暇生活有近三分之二是音频类的活动，如在线听音乐、看电影、看电视剧、看综艺和看动画等。听音乐和看视频有益于研究生放松心情，并在某种程度上增加知识储备、开阔视野。有研究显示，消极的追剧行为会占用学生大量的学习时间，减少了与外界的交流和人际关系的交往，影响自身学业，脱离现实生活。[②] 根据访谈结果，大多数

① 刘会：《研究生学习焦虑、应对方式与学业拖延的关系研究》，硕士学位论文，兰州大学高等教育专业，2014。

② 李本大：《高职院校大学生休闲生活方式的现状及其引导研究》，硕士学位论文，内蒙古工业大学思想政治教育专业，2020。

优秀研究生自制力强，可以合理地使用手机等电子产品，且他们大部分时间都用在科研和学习上，并不会沉迷于音频类活动中。相反，他们对其持有正面、积极的态度。例如，某受访研究生认为看剧可以分散注意力：

“我可以不干其他的事情、窝在宿舍看一天电视剧，这分散了我的注意力。我觉得只要稍微分散注意力，回过头再来做事情的时候就会没有那么紧张。”（C-F-20201230-C）

可见，看视频等也可以是学习的助推器。研究生在完成科研任务时遇到“高原”现象时，可以将注意力转移到电影、电视剧上，以此完全放松精神状态，为创造性灵感的迸发提供身心保障，或许沉睡的思维会变得豁然开朗起来，最后成功解决学习难题。

2. 操作性活动

操作性活动强调个人动手积极参与，如练字、弹琴、刺绣、画画等。结合访谈资料和操作性活动的特性，本节将操作性活动分为音乐类、绘画类、手工类和书法类，并探究与分析每一类操作性活动对研究生学习的作用与影响。

（1）音乐类：锻炼意志和提升人际关系。音乐是指用有组织的乐音来表达思想感情、反映现实生活的一种艺术，它最基本的要素是节奏和旋律。通过对访谈资料的分析发现，部分研究生在闲暇时间里会主动进行音乐类的艺术活动：

“我现在在自学古琴。学习古琴可以填补空闲，愉悦身心，锻炼协调能力，增添乐趣，锻炼意志；当然这项附加技能在工作上也能用得着，在晚会这样的场合上悄悄惊艳同事，幸运的话也能脱颖而出。”（F-M-20201214-D）

该研究生热爱传统文化，在快节奏的生活环境下，她开始注重养生，看中医类书籍、弹古琴。根据《黄帝内经》和阴阳五行相生相克学说，五音对应五行及五脏，“宫属土属脾，商属金属肺、角属木属肝、徵属火属心、羽属水属肾”①。古琴在速度上采用散、慢、中、快、散的简便方式，音量大小适中，音色清微淡远。首先，弹奏古琴可以使人精神愉悦、心情放松、气血平和，从而调节身体机能，达

① 李春源：《古琴音乐养心疗法》，中国音乐治疗学会第十届学术年会论文集，广州，2011，第610页。

到阴阳平衡，[1] 这与该研究生所说的“愉悦身心”不谋而合；其次，弹琴对身体坐姿的要求是全身放松、挺胸拔背、沉肩坠肘、双脚落实地面，双手置于琴面，将全身的气贯于指尖，[2] 同时，除了严格的坐姿要求外，演奏者还需要坚持不懈地演奏、一遍又一遍地练习曲目，这也是该研究生所说的弹琴能够“锻炼意志”的原因；最后，古琴作为一门器乐艺术，通过展现能增添个人魅力，提升个人在他人心目中的形象。

（2）绘画类：“学会从另一种角度看世界”。当我们按照旧有的模式以自己的习惯或本专业的内部规则语言诠释发展中的问题时，常常会陷入事物自身的条条框框之中。如果我们跳出这些条条框框的束缚，换个角度来看待这些问题，那么可能会得到另一种答案。[3] 上大学时，大家就读不同专业；读研时，大家更是在不同专业、不同方向就读，在专业理论与实践基础上形成的思维方式也不尽相同。某受访研究生是理工类研究生，在思维方式上更侧重于理性思维和逻辑思维，习惯将认识建立在证据和逻辑推理之上。他认为自己通过学画画转换了思维方式：

“我觉得学画画这件事情可以让我在理工类学生该有的一种东西之外，还有一些别的情怀跟素养。我之前看过一本书，是朱光潜写的，那本书叫作《谈美》。我觉得学这些东西的目的在于换一种角度看待这个世界。”（L–M–20201227–O）

《谈美》主要围绕美从哪里来、美是什么以及美的特点等问题层层展开，该研究生受到这本书的熏陶后开始学习画画，从画画中学会用另一种角度去看待这个世界，拓宽了自己的眼界。

（3）手工类：“调节心情”。手工，顾名思义，是靠手的技能做出的工作。根据产品分类可分为雕塑、印染、织锦、陶瓷和刺绣等。在疫情期间，某受访研究生无法出校的时候选择做刺绣度过自己的闲暇时间：

“疫情期间我每天都在学校生活，基本都在上自习，我很怕自己心情烦闷，就开始玩刺绣了。我每天晚上绣两三个小时，连续绣几天就有成果了。我觉得这也是调节自己心情的一种方式，找一点需要耗费时间和耐心的东西做一做。”（L–F–

---

①② 李婷婷：《古琴艺术的当代意义》，硕士学位论文，云南艺术学院音乐与舞蹈学专业，2017。

③ 马忠贤：《换个角度看世界——浅谈绘画的继承与发展》，《苏州科技学院学报》（社会科学版），2012年第1期。

20210130-X）

人是一个主体性的意识体，对所处环境不是被动接受而是主动应对，这就表现为人的一切活动都是意识性活动，人能够对事物进行有目的的计划，不会使外界的信息沦为单纯的无意义的刺激。① 在面对疫情导致的无法出行的情况下，该研究生没有消极应对，而是有目的地计划自己的闲暇生活，通过刺绣这一手工活动来调节心情。刺绣制作过程复杂而精细，需要耗费大量的时间与精力，该研究生通过刺绣不仅收获了成果，还考验了耐心，调节了心情，获得了物质和精神上的享受。

总体而言，优秀的研究生能在闲暇生活的文艺活动中充分发挥自身的主观能动性，热爱生活，展现个人魅力，通过看展览、看演出、看音频、学音乐、学绘画等活动体验到文字之美、艺术之美。

（二）在体育活动中获得动能

通过对优秀研究生的访谈可知，大部分优秀研究生会在闲暇时间里进行体育活动，主要是打羽毛球、跑步、游泳和健身等。在闲暇时间里进行体育活动称为“运动闲暇”，具体来讲，运动闲暇是指个人在闲暇时间内，根据自我体育意识和兴趣，以增进身心健康、丰富和创造生活情趣、促进自我完善为目的的一种身体锻炼活动。② 本节将从访谈资料入手，分析优秀研究生如何在体育活动中获得动能，促进自我完善。

1. 舞蹈：释压、结交朋友

舞蹈作为人体文化（或身体文化）与身体教育的主要支脉，是“肉体生命的最美表现，是精神生命的最佳象征”，是“民族精神和族群感情密码最生动的载体”，是“一切艺术之母”与“一切语言之母”，更是人体小宇宙的运动规律和义理精蕴的综合载体。③ 某受访研究生喜欢舞蹈，她不仅参加了学校的国标舞社团，还到校外机构进行专门学习。在访谈中，她谈到了学跳舞的原因：

“我觉得跳舞是一个释压的过程，因为会流很多汗。其实跳舞不单纯是跳舞，

---

① 吴晓璐：《“生活即教育”视域下硕士研究生闲暇生活的审视与构建》，硕士学位论文，云南师范大学成人教育学专业，2019。

② 梁利民：《大学生运动休闲生活探索》，《广州体育学院学报》2005年第1期。

③ 王晓茹：《舞蹈教育的“成人”价值——以西周雅乐舞教育和古希腊舞蹈教育为考察对象》，博士学位论文，中国艺术研究院舞蹈学专业，2013。

我会认识不一样的人，跨领域结交朋友会让我接触外面的世界，这种感觉挺好的。”（C–F–20201230–C）

舞蹈是一门以人的身体为工具、通过人的肢体动作来表情达意的艺术[①]。舞蹈动作看似简单，但要做出优美矫健的姿态和各种舞步、跳跃、旋转等技艺性动作并不容易。对于该研究生而言，首先，通过感知音乐旋律不断改变人体动作，可以散发热量，造成出汗现象，释放内啡肽，缓解精神紧张。内啡肽是由脑垂体、下丘脑等分泌和释放的一种强大的吗啡类激素，具有与吗啡类似的强镇痛作用，并能出现欣快感，[②] 这就是该研究生所说的“释压”；其次，舞蹈能结交朋友。“在这强大而浑厚的舞动中，在这欢快而亲切的群体交流中，每个人都会不由自主地进入一种忘我的境界，能感受到一种由集体向心力和民族凝聚力所带来的崇高而神圣的美感。”[③] 该研究生在和一群人共舞的过程中，与他人进行群体交流，使她不再局限于个人的小天地，在社交层面体会到了满足感、愉悦感。

2. 游泳、打球：强身健体、保持良好心态

某受访研究生喜欢在闲暇时间与朋友游泳或者打羽毛球：

“这些运动可以强身健体，没有什么比一个好身体更重要。上了研三之后，突然就觉得身体被掏空了。运动可以很好地帮我缓解这样的状态，增强体质和抵抗力。运动还可以让我保持良好的心态，因为这些运动都是集体活动，我会跟朋友一起去。在运动的过程中，我会和别人沟通，也能够舒缓压力。”（G–F–20201222–X）。

游泳是一项全身性运动，能够使全身肌肉群得到有效训练，且水的密度比较大，人在游泳时会承受一定的压力，因此，长期坚持游泳的人不仅身体灵活、协调，其心肺等器官得到有效锻炼，心血管系统和呼吸系统得到改善，人体的抵抗力、免疫力也得到提高。打羽毛球也是一项全身性运动，在打羽毛球的过程中需要不断运用跳、跑和转身等动作来击打羽毛球，这调动了全身肌肉群，锻炼了身体的

① 张鹿：《大学通识教育语境下的舞蹈教育研究》，硕士学位论文，上海师范大学音乐与舞蹈学专业，2018。

② 邓荣华、颜军、金其贯：《运动增进心理健康的机制及运动处方》，《西安体育学院学报》2003年第3期。

③ 郑慧慧：《人体律动美育》，上海教育出版社，2000，第86—87页。

协调性与柔韧性，无疑也增强了身体的抵抗力，这也是该研究生所说的“强身健体”。此外，羽毛球是两人以上才能进行的球类运动，在运动中，研究生将自己的学习压力通过身体动作与语言表达发泄出来，有助于舒缓心情，增进与好友间的交流。

3. 跑步：自我反思

跑步运动的推广得益于马拉松运动的发展。1896年，马拉松作为正式比赛项目开始出现于第一届夏季奥运会中。现代马拉松运动的热潮始于20世纪80年代，跑步运动开始从专业赛事发展成为大众参与的运动。① 如今，随着人们的自我保健意识越来越强，人们已经将跑步作为一种健康的生活方式，目标是减肥、保持身体健康、改善生活质量。② 某受访研究生认为跑步不仅有益于身体健康，还可以改善精神健康，让自己反思：

“跑步可以减肥，头脑也会清醒点。我跑步和不跑步的状态不一样。跑步后会觉得做事情的效率更高。因为是一个人跑，心就会沉下来，思考今天要干什么，再反省一下昨天没干好什么、昨天是不是吃多了、今天是不是比昨天更博学了……”（Z-F-20201223-C）

法国思想家帕斯卡尔曾说：“人是一根有思考的芦苇。”③ 作为一个存在于世间的有思想、有意识的生物，人总是在自我反思。我国古代先哲十分强调自我反思的重要性。《论语·学而》中，曾子曰：“吾日三省吾身：为人谋而不忠乎？与朋友交而不信乎？传不习乎？”④ 自我反思作为一种自我检查，是一种哲学式的认知性思考方式，它警醒个体时刻检验自我与外在标准的差异。⑤ 在跑步的同时，该研究生脑海中还在不断对自身的思想和外在行为进行思考，从而促进自我的提升。

总的来说，优秀研究生们在闲暇生活中通过体育感受了运动之美，激发了生命

① 宋庆宇：《现代社会跑步运动研究综述：多维度的解释》，《青年研究》2018年第2期。

② S. Shipway, I. Holloway, Health and the Running Body Notes from an Ethnography, （International Review for the Sociology of Sport 51, 2016）.

③ 帕斯卡：《人是一根会思考的芦苇》，郭向南编译，北京联合出版公司，2017，第204页。

④ 孔子：《论语》，杨伯峻、杨逢彬注释，岳麓书社，2018，第5页。

⑤ P. D. Trapnell, J. D. Campbell, Private Self-Consciousness and the Five-Factor Model of Personality: Distinguishing Rumination from Reflection, （Journal of Personality and Social Psychology 76, 1999）.

活力，增强了对自身生命价值的认同，获得了一种乐观向上的精神态度。

（三）在游戏活动中激活思维

游戏是一种完全有意置身于“日常生活”之外的、“不当真”的但同时又强烈吸引游戏者的自由活动，按照固定的规则在自己的时空范围内进行。[①] 通过访谈资料可知，根据游戏是否利用电子技术进行，游戏可分为电子游戏与桌面游戏。

1. 电子游戏

电子游戏也叫视频游戏。《剑桥学习科学手册》中提出，视频游戏在改善学习方面有巨大的潜力。一系列研究领域（包括神经科学、社会学、读写能力、健康和心理学等）在游戏的作用方面都取得了相应的实证性发现。[②] 研究表明，动作游戏可以提高玩家的视敏度和注意力；[③] 历史模拟辅助系统能够帮助玩家理解世界历史和地理知识；[④] 休闲游戏可以改善情绪、缓解压力。[⑤] 可以看出，不同种类的游戏能提高玩家的知识和技能，调节玩家的心情与压力。

通过对访谈资料的整理与分析发现，多名优秀研究生表示他们在闲暇生活中会通过打游戏的方式舒缓压力、放松心情：

“我比较爱玩游戏，做完科研任务之后，我就会玩游戏，这也是放松的一种方式。”（Z-F-20201222-X）

某受访研究生认为玩游戏可以放松心态，还可以拉近距离。

“室友关系对我影响很大，我跟室友晚上一起玩一两局游戏，能增进交流与互动。”（L-M-20201231-O）。

游戏玩家在玩游戏的过程中，可以暂时忽略现实中的身份标签，比如教育背

① 约翰·赫伊津哈：《游戏的人——文化中游戏成分的研究》，何道宽译，花城出版社，2007，第145页。

② R.基思·索耶主编：《剑桥学习科学手册》（第2版），徐晓东等译，教育科学出版社，2021，第393页。

③ C. S. Green, A. Pouget, D. Bavelier, Improved Probabilistic Inference as a General Mechanism for Learning with Action Video Games, (Current Biology 23, 2010).

④ K. Squire, S. A. Barab, Replaying history: Engaging Urban Underserved Students in Learning World History through Computer Simulation Games (2004)，转引自R.基思·索耶主编：《剑桥学习科学手册》（第2版），徐晓东等译，教育科学出版社，2021，第613页。

⑤ C. V. Russoniello, K. O'Brien, J. M. Parks, EEG, HRV and Psychological Correlates while Playing Bejeweled II: A Randomized Controlled Study, (Annual Review of Cybertheapy and Telemedicine 7, 2009).

景、学历水平等，在游戏中尽情与好友互动，满足自我的社交需求，维护与好友的关系。

游戏除了放松心情、建立良好的人际关系之外，对于提升学习相关的品质和技能同样有着重要作用。近来的研究表明，目前在售和停售的游戏产品开发的目的不是教学，也并不直接针对某一目标领域，但在恰当条件下，它们可以改进思考与学习的形式，这在学校环境中被认为是非常重要的。[①] 在游戏闯关中，玩家为了闯关，必须投入到复杂巧妙的智力工作中，而这些智力工作可能有非常重要的知识与技能可以迁移到科研和学习中去。从这个意义上看，游戏对研究生的学习发挥着一定的积极作用。

2．桌面游戏

桌面游戏这个名词来源于英文“Board Game”，简称“BG”或“桌游”。从广泛意义上讲，一切在桌面或固定平面上进行的游戏都可以称作桌面游戏，如麻将、象棋、大富翁等。区别于电子游戏，桌面游戏强调面对面的游戏氛围，在社交、情境体验等方面具有其他游戏无法比拟的优势。

“我之前会去玩桌游，暂时不思考学习的事情。再回来学习的时候，就没有那么烦了，可能冷静了一下，就给了自己缓冲的时间。”（B-M-20201210-O）

桌面游戏有以下三大特点：第一，在游戏人数上，要求基本是在1人以上；第二，在游戏内容上，玩家在游戏过程中与桌游内容进行叙事互动；第三，在游戏目的上，大部分桌面游戏都要求玩家在特定的游戏规则下进行言语沟通、竞争或合作，目的是完成游戏任务。对于研究生而言，一方面，桌游的魅力会促使他在某个时间段内专注于游戏本身，从而获得身心上的完全放松；另一方面，他会产生新的学习动力，进而浸入学习过程，提高学习效率，实现高效学习。

① R.基思·索耶主编：《剑桥学习科学手册》（第2版），徐晓东等译，教育科学出版社，2021。

第三节 平衡学习与婚恋关系，助力深度学习[①]

研究生属于特殊的青年群体，他们具有学历高、能力强、年龄跨度大、社会互动少的“文化人”特点，[②]这些特点决定了研究生在婚恋的选择与经营中具有与其他群体不同的特殊性。优秀研究生是研究生群体的佼佼者，他们学习能力强、学术成果丰富，研究他们对学习与婚恋关系的处理可以让研究生在观照与反观照中找到适合自己的路径，为研究生深度学习提供支持。

一、婚恋是人生重要议题

婚恋观是人们对婚姻与恋爱的态度与看法，是人生观、价值观与世界观的投射，健康的婚恋观有利于人们建立良好的婚恋关系。中共中央、国务院印发《中长期青年发展规划（2016-2025年）》提出有关青年婚恋的目标与措施，让青年婚恋观念更加文明、健康、理性，提出加强青年婚恋观、家庭观教育和引导，将婚恋教育纳入高校教育体系，强化青年对情感生活的尊重意识、诚信意识和责任意识。[③]国家对青年婚恋观的重视体现了健康的婚恋关系是国家稳定发展的基础，青年的婚恋问题在一定程度上反映了未来世界的发展方向，优秀研究生作为祖国栋梁，未来可能是祖国发展的中坚力量，其婚恋观的建立尤为重要。与此同时，优秀研究生大

① 本节访谈研究生不仅包括学术型研究生，还包括3名专业硕士研究生，详见附录1。

② 余妍霞：《高校特殊的知识分子——研究生身份探讨》，《学位与研究生教育》2005年第2期。

③ 中共中央 国务院印发《中长期青年发展规划（2016—2025年）》，2017年4月13日，http：//www.gov.cn/zhengce/2017-04/13/content_5185555.htm#1，访问日期：2021年7月1日。

多处于繁忙的学业与科研任务中，客观上影响了对婚恋的投入程度。

（一）优秀研究生婚恋观：对美好婚恋的向往

多元“婚恋知识”、消极婚恋认知的传播对青年群体婚恋教育产生了新的挑战，[①] 优秀研究生并没有在这样鱼龙混杂的网络环境中迷失或者困惑，他们保持着清醒且明确的婚恋态度，展现出理性的光辉。与传统印象不一样的是，这些被认为是预备役“工作狂”的优秀研究生们并不是高调的婚恋无意义追捧者，相反，多数受访研究生流露出了对美好婚恋的向往，将家庭视为人生终极追求，理想的另一半是所有努力的归宿。

“学习也是为了以后能够有好的婚姻，每一个阶段都会有那个阶段要做的事。”（L-M-20201211-X）

优秀研究生更不是只知道学习而忽略个人情感生活的学习机器，相反，他们非常懂得人生的平衡之道，对自己的人生有清晰的规划。学习并非生活的全部，他们能在繁忙的学习中思考人生的意义，重视人生体验，从前人事迹中总结经验教训，目光长远，具有长线思维。

“我有一个资历很老的老师，他说他读博期间得了一个‘A’，就是他女儿，他觉得他的女儿比‘A’更重要。我现在是一个学生，可能学习占据了70%以上的生活，这个时候发一篇论文就会觉得人生值得了，但是等过几年我要谈婚论嫁的时候，才知道到底什么才是值得的。”（L-M-20201224-C）

研究生群体处于婚恋黄金期，婚恋问题属于“阶段性优先”，因而不乏人生“清醒派”对婚恋采取现实态度，认为应当在合适的时间找到理想的婚恋对象。

“研究生是（恋爱）高危的群体，我们的一个研究员一个人在日本十几年，这个老师是女博士，很独立也很漂亮，很有能力，但是她可能错过最好的时间了，现在就很难把自己嫁出去。”（L-M-20201224-C）

面对婚恋问题，他们的态度是鲜明果断，认为机会来了就要抓住，要早点解决情感问题，“缘分来了就要赶紧抓，最聪明的人研一就已经找到对象”（L-M-20201224-C）。这种站在世俗立场上对婚恋重要性的看法实际上也是部

① 孔德生、臧凯：《论网络时代大学生婚恋教育的困境与出路》，《思想政治教育研究》2021年第2期。

分优秀研究生对自己的人生规划，将可能影响自己人生幸福的事情优先处理，保持心情的宁静平和，不会被其他外在事务影响打扰，有良好的情绪才能更全身心地投入学术科研。

（二）优秀研究生婚恋观特点：理性与感性并存

优秀研究生在选择另一半时，既有身处象牙塔的理想，也有随着年龄思维成长的理性，不像本科生一样存在着不确定性和游离性而导致恋爱行为不稳定，[①] 优秀研究生较好地融合了理想与现实，既对爱情本身充满想象，也懂得脚踏实地，综合考虑婚恋的未来。他们对待婚恋目的明确，明确知道自己想要什么，受外界影响较小。尽管存在家庭舆论压力，如父母催婚、同龄人已经成家等无形压力，他们仍然跟随自己内心的节奏，不盲目做出选择，会结合现实情况从长计议。

“潮汕人重男轻女观念比较重，像我这么大的人，孩子已经四五个的现象很普遍。我们家那边孩子都比较多，我们家算少了，就三个，普通家里一般五六个很正常，所以爸妈确实也会着急，但是他们也支持我读书。他们会尊重我内心的想法。”（L-M-20201208-O）。

面对当地传统带来的无形压力时，该研究生一方面能够从父母那里获得一定支持，另一方面还是跟随自己人生的节奏，理性看待压力。男性优秀研究生更倾向于先立业再成家，认为具有一定经济基础才会考虑婚姻问题。有研究显示，在高学历人群中，“择偶过程中，女性青睐能力才干强、经济收入高的如意郎君；男性更偏好女性的相貌身高和生活习惯，对女性的经济收入和能力才干则要求不高。从不同性别择偶的偏好来看，‘男高女低’的婚配模式仍被高学历人口认可”[②]。这种高学历人群对“男高女低”婚配模式的认可在本研究中得到验证，男性研究生在意“第一桶金”，在意婚姻的物质基础，女性研究生同样认为对方的经济基础十分重要。

优秀研究生的感性体现在他们关注自己的内心感受，关注生命体验，追求“思想同频”，要求另一半要与自己三观一致，能够互相理解、互相扶持。他们在意能够和另一半共同成长、共同进步，婚恋不能成为“绊脚石”，而应该成为人生进步

① 马建青、严立芬：《女研究生婚恋观现状及特点探析》，《高等教育研究》1999年第2期。

② 武秀杰：《高学历人口婚恋观的对比研究》，硕士学位论文，浙江大学人口学专业，2009，第36页。

的动力，对另一半仍然存在浪漫的想象。

“有时候很多事情跟朋友和父母都不好说，对解决问题没有多大帮助。但是如果有一个对象的话，两个人生活经历差不多，他可能会更加理解我，给我一些更专业的建议。”（W-F-20201213-C）

与此同时，优秀研究生仍然有象牙塔里的柔情，爱情因素仍然是最主要的择偶标准，[①] 对爱情的要求也是这些优秀研究生对自己的要求，是读书人的清高，更是一种象征，象征自己不与世俗同流合污，象征内心的纯洁，对生命与自然的尊重，更是对自己的尊重。与物质相比，研究生更看重精神因素，注重婚姻生活的品质，[②] 优秀研究生仍然保持着象牙塔中对纯洁的期望。这种浪漫的爱情婚姻观在女研究生身上更为突出：

“我觉得婚恋一定要以爱情为基础，不能仅仅看门当户对或者以金钱为基础。其次我觉得一定不能将就，婚恋对我的意义很重要。”（Z-F-20201222-X）

婚恋的意义甚至被抽象化、精神化：

“如果我把自己比作一朵花，我觉得对方应该是水或者甘露。如果我的婚恋没有感情基础，我会觉得活着没有意义，就像一个空壳。婚恋不仅是我生活的信心和希望，更多的是能够保证我自己内心的那一份纯真”（Z-F-20201222-X）。

有研究显示浪漫爱情观仍是女研究生的主要取向，追求纯感情性的恋爱，轻视社会化的感情，“对那些考虑客观现实条件、因对方有一定经济基础或政治基础才恋爱的女性，她们从内心表示轻视，绝不与其‘同流合污’，保持一种莲花般的清高、纯洁与率真”[③]。

（三）优秀研究生婚恋问题：与学习之间的矛盾

婚恋是需要投入时间和精力的事情，学术科研同样需要投入时间和精力，二者不可避免地存在一定的冲突。优秀研究生与其他研究生相比为学业付出了更多

---

① 郑颖、宗锦莲、张曼：《研究生生存发展问题系列调查之五　研究生婚恋：象牙塔中的理性与柔情》，《教育与职业》2007年第31期。

② 李龙科、陈宇晴、刘艳芬：《当代研究生的婚恋观现状及特点探析——对H大学在校研究生婚恋观的调查研究》，《研究生教育研究》2014年第1期。

③ 王畅：《女研究生婚恋心理探索》，《贵州师范大学学报》（自然科学版）2004年第1期。

的时间和精力，因而在面对婚恋与学业的冲突时，优秀研究生的感受更加微妙。尽管存在对恋爱的向往，但是科研对于“孤独”与“个人空间”的需要让部分研究生无暇顾及婚恋。

1．情绪消耗

恋爱与婚姻并不总是甜蜜的、艳阳高照的，很多时候两性关系中充满矛盾与争吵，这种对情绪的消磨让部分优秀研究生对踏入恋爱有所顾忌。

“男女之间鸡零狗碎的事情太多了，并没有想象中那么美好。有一段时间，我发现这非常消磨自己的精力。当我想全神贯注做一件事情的时候，对方可能会说：你怎么一整天不回消息？但实际上我有自己的烦恼，有时候需要一个人，有自己的独立空间，所以我觉得一个人挺好的。”（Z-F-20201223-C）

这种“甜蜜的负担”对于科研学术压力大、自我要求高的优秀研究生而言，势必会占据生活中一定的时间和精力，从而影响他们在其他方面的投入。这让一部分优秀研究生甘于单身，享受单身，以避免恋爱带来的“负担”。

2．自由牺牲

恋爱意味着牺牲一定程度的自由，在个体行动时需要考虑更多因素，如果没有协调好恋爱双方的节奏，做好科研和私人时间的安排，容易导致一段恋爱的失败，也可能影响科研学术的成果，给个体身心发展带来伤害。踏入恋爱关系时，个体常常面临从只需要考虑自己一个人到需要考虑两个人的转变。

“如果我现在没什么任务，可能就觉得还好，但是最近我可能需要进一步做研究，就会想两个人要不要先分开一下。我觉得特别神奇的是，之前我是一个人的状态，干什么都不需要跟别人说，但现在如果我要做研究，我就不知道怎么跟他说我很忙。”（Z-F-20201223-C）

婚恋与学业之间的冲突在已婚研究生身上体现得更加明显。不同于未婚研究生的相对独立与自由，已婚研究生需要承担更多的家庭责任，社会角色更多，冲突更加剧烈。其中，已婚女研究生更是因为整个社会文化对女性在家庭中的责任要求更高的原因，常常在学业与家庭中疲于奔命、疲惫不堪。传统的婚姻家庭中，女性付出更多，自我牺牲是一种常态，高学历女性很难认同这种婚姻模式的不平等。[①] 另

① 赵玮、刘旭阳：《中国高学历女性的“幸福单身”——对单身状态与主观幸福感的经验研究》，《财经研究》2019年第4期。

一项研究显示，婚姻状况对男性群体主观幸福感的影响基本上是正向的，而对女性群体的影响却是负向的。[①] 女性在整个社会文化体系下仍然处于被动地位，这种矛盾在生育了孩子之后会更加突出。

“我觉得没生宝宝之前，就算结婚了也还是一个学生。我可以每天去学校，甚至晚上在学校住都完全没有问题。但是有了宝宝，我就不仅是一个学生，还是个妈妈，要担负的责任就多了，工作量也大了，这样就给自己个人时间的安排带来很多的不确定性。”（J-F-20201228-X）

社会对女性母亲角色的高期待给女性参与社会活动带来不小的压力，养育子女需要投入大量时间和精力，学术科研也是如此，二者同时进行是一项巨大的挑战。相较于时间和精力上的挤占，压力对女研究生心理的影响更为严重。

“我因生育原因不得已需要休学，感觉白白浪费了一年。虽然自我安慰多陪了孩子一年，但心理上从曾经的踌躇满志和自信到现在的烦闷、自我怀疑和迷茫。”（J-F-20201228-X）

生理的疲惫和心理的自我否定为研究生正常学习带来阻碍，更不用说深度学习了。

3．时间挤占

婚恋作为一种关系，需要一定时间的投入，而人的时间是有限的，很多时候不得不面临时间冲突，协调生活中的各种时间。

“因为我和我对象不住在一个区，平常见面在交通上花费比较久，肯定需要平衡一下见面时间和学习时间，尤其是在期末比较忙的时候。”（S-F-20201220-O）

对于已经参加工作的在职研究生而言，除了来自家庭方面的压力以外，他们还需要处理工作上的问题，工作、家庭、学习三方面的挤压使得他们身心俱疲。尤其在快节奏的一线城市，工作上的压力常常已经让一个人分身乏术，还要分出时间去照顾家庭和学习。路途的奔波、时间的有限、工作安排的冲突、家人的抱怨使他们处在巨大的心理压力中。

“我觉得我丈夫内心是不支持的，工作、学习、家庭的矛盾还是挺严重的。”

---

① 邢占军、金瑜：《城市居民婚姻状况与主观幸福感关系的初步研究》，《心理科学》2003年第6期。

（F-F-20210709-W）

面对时间的有限、工作安排与学校学习的冲突，研究生学习只能勉强维持。

“只能是先处理最紧要的事情，牺牲自己的睡眠和娱乐，有的时候不要太追求完美，要放自己一马。但还是有很多棘手的问题，比如说初三下学期有很多学生考试安排在周六，身为班主任，学生考试我需要全程在场，但是周六我又要上课，一个学期请假不能超过两次，很难取舍。”（F-F-20210709-W）

这些客观存在的矛盾都是这些优秀研究生不得不解决的问题。

二、兼顾学习与婚恋，寻找平衡点

根据马斯洛需要层次理论，第一层级是生理需要，第二层级是安全需要，第三层级是归属和爱的需要，第四层级是尊重的需要，最高层级是自我实现需要。人们按照从低级到高级追求各项需求的满足。[①] 优秀研究生孜孜不倦地追求自我价值的实现，属于高级别的需要。然而研究生的年龄多数集中在22岁至28岁之间，这个年龄段正是婚恋黄金期，他们同样向往另一半的陪伴，需要爱情的滋润，在离家求学的路上，他们更需要寻找新的归属和爱，只有在满足了其他层级需要的前提下，才能更好地去追求自我实现，因而，在学习与婚恋中需要找到平衡点。

（一）人生就是平衡的艺术

平衡哲学认为平衡是矛盾的暂时的统一，“平衡是相对于不平衡、失调而言的运动状态和关系，它是指事物在相互联系、相互作用过程中的对等、协调或适应的状态和关系”[②]。平衡是和不平衡、失调相对的一种状态，达到事物的暂时和谐。中国古代哲学思想的核心是“中和”，所谓“中和”强调的就是中正适度，恰到好处，是折中调和，不偏不倚，是对事物发展度的把握，不过头也无不及，中和思想是在处世中寻求平衡，防止偏激。[③] 平衡与我国古代的哲学观相符，寻求的都是一种调和。面对婚恋与学习之间的矛盾，非全日制硕士在家庭与学习之外，还要兼顾工作，这种工、学、家之间的矛盾更为突出，然而任何一方都非常重要，不能顾此

① 胡万钟：《从马斯洛的需求理论谈人的价值和自我价值》，《南京社会科学》2000年第6期。

② 王之璋：《稳态·平衡·协调——平衡的内涵与形式新探》，《哲学研究》1988年第1期。

③ 崔晓汉：《对平衡问题的哲学思考》，《深圳大学学报》（人文社会科学版）2004年第1期。

失彼，因而在对矛盾的处理上，平衡的把握十分重要。

大多数优秀研究生对婚恋与学习之间能否取得平衡持乐观态度，认为只要把时间协调安排好，他们是能够取得平衡的。这与优秀研究生多数对自己能力比较自信有关。婚恋被视为人生奋斗的动力，是激励自己前行的力量。他们认为良好的选择可以杜绝很多问题，选对了人，有了适合自己的节奏与恋爱模式，婚恋对自己的学业的影响就是良好的。对非全日制研究生而言，他们需要切实面对困难，在乐观积极的心态之外需要真实地进行处理，因而，对他们而言，工、学、家之间的平衡更像是一种人生观与人生态度。“学习、恋爱、家庭、工作之间有真正的平衡，人生是平衡的艺术，当然可以兼顾，但每个时间段重心不一样。”（Y-F-20210707-W）

对他们而言，平衡不是任何事情都要做到极致。在千头万绪集于一身时，需要做好优先排序，不同时期、不同情况下有不同的优先级，哪一面都想做到最好在他们看来是一种执念，平衡并不意味着全面地放弃与降低标准，而是要在能力范围内做好每件事，享受来自每个方面的挑战。

“我觉得这要看怎么定义平衡，如果想百分百投入学习，百分百投入恋爱，百分百投入家庭，这是不可能的，也不符合自然。对某个东西全身心地投入是执念，并不叫平衡。”（L-F-20210707-W）

只有放弃执念才能做到真正平衡，而真正的平衡被认为是对手头事情的了解与明晰，是享受当下的任务。

“我觉得平衡就是享受这三件事情，自己清楚地意识到自己要什么，愿意付出多少精力和时间，在这些方面做到了，就能得到平衡。”（L-F-20210707-W）

这种对平衡的智慧思考使得部分优秀研究生能够游刃有余地处理来自各方不同的事情。

（二）保持积极乐观的心态

心态是优秀研究生们在处理这些对学习影响的因素时常提起的词语，心态是心理和态度，“指人们在面对主客观事物时所形成的独具个性特色的观察问题的心理视角以及由此产生的相应看法和感受。取得事业成功的人的首要标志是他拥有的积极心态，它使人乐观面对人生，勇于接受挑战，最终取得成功”[①]。能够平衡好婚恋与学习的研究生往往拥有良好的心态，能够以积极乐观的态度去看待问题。

“每个人都有自己的生活节奏，一定要相信自己的生活节奏。谈恋爱会有一些很快乐的时间，这段时间内学习的心态反而会比别人更好。我觉得不管有没有谈恋爱，最重要的是心态一定要放好。”（C-F-20201230-C）

1．面对问题的勇气

良好的心态意味着一开始就有面对问题的勇气，不畏惧学习之外的其他因素的风险，用长远的眼光看待现在。在人生的纵向尺度上，当下不过是冰山一角、人生的微观缩影，人生充满矛盾与冲突，不逃避问题，而是将问题的解决当作常态，勇敢去克服问题。

“现在克服不了这些障碍，以后也会克服不了。如果现在因为做科研没有时间关心女朋友，以后也会因为工作没有时间关心老婆，这是一样的道理。现在不能克服这个问题，以后一样也不能克服，那就早点分手。”（Z-F-20201222-X）。

婚恋是人生的重要议题，是大多数人都无法逃避的话题。面对婚恋与学习之间的矛盾，研究生不应该采取不恋爱的态度，而应该鼓起面对问题的勇气，在一开始就保持积极的心态。

2．解决问题的信心

人生就是一道复杂的计算题，乐观的心态可以让人生过得快乐一点，面对工作、学习、家庭之间的冲突保持轻松的心情，自信自己能够处理好，而不是淹没在生活的琐碎里。所谓的平衡，最重要的是心态的平衡，办法总比困难多。

“我处理问题的能力比较强，兵来将挡，水来土掩，总会有解决的办法，没有什么解不开的结。”（Y-F-20210707-W）。

这种积极的心理暗示能够提高解决问题的效率，维持良好的情绪张力，有助于解决问题。

3．保持平常心

优秀研究生对人生的思考已经有了一定的深度，对内心感受的关注让他们能够

① 周东滨：《积极心态：和谐社会构建中的重要心理要素》，《内蒙古师范大学学报》（教育科学版）2010年第1期。

以生命体验的视角看待生活中的问题，享受工作、学习、家庭等不同方面带来的感受，享受与不同人交流的思维碰撞，获得成就感与快乐。保持一颗平常心，可以更加平和地处理问题与矛盾，接受并享受当下，内心制定自己的标准，获得内心的平衡。随着年龄的增长，已经工作的优秀研究生对自己的认识更加清晰，更能接受人生的一些“不可能”，将精力放在“可能”上。

“人还是要有平常心，其实99%的人都是普通人，我觉得如果只是作为一个普通人体验这个世界，去学习，去恋爱，去拥有自己的家庭，是可以兼顾的。”（L-F-20210707-W）

（三）掌握平衡的技巧

1. 制定合理目标

研究表明完美主义者在大学生群体中占比很高，约三分之二的大学生为完美主义者。[①] 虽然没有准确的数据指出优秀研究生群体中的完美主义者比例，但是根据他们付出的努力、对自身的要求以及获得的成就，有理由相信他们中有很多人都存在完美主义倾向。奥地利心理学家阿德勒认为人类最根本的目的是不断适应生存环境，从而改变自己、发展自己、追求完美，追求完美是最纯净和本质的动机。[②] 完美主义在一定程度上促使他们在某个领域取得成功，能够高标准完成自己的任务。但是在面对工作、学习、家庭三座大山的压力时，完美主义就不是一个积极因素。研究显示完美主义与心理健康总体呈不同程度相关，完美主义心理越强，心理健康水平越低。[③] 当客观条件较为严苛、任务难度较大时，可以适当降低对完美的要求。

“工作、学习、家庭都是很难的，我对自己没有特别高的要求，比如说工作尽量在上班时间做完，做到90分，研究生的学习，我也没有做到完美。”（L-F-20210707-W）

深度了解自己之后“量身定制”目标，避免目标过高带来的无法实现的压力与

① 陈陈、燕婷、林崇德：《大学生完美主义、自尊与学业拖延的关系》，《心理发展与教育》2013年第4期。

② A. Adler, Striving for Superiority (1959)，转引自訾非《完美主义心理研究的历史和现状》，《心理科学》2004年第4期。

③ 杨宏飞、张小燕：《大学生的完美主义与心理健康的关系》，《中国心理卫生杂志》2004年第9期。

苦恼，确定合理的目标有助于研究生深度学习。

2. 获得家庭支持

“已婚女研究生能不受家庭的束缚静下心来考研、读研，这必然和一个理解她、支持她的丈夫分不开，这样的家庭应该是幸福的。”[①] 访谈也证实了这一点，从工作、学习、家庭平衡好的研究生身上，能看出家庭的支持是共同要素，尤其是有一个体贴的另一半一起承担家庭责任，理解对方的辛苦。

“我的另一半对我的学业和生活是挺支持的，比如说我在考研复习的时候特别忙，他也会照顾我，会做饭，生活上我觉得他对我是很支持的。”（L-F-20210707-W）

除此之外，对有孩子的家庭来说，强大的后勤保障必不可少，比如老人可以帮忙照顾孩子，这些因素使得优秀研究生在家庭上不需要过于操心，心理和身体的消耗较少。

“因为我父母现在和我一起住，他们很支持我的学习，我有两个小孩，主要是父母在照顾。我确实对家里的事花的时间和精力比较少，主要是在工作和学习方面花的时间比较多。”（Y-F-20210707-W）

强大的家庭支持为研究生尤其是已婚女研究生分担很多责任，解决很多问题，面对婚恋与学习之间的矛盾，寻求家庭支持与帮助十分重要，良好的沟通、真诚的交流以及主动求助都是人际交往中重要的技巧，面对家庭成员，更需要采取这些方式技巧，以提供学习科研以外的帮助。

3. 优化时间分配

任何一个人的时间和精力都是有限的，婚恋与学习都需要一定的时间与精力投入，因此，做好规划，合理分配好时间十分重要，这样才能提高效率，保证学习的任务在正常时间内完成，预留私人放松时间，劳逸结合，学业和感情两不误。

“学习我能够在学习时间内完成，基本上不熬夜。我还有时间玩游戏、跟男朋友约会，具体原因可能是自己规划比较好。”（Z-F-20201222-X）

时间分配合理可以事半功倍，使研究生在沉重的学术科研后仍然能保证充分的

---

① 王畅：《女研究生婚恋心理探索》，《贵州师范大学学报》（自然科学版）2004年第1期。

私人时间。

对部分优秀研究生而言，选择婚恋意味着承担相应的责任，这种责任要求研究生进行一定的取舍，比如牺牲自己的部分娱乐时间陪伴另一半，这种牺牲建立在双方互相包容与理解的基础上。

“如果我在实验室的时间很长，不在实验室的时候基本上就一直在陪她。我以前喜欢打游戏，现在就没打过了。”（L–M–20201231–O）

可以看出，在获得另一半谅解的基础上，合理调整学习与恋爱时间，牺牲部分私人时间，学习与恋爱可以兼得，这种牺牲并非痛苦而不情愿的，事实上，为另一半做出牺牲是爱的表现，爱与被爱在婚恋中都是让人感受到积极的因素。

好的规划是有轻重缓急的，不重要的工作、不需要亲力亲为的部分就交给外界，寻求他人帮助，做好自己力所能及的事，有的放矢才会高效合理。面对多方面的工作，好的时间分配就是把时间放在重要的事情上，其他不太重要的事情向外界求助，获得第三方的时间资助。

“我会给家务活列一个清单，请一个钟点工阿姨周末来帮忙打扫卫生，我就可以腾出时间处理家庭的事情，比如买菜做饭。除此之外，我会跟我先生说自己感觉有压力，希望得到他的帮助。因为我比较坦白，他就会分担一部分，这样就好一点。”（L–F–20210707–W）

4．做好亲子沟通

访谈发现，育儿压力是已婚研究生最大的压力之一。优秀研究生常常没有时间和精力去照顾孩子，母亲角色的社会期待和养儿育儿的主体缺位是其心理压力之一。

“目前我的亲子关系中规中矩，我肯定觉得有亏欠，主要就是觉得陪伴孩子的时间太少了。孩子11月出生，我12月要考研，坐完月子出来我就在没日没夜地复习，期间除了喂奶我几乎没有给孩子做过任何事。后来工作忙起来也经常是孩子还没起床我就去上班，忙到晚上九点或十点才回家，孩子都睡了，有一段时间好久都看不到孩子，内心还是很愧疚的。”（F–F–20210709–W）

良好的亲子关系有利于保持良好的心理状态，良好的亲子沟通有助于维持良好的亲子关系。

尽管父母的育儿职责是无法逃避的，但是育儿即育己，在照顾孩子的同时自己也收获了生命的成长，父母是孩子的榜样，优秀研究生在做好自己的同时，其实也是在给孩子树立好的榜样，榜样的力量是无穷的。

“有一句话叫作育儿即育己，我非常喜欢这句话，换而言之，就是你自己做好了，小孩自然也教育好了，言传不如身教。”（Y-F-20210707-W）

对孩子不同的情况可以采取不同的方式，在时间和精力有限的情况下，只能尽力做好育儿的安排与规划，对年幼的孩子做到高质量的陪伴，对稍大的孩子则做好亲子沟通，培养孩子的独立性。

“身教方面，我会告诉孩子，特别是我那上五年级的老大，我会告诉他这些选择意味着什么，让他自己做出选择，不管是大事还是小事，基本上是他自主选择的。老二比较小，可能需要更多陪伴，但是我会告诉他我现在需要做什么，我需要工作，你不能打扰我，他也会明白。”（Y-F-20210707-W）

主要参考文献

一、中文文献

1．专著

Eric Jensen，LeAnn Nickelsen．深度学习的7种有力策略．温暖，译．上海：华东师范大学出版社，2010.

J·曼蒂，L·奥杜姆．闲暇教育理论与实践．叶京，等，译．北京：春秋出版社，1989.

R．基思·索耶．剑桥学习科学手册（第2版）．徐晓东，杨刚，阮高峰，等，译．北京：教育科学出版社，2021.

R．基思·索耶．剑桥学习科学手册，徐晓东，等，译．北京：教育科学出版社，2010.

阿斯曼，斯托贝格．马克思列宁社会学原理．李景琪，贾稚岩，王雅林，译．哈尔滨：黑龙江人民出版社，1983.

安德烈·焦尔当．学习的本质．杭零，译．上海：华东师范大学出版社，2015.

安德森，等．布卢姆教育目标分类学（修订版）．蒋小平，张琴美，罗晶晶，译．上海：外语教学与研究出版社，2009.

安东尼·韦斯顿．论证是一门学问：如何让你的观点有说服力．卿松竹，译．北京：新华出版社，2011.

彼得·圣吉．第五项修炼：学习型组织的艺术与实践．张成林，译．北京：中信出版社，2018.

稻盛和夫．心：稻盛和夫的一生嘱托．曹寓刚，曹岫云，译．北京：人民邮电出版社，2020.

笛卡尔．谈谈方法．王太庆，译．北京：商务印书馆，2013.

恩斯特·卡西尔．人论．李琛，译．北京：光明日报出版社，2009.

冯光廉．文科研究生治学导论．合肥：安徽教育出版社，2005.

冯忠良，伍新春，姚海林，等．教育心理学．北京：人民教育出版社，2000.

顾明远．教育大辞典．上海：上海教育出版社，1999.

郭本禹．当代心理学的新进展．济南：山东教育出版社，2003.

杰弗瑞·戈比．你生命中的休闲．康筝，译．昆明：云南人民出版社，2000.

康德．判断力批判．宗白华，韦卓民，译．北京：商务印书馆，1985.

孔企平．数学教学过程中的学生参与．上海：华东师范大学出版社，2003.

孔子．论语．杨伯峻，杨逢彬，注释．长沙：岳麓书社，2018.

李维．国际教育百科全书（第五卷）．贵阳：贵州教育出版社，1990.

联合国教科文组织．反思教育：向"全球共同利益"的理念转变？．北京：教育科学出版社，2017.

联合国教科文组织国际教育规划研究所．教育规划基础．上海：上海教育出版社，2009.

琳达·达林—哈蒙德．高效学习：我们所知道的理解性教学．冯锐等，译．上海：华东师范大学出版社，2010.

刘晗．从巴赫金到哈贝马斯——20世纪西方话语理论研究．成都：西南交通大学出版社，2017.

刘良华．教育研究方法：专题与案例．上海：华东师范大学出版社，2007.

刘儒德，陈琦．当代教育心理学（第3版）．北京：北京师范大学出版社，2019.

刘月霞，郭华．深度学习：走向核心素养（理论普及读本）．北京：教育科学出版社，2018.

刘占文．中医养生学．上海：上海中医药出版社，1989.

柳夕浪．为了共生的理想——交往活动课程研究．南京：江苏教育出版社，2001.

洛兰·布拉克斯特．怎样做研究．戴建平，蒋海燕，译．北京：中国人民大学出版社，2005.

马惠娣．休闲：人类美丽的精神家园．北京：中国经济出版社，2004.

马奇，麦克伊沃．怎样做文献综述——六步走向成功．陈静，肖思汉，译．上海教育出版社，2011.

马歇尔·萨林斯．文化与实践理性．赵丙祥，译．上海：上海人民出版社，2002.

美国精神医学学会．精神障碍诊断与统计手册．张道龙，等，译．北京：北京大学出版社，2014.

莫妮卡·R·马丁内斯，丹尼斯·麦格拉思．深度学习：批判性思维与自主性探究式学习．北京：中国人民大学出版社，2019.

莫提默·J.艾德勒，查尔斯·范多伦．如何阅读一本书．北京：商务印书馆，2017.

欧文·M·柯匹，卡尔·科恩．逻辑学导论（第13版）．张建军，等，译．北京：中国人民大学出版社，2014.

帕斯卡．人是一根会思考的芦苇．郭向南，编译．北京：北京联合出版公司，2017.

齐梅．教育研究方法．北京：高等教育出版社，2015.

钱穆．阳明学述要．北京：九州出版社，2010.

乔治·赫伯特·米德．心灵、自我和社会．霍桂桓，译．北京：北京联合出版公司，2013.

邵志芳．思维心理学．上海：华东师范大学出版社，2001.

施良方．学习论．北京：人民教育出版社，2001.

《数学辞海》编辑委员会．数学辞海·第六卷．北京：中国科学技术出版社，2002.

斯蒂芬·D·布鲁克菲尔德．批判性思维教与学．钮跃增，译．北京：中国人民大学出版社，2017.

斯蒂芬·罗宾斯，玛丽·库尔特．管理学（第13版）．北京：中国人民大学出版社，2017.

唐纳德·A·舍恩．反映的实践者——专业工作者如何在行动中思考．北京：教育科学出版社，2007.

田汉族．交往教学论．长沙：湖南师范大学出版社，2004.

王洪图，贺娟．黄帝内经灵枢白话解（第2版）．北京：人民卫生出版社，2014.

威廉·赫德·克伯屈．教学方法原理．王建新，译．北京：人民教育出版社，1991.

韦恩·C·布斯，格雷戈里·G·卡洛姆，约瑟夫·M·威廉姆斯．研究是一门艺术．陈美霞，等，译．北京：新华出版社，2009.

夏禹龙，等．科学学基础．北京：科学出版社，1983.

夏征农．辞海．上海：上海辞书出版社，1999.

谢新观．远距离开放教育词典．北京：中央广播电视大学出版社，1999.

于光远，等．导师与研究生的对话．苏州：苏州大学出版社，2001.

袁振国．当代教育学（第4版）．北京：教育科学出版社，2010.

约翰·哈蒂．可见的学习：对800多项关于学业成就的元分析的综合报告．彭正梅，等，译．北京：教育科学出版社，2015.

约翰·赫伊津哈．游戏的人——文化中游戏成分的研究．何道宽，译．广州：花城出版社，2007.

曾祥芹，韩雪屏．阅读学原理．郑州：大象出版社，1992.

张明仁．古今名人读书法．北京：商务印书馆，2007.

郑慧慧．人体律动美育．上海：上海教育出版社，2000.

中共中央马克思恩格斯列宁斯大林著作编译局．马克思恩格斯全集（第42卷）．北京：人民出版社，1979.

中共中央马克思恩格斯列宁斯大林著作编译局．马克思恩格斯选集（第一卷）．北京：人民出版社，1995.

周宪. 20世纪西方美学. 北京：高等教育出版社，2004.

朱迪思·贝儿. 社会科学研究的基本规则（第四版）. 北京：北京大学出版社，2013.

2. 期刊论文

安富海. 促进深度学习的课堂教学策略研究. 课程·教材·教法，2014，11.

敖俊梅. 民族院校硕士研究生学习生活现状调查与问题分析——以S民族大学为个案. 民族教育研究，2014，5.

毕达. 给深度阅读、高质量审美更多尊重. 中国艺术报，2021-05-17.

边国英. 学术文化的影响因素分析——《学术部落与学科领地》述评. 北京大学教育评论，2007，4.

蔡芬，曹延飞，顾晔，等. 教育博士生延期毕业影响因素的质性研究. 学位与研究生教育，2020，3.

蔡茂华. 大众化教育下研究生与导师关系的调查与分析. 教育与职业，2013，14.

曹丽莉，李娜琴，孙芳芳. 研究生培养中设置“指导性文献阅读研讨”课程的研究. 人力资源管理，2013，6.

苌光锤，李福华. 学术共同体的概念及其特征辨析. 煤炭高等教育，2010，5.

苌庆辉，闫广芬. 扩招后影响研究生教育质量的主体因素——对生源，生师比，师生关系的考察. 现代大学教育，2010，5.

常正霞. 浅谈学术活动对研究生探究性学习能力的培养——以西北师范大学为例. 当代教育与文化，2011，5.

陈陈，燕婷，林崇德. 大学生完美主义，自尊与学业拖延的关系. 心理发展与教育，2013，4.

陈静静，谈杨. 课堂的困境与变革：从浅表学习到深度学习——基于对中小学生真实学习历程的长期考察. 教育发展研究，2018，2.

陈敏. 工科硕士研究生闲暇生活状况及其影响因素调查与分析——以浙江大学为例. 高教论坛，2017，10.

陈明选，张康莉. 促进研究生深度学习的翻转课堂设计与实施. 现代远程教育研究，2016，5.

陈乃林，孙孔懿．终身教育理论视野中的闲暇教育．教育发展研究，2000，2.

陈世海，宋辉，滕继果．高校导师与研究生关系研究——以华中地区某高校为个案．青年探索，2003，6.

陈佑清．交往学习：一种新的学习类型．中国教育报，2011-02-01.

陈佑清．交往学习论．高等教育研究，2005，26（2）.

成心月，刘逸云，叶鹰．物理学和化学热点论文的跨学科性分析．图书与情报，2020，3.

程帆，吕林海．研究型大学硕士研究生学习环境感知对深层学习的影响——以学术信念为中介的模型探析．扬州大学学报（高教研究版），2021，2.

楚永全，陈文婷，陈姗姗．研究生与导师关系类型的分析．高校辅导员学刊，2011，6.

褚宏启．核心素养的概念与本质．华东师范大学学报（教育科学版），2016，1.

崔晓汉．对平衡问题的哲学思考．深圳大学学报（人文社会科学版），2004，1.

邓倩．微时代研究生经典阅读现状及对策研究．出版科学，2017，3.

邓荣华，颜军，金其贯．运动增进心理健康的机制及运动处方．西安体育学院学报，2003，3.

邓智心．同伴教育：研究生信息素质教育的创新实践探索．图书情报工作，2019，6.

杜娟，李兆君，郭丽文．促进深度学习的信息化教学设计的策略研究．电化教育研究，2013，10.

段金菊，余胜泉．学习科学视域下的e-Learning深度学习研究．远程教育杂志，2013，4.

范海英，贾小文，邱成锋．思维导图在深度学习中的运用——以大学物理实验为例．军事交通学院学报，2020，3.

范利丹，秦刚．导师负责制下关于研究生学术道德教育的思考——基于某高校师生关系的调查报告．河南教育（高教），2015，12.

冯斌，刘培森，郑小林，等．研究生发展质量影响因素调查与分析．中国高教研究，2013，2.

冯建军，万亚平．闲暇及闲暇教育．教育研究，2000，9.

冯黎明．文学研究的跨学科性．湖北大学学报（哲学社会科学版），2019，1.

付亦宁．深度学习的教学范式．全球教育展望，2017，7.

傅敏，田慧生．教育叙事研究：本质，特征与方法．教育研究，2008，5.

高鹏，李媛，张伟倩．关于导师与研究生关系的调查和实证分析．科学学与科学技术管理，2007，4.

高书国，杨海燕．中国教育规划的价值追求与模式转型．中国教育科学，2019，2（4）.

葛春．身体在场：在交往中学习．教育发展研究，2015，22.

古继宝，王茜，吴剑琳．导师指导模式对研究生创造力的影响研究——基于内部-外部动机理论的分析．中国高教研究，2013，1.

郭华．深度学习及其意义．课程·教材·教法，2016，11.

郭衎，曹一鸣．学习动机对学习效果影响的深度解析——基于大规模学生调查的实证研究．教育科学研究，2019，3.

郭艳芳．基于知识结构论的深度学习之“深”．教育理论与实践，2020，28.

郭月兰，汪霞．“英国研究生科研体验调查”述评．高教探索，2018，5.

何玲，黎加厚．促进学生深度学习．现代教学，2005，5.

何旭明，陈向明．学生的学习投入对学习兴趣的影响研究．全球教育展望，2008，3.

胡保玲．导师支持，同学支持对研究生创新行为的影响：积极情绪的中介作用．黑龙江高教研究，2017，9.

胡仕勇，康恒元．大学生闲暇生活行为倾向研究——对1000名大学本科生的调查报告．当代青年研究，2001，4.

胡万钟．从马斯洛的需求理论谈人的价值和自我价值．南京社会科学，2000，6.

胡谊，吴庆麟．专家型学习的特征及其培养．北京师范大学学报（社会科学版）．2004，5.

黄聚云．社会学视角下我国体育概念之争论．上海体育学院学报，2008，1.

黄晟，武晓峰，王孙禺．高校研究生经济文化生活状况研究——基于清华大学的调研结果．中国青年研究，2011，1.

嵇艳，汪雅霜．学习动机对大学生学习投入的影响：人际互动的中介效应．高教探索，2016，12.

江凌．试论通识教材开发的核心理念与基本路径．北京印刷学院学报，2012，5.

江新华．大学德育应重视大学生学术道德素质的培养．教育探索，2002，6.

蒋登科．学术创新与“诗学隽语”的生成．西南大学学报（社会科学版），2013，4.

蒋立兵，朱文晓，付从荣．学术型硕士研究生学术素养的要素结构与发展机制研究．黑龙江高教研究，2021，3.

蒋晓虹．大学师生学术共同体新构摭论．高教发展与评估，2011，5.

孔德生，臧凯．论网络时代大学生婚恋教育的困境与出路．思想政治教育研究，2021，2.

匡兴华，关虹．学术活动的意义、功能和分类．研究与发展管理，1991，4.

蓝刚，蒲瑶．微阅读行为认知研究．出版发行研究，2016，5.

雷先泽，黄剑．培养专注习惯　提高学习效率．四川教育学院学报，2002，18（6）.

黎加厚，齐伟．话题：概念地图在中小学教学中的应用．信息技术教育，2003，9.

黎琼锋．导向深度学习：高校课堂教学改革的路径．现代教育管理，2020，3.

李臣之，梁舒婷．国家认同教育研究热点及趋势——基于CiteSpace的计量分析．中国教育科学，2021，1.

李臣之，帅飞飞．深圳市中小学教师参与校本课程开发行为意向的调查研究．课程·教材·教法，2010，4.

李臣之，帅飞飞．中学综合实践活动课程实施：现状及影响因素．天津市教科院学报，2011，2.

李海生．美国博士生学业完成的困境及原因分析．全球教育展望，2014，11.

李龙科，陈宇晴，刘艳芬．当代研究生的婚恋观现状及特点探析——对H大学在校研究生婚恋观的调查研究．研究生教育研究，2014，1.

李明磊，黄欢，黄雨恒，等．硕士生培养过程关键要素实证研究——基于中国研究生满意度调查．研究生教育研究，2021，1.

李晓．利用四象限时间管理法提高青年科技编辑工作效率．编辑学报，2018，51.

李毅弘．互动与对话：研究生德育中的师生关系．学位与研究生教育，2008，12.

梁利民．大学生运动休闲生活探索．广州体育学院学报，2005，1.

林杰，晁亚群．师门对研究生发展的影响——基于非正式组织理论的质性研究．研究生教育研究，2019，5.

刘国荣．文科研究生学术素养养成的基本途径．延安大学学报（社会科学版），2009，2.

刘海鹰，赵媛媛．硕士研究生心理压力调查报告．山东理工大学学报（社会科学版），2013，4.

刘红晶，谭良．SPOC助学群组促进深度学习的策略和方法研究．电化教育研究，2017，2.

刘力，黄小莲．基于专业学习共同体的研究生科研能力培养研究．学位与研究生教育，2009，5.

刘宁宁．本硕阶段学生创新能力培养体系衔接现状及其成效研究——基于1464名学术型硕士生的分析．现代教育管理，2019，1.

刘培琪，刘兵，李媛．授权型领导对知识型员工知识分享意愿的影响——基于社会信息加工的视角．技术经济，2018，7.

刘文，廖炳华，廖文武．我国博士生延期毕业实证研究．现代教育科学，2016，8.

刘喜军，杨雷，丛万锁，等．研究生专业文献阅读能力培养的探索与实践．黑龙江畜牧兽医，2017，21.

刘影，龚少英，柴晓运．中学生家庭作业努力及其影响因素．心理科学进展，2013，8.

刘志．加强研究生导师师德建设需正确处理三大关系．中国高等教育，2019，1.

柳夕浪．知识生成的交往中介原理与知识创新教育．教育研究与实验，2000，4.

陆道坤，张芬芬．论教师专业道德——从概念界定到特征分析．教师教育研究，2016，3.

罗建国，谢芷薇，莫丽荣．导生交往模式与研究生学术能力发展——基于扎根理论的质性分析．学位与研究生教育，2021，3.

吕林海．中国大学生课堂“沉默”背后的“谨言慎行”倾向——“中华传统文化”视域下的概念诠释与实证分析．苏州大学学报（教育科学版），2020，1.

马惠娣．休闲问题的理论探究．清华大学学报（哲学社会科学版），2001，6.

马建青，严立芬．女研究生婚恋观现状及特点探析．高等教育研究，1999，2.

马兰．合作学习的情境优势——兼谈三种情境对学习动机的影响．开放教育研究，2004，5.

马强，蔡茂华，刘运春．当前硕士研究生学习情况调查及分析——广东省13所高校硕士研究生学习情况调查报告．高教探索，2013，2.

马声．理工科研究生阅读现状的调查研究——以浙江师范大学为例．科教导刊（上旬刊），2016，25.

马晓华．关于词汇组块建构理论及学习策略的探讨．吉林省教育学院学报，2009，3.

马忠贤．换个角度看世界——浅谈绘画的继承与发展．苏州科技学院学报（社会科学版），2012，1.

蒙艺，贺加，罗长坤．医学院校研究生导师的领导行为和研究生的创造力——基于领导力理论的思考．中国卫生事业管理，2014，12.

孟艳霞．理工科硕士生健康理念及行为调查研究——以中国科学院大学为例．中国科技论坛，2015，1.

莫雷．论学习迁移研究．华南师范大学学报（社会科学版），1997，6.

彭红超，祝智庭．深度学习研究：发展脉络与瓶颈．现代远程教育研究，2020，1.

钱佩忠．研究生学习自主性弱化问题及对策．学位与研究生教育，2011，11.

钱旭升．论深度学习的发生机制．课程·教材·教法，2018，9.

秦莹，屈晓婷．基于立德树人的新时代研究生导生关系建构研究．辽宁大学学报（哲学社会科学版），2019，5.

沈爱民．闲暇的本质与人的全面发展．自然辩证法研究，2004，6.

施维．硕士研究生生涯规划教育现状分析与应对策略．亚太教育，2015，10.

石中英．穿越教育概念的丛林．北京教育（普教版），2017，6.

帅飞飞，李臣之．教学交往研究30年回顾与展望．教育科学研究，2009，8.

宋庆宇．现代社会跑步运动研究综述：多维度的解释．青年研究，2018，2.

宋晓东，黄婷婷，景怡．研究生心理压力调查报告——以北京某985高校研究生为例．中国青年社会科学，2019，3.

苏堪宇．论学习反思．当代教育论坛，2004，2.

孙贺群，王小英．儿童同伴合作学习的价值、机制与促进策略——基于建构主义学习理论的视角．学前教育研究，2009，10.

滕明兰．大学生课堂沉默的教师因素．黑龙江高教研究，2009，4.

田莉，戴弘梧．促进学术型硕士研究生深度学习的课程评价——以教育学专业课程实施为例．上海教育评估研究，2019，6.

万慧进．高校闲暇德育对大学生闲暇德性的建构．理论与改革，2007，5.

汪彩凤，汪火应，汪胜亮．对布鲁纳“结构主义”教育思想的认识与思考．成都大学学报（教育科学版），2008，8.

汪青松．读书观与我的学术之路．云梦学刊，2008，6.

汪雅霜，汪霞．高职院校学生学习投入度及其影响因素的实证研究．教育研究，2017，1.

王畅．女研究生婚恋心理探索．贵州师范大学学报（自然科学版），2004，1.

王海林，卢小慧．高校导师与研究生导学关系调查研究——以南京地区为例．扬州大学学报（高教研究版），2015，4.

王辉，王录叶，陈旭．包容型导师风格对研究生创新行为的影响研究——创新自我效能感的中介作用与深度学习的调节作用．当代教育论坛，2021，2.

王鉴．合作学习的形式，实质与问题反思——关于合作学习的课堂志研究．课程·教材·教法，2004，8.

王靖，崔鑫．深度学习动机，策略与高阶思维能力关系模型构建研究．远程教育杂志，2018，6.

王立珍，袁金英，马秀峰．研究生学术素养的内涵及培育探析．软件导刊（教育技术），2012，5．

王帅．国外高阶思维及其教学方式．上海教育科研，2011，9．

王添淼，张越．慕课教学中教师角色转换的叙事研究．课程·教材·教法，2017，3．

王晓璇．“朱子读书法”的当代新解．教育教学论坛，2014，33．

王莹．浅谈教育交往实践的特性及其价值实现．现代教育科学，2008，6．

王勇．学生课堂沉默的分类与引导策略．上海教育科研，2009，5．

王有升，兰玉萍．同伴学习中的“教学相长”与课堂教学变革．课程·教材·教法，2018，2．

王之璋．稳态·平衡·协调——平衡的内涵与形式新探．哲学研究，1988，1．

邬智，孙侠．人文社科类研究生阅读情况的调查与分析——以广州地区高校为例．国家教育行政学院学报，2009，8．

吴冰雪．研究生闲暇教育：价值与策略．教育观察，2020，9（38）．

吴荷平，顾现朋．研究生学业规划的现状与改进．黑龙江高教研究，2015，2．

吴秀娟，张浩，倪厂清．基于反思的深度学习：内涵与过程．电化教育研究，2014，12．

吴学虹，王丽燕，李胜兵．嘉兴地区2860名体检人员幽门螺杆菌感染状况调查及影响因素分析．健康研究，2019，1．

吴杨，韦艳玲，施永孝，李明磊．主动性不同条件下导师指导风格对研究生创新能力差异性影响研究——基于九所大学的数据调查．复旦教育论坛，2018，3．

吴志敏．教学生学会预习——教学生学会学习的研究之一．教育探索，2000，11．

武霞．浅谈布鲁纳的认识结构学习理论．文学教育（中），2011，3．

夏祥伟，沈继章，刘单．我国高校研究生全面健康问题的实证研究．国家教育行政学院学报，2019，8．

夏玉成．提高研究生培养质量的思考与实践．学位与研究生教育，2006，5．

项建英，黄湾湾．民国大学女教师与学科学术发展．现代大学教育，2018，3．

肖立辉．五年规划的价值意蕴．吉林党校报，2021-01-01．

肖庆华. 论文科研究生的问题意识. 学位与研究生教育，2013，11.

谢沙，张耘，欧阳忠明. 师生互动方式与研究生知识获取效果的实证研究. 当代教育科学，2020，4.

邢占军，金瑜. 城市居民婚姻状况与主观幸福感关系的初步研究. 心理科学，2003，6.

熊国勇，张同林. 动物学实验教学中学生科研能力的培育与实践. 江西教育学院学报，2012，3.

徐月英，王喜涛.《黄帝内经》中的运动养生思想及方法. 沈阳体育学院学报，2006，2.

徐贞，牛梦虎. 研究生教育中师生合作发表的学科差异分析——基于全国39所研究生院高校的调查. 中国高教研究，2018，3.

徐忠勤，强文鑫，李言俊. 拓宽博士生知识面浅议. 学位与研究生教育，1995，5.

许建丽. 地方性师范类院校研究生阅读倾向的纵向研究. 四川职业技术学院学报，2012，6.

许克毅，叶城，唐玲. 导师与研究生关系透视. 学位与研究生教育，2000，2.

宣勇. 领导干部要带着问题读书——毛泽东的读书观及其当代启示. 中国党政干部论坛，2009，10.

薛文飞，刘国学. 研究生创新能力培养的现状分析与对策研究. 河北师范大学学报（教育科学版），2012，12.

杨宏飞，张小燕. 大学生的完美主义与心理健康的关系. 中国心理卫生杂志，2004，9.

杨勇. 有效教学与有效学习的方法和路径. 课程 · 教材 · 教法，2014，3.

姚树洁. “摸着石头过河”与顶层设计有效结合——中国40多年改革开放伟大奇迹的关键. 人民论坛，2019，19.

叶志明. 开设文献阅读研讨课　培养研究生的创新能力——上海大学研究生创新教育模式探索. 学位与研究生教育，2008，7.

尹婷，焦建利. 计算机辅助语言学习研究方法的新进展. 外语电化教学，

2018，5.

余国良．学习反思：学会学习的重要途径．天津师范大学学报（基础教育版），2009，2.

余文森，宋原，丁革民．“课堂革命”与“金课”建设．中国大学教学，2019，9.

余妍霞．高校特殊的知识分子——研究生身份探讨．学位与研究生教育．2005，2.

詹先明．“学术共同体”建设：学术规范、学术批评与学术创新．江苏高教，2009，3.

张东海．研究生指导效果及其影响因素的调查研究．复旦教育论坛，2013，2.

张广瑞，宋瑞．关于休闲的研究．社会科学家，2001，5.

张海森．2001—2010年中外思维导图教育应用研究综述．中国电化教育，2011，8.

张浩，吴秀娟．深度学习的内涵及认知理论基础探析．中国电化教育，2012，10.

张剑，张微，宋亚辉．自我决定理论的发展及研究进展评述．北京科技大学学报（社会科学版），2011，4.

张京梅．浅谈研究生学术素养——从研究生投稿存在的问题说起．西北民族大学学报（哲学社会科学版），2008，4.

张景焕，陈泽河．开发儿童创造力的实验研究．心理学报，1996，3.

张鹂，王兴尚．中国当下道德困境的突围：大格局观．江汉论坛，2014，11.

张丽莉，赵启芝．医学研究生生涯规划现状调查研究．西北医学教育，2008，6.

张林，温涛，张玲．大学生课堂沉默的阻力与动力机制研究——基于560份调查问卷的实证．西南师范大学学报（自然科学版），2019，3.

张伟，沈贵鹏．自我教育力：研究生教育新的着力点和切入点．大学（研究版），2017，7.

张烨君．硕士研究生学业拖延状况调查．南京晓庄学院学报，2013，4.

张增田，靳玉乐．论对话教学的课堂实践形式．中国教育学刊，2004，8.

张志杰，黄希庭，凤四海，等．青少年时间管理倾向相关因素的研究．心理科学，2001，6.

赵春鱼，杨璐，邵悦．研究生深度学习类型、科研体验现状及其关系研究．文教资料，2020，19.

赵国庆．概念图、思维导图教学应用若干重要问题的探讨．电化教育研究，2012，5.

赵佳娜．思维导图在认知结构建构中应用模式研究——以大学基础英语实践课为例．中国电化教育，2014，6.

赵蒙成．研究生核心素养的框架与培养路径．江苏高教，2018，2.

赵浉，李嘉璐，鲁晶晶，等．1000名大学生近视加深影响因素调查．中国校医，2018，9.

赵玮，刘旭阳．中国高学历女性的“幸福单身”——对单身状态与主观幸福感的经验研究．财经研究，2019，4.

郑爱平，张栋梁．立德树人根本任务指引下研究生导师师德建设研究——基于12所高校1496名师生的调查分析．研究生教育研究，2017，4.

郑文力．知识创新中的导师与研究生学术共同体运作范式探究——基于自组织视角．当代教育论坛，2018，2.

郑颖，宗锦莲，张曼．研究生生存发展问题系列调查之五　研究生婚恋：象牙塔中的理性与柔情．教育与职业，2007，31.

钟启泉．问题学习：新世纪的学习方式．中国教育学刊，2016，9.

钟志贤．教学设计的宗旨：促进学习者高阶能力发展．电化教育研究，2004，11.

钟志贤．如何发展学习者高阶思维能力？．远程教育杂志，2005，4.

周东滨．积极心态：和谐社会构建中的重要心理要素．内蒙古师范大学学报（教育科学版），2010，1.

周文辉，张爱秀，刘俊起，等．我国高校研究生与导师关系现状调查．学位与研究生教育，2010，9.

周详．青年熬夜行为的心理机制与干预．人民论坛，2019，29.

周勇，董奇．学习动机、归因、自我效能感与学生自我监控学习行为的关系研究．心理发展与教育，1994，3.

朱红，李文利，左祖晶．我国研究生创新能力的现状及其影响机制．高等教育研究，2011，2．

朱雪梅．“多元交互式”教学评价体系的建构与实践——基于地理教学观察的行动研究．课程·教材·教法，2014，11．

朱志荣．作为学术研究生的阅读．学术界，2008，4．

祝士明，王冰清．发挥同辈群体优势 提升研究生创新水平——基于职业技术教育学专业研究生的调查．学位与研究生教育，2013，8．

左璜，黄甫全．国外同伴互助学习的研究进展与前瞻．外国教育研究，2010，4．

3．学位论文

贲爱玲．元认知理论指导下的反思型教师教育．硕士学位论文．南京：南京师范大学课程与教学论专业，2004．

蔡云．研究生学术失范研究——以M大学为例．硕士学位论文．南昌：江西师范大学高等教育研究中心，2012．

池丽泉．导师指导与全日制学术型硕士研究生学术能力的关系研究——以 J 大学为例．硕士学位论文．南昌：江西师范大学高等教育学专业，2017．

崔艳艳．影响教育学硕士研究生学位论文选题的因素研究．硕士学位论文．上海：上海师范大学高等教育学专业，2017．

冯军芳．当前我国高校研究生生活方式研究——以河南某高校为例．硕士学位论文．郑州：郑州大学社会学专业，2007．

付亦宁．本科生深层学习过程及其教学策略研究．博士学位论文，苏州：苏州大学高等教育学系，2014．

甘良梅．大学生拖延与人格、学业成绩的相关研究．硕士学位论文．南京：南京师范大学教育科学学院，2007．

公彦霏．关于组块机制及其与国际象棋技能之间关系的拓展研究．博士学位论文．上海：华东师范大学教育与心理学院，2015．

龚盛．驻邕高校在读全日制硕士研究生体育活动行为现状研究．硕士学位论文．南宁：广西师范学院体育人文社会学专业，2011．

关璐佳．基于PISA测评的初中生阅读素养研究——一个教育管理学的视角．硕士学位论文．哈尔滨：黑龙江大学教育科学研究院，2019.

郭楠．硕士研究生导师与学生关系调查研究——以西安市为例．硕士学位论文．西安：西安外国语大学课程与教学论专业，2019.

郭清秀．研究生休闲教育研究．硕士学位论文．南京：南京师范大学高等教育学专业，2008.

侯志水．马克思社会交往理论的当代阐释．博士学位论文．长春：吉林大学哲学社会学院，2006.

胡春宝．硕士研究生学业拖延分析．硕士学位论文．上海：华东师范大学教育科学学院心理系，2008.

胡月．小学教研员课程领导力发展的个案研究——以重庆市四位小学教研员为例．硕士学位论文．重庆：西南大学课程与教学论专业，2019.

华风霞．闲暇教育理念探析．硕士学位论文．开封：河南大学教育学原理专业，2006.

李本大．高职院校大学生休闲生活方式的现状及其引导研究．硕士学位论文．呼和浩特：内蒙古工业大学思想政治教育专业，2020.

李彩彦．美学取向教学评价研究．硕士学位论文．重庆：西南大学课程与教学论专业，2018.

李超．高校研究生学术失范研究．硕士学位论文．重庆：西南大学高等教育学专业，2010.

李婷婷．古琴艺术的当代意义．硕士学位论文．昆明：云南艺术学院音乐与舞蹈学专业，2017.

李旖．学术活动视角下文科硕士研究生科研能力培养研究——以江西师范大学为例．硕士学位论文．南昌：江西师范大学高等教育学系，2013.

梁郁建．基于地图及搜索技术的活动信息发布系统设计与实现．硕士学位论文．广州：华南理工大学软件学院，2016.

刘朝贵．海峡两岸《黄帝内经》养生思想研究．博士学位论文．广州：广州中医药大学中医基础理论专业，2009.

刘会．研究生学习焦虑，应对方式与学业拖延的关系研究．硕士学位论文．兰州：兰州大学高等教育专业，2014.

刘佳．我国高校硕士研究生创新能力研究．硕士学位论文．合肥：合肥工业大学科技哲学专业，2012.

刘瑞．研究生学业拖延、应对方式和孤独感的关系研究．硕士学位论文．太原：山西大学教育科学学院，2010.

罗华．大学生闲暇及闲暇教育现状的抽样调查及对策研究．硕士学位论文．重庆：西南师范大学教育学原理专业，2004.

吕木凤．广西仫佬族居民人格、民族认同与主观幸福感的关系．硕士学位论文．桂林：广西师范大学应用心理学系，2018.

潘秀新．全日制硕士研究生闲暇生活现状分析及对策研究．硕士学位论文．大连：辽宁师范大学教育学原理专业，2013.

孙丽华．大学生闲暇生活态度研究．硕士学位论文．南京：南京师范大学教育科学学院，2004.

王惠．学术活动对硕士生科研能力影响的研究——以某大学三个案为例．硕士学位论文．上海：华东师范大学教育科学学院，2009.

王珏．《黄帝内经》体质养生思想的研究及其对后世的影响．博士学位论文．南京：南京中医药大学中医基础理论专业，2017.

王茜．导师指导风格对研究生创造力的影响研究．博士学位论文．合肥：中国科学技术大学管理科学与工程专业，2013.

王晓茹．舞蹈教育的“成人”价值——以西周雅乐舞教育和古希腊舞蹈教育为考察对象．博士学位论文．北京：中国艺术研究院舞蹈学专业，2013.

吴晓璐．“生活即教育”视域下硕士研究生闲暇生活的审视与构建．硕士学位论文．昆明：云南师范大学成人教育学专业，2019.

武秀杰．高学历人口婚恋观的对比研究．硕士学位论文．杭州：浙江大学人口学专业，2009.

夏祥伟．研究生体育锻炼与健康问题的研究．博士学位论文．上海：华东师范大学运动人体科学专业，2005.

杨寒松．《黄帝内经》阴阳思想的哲学源流及其理论的内涵与特点．硕士学位论文. 北京：北京中医药大学中医基础理论专业，2014.

姚计福. 太原理工大学在校硕士研究生体质现状的研究与分析. 硕士学位论文. 太原：太原理工大学运动人体科学专业，2010.

喻瑶. 高校研究生群体的健康促进研究. 硕士学位论文. 武汉：武汉大学社会医学与卫生事业管理专业，2005.

张鹿. 大学通识教育语境下的舞蹈教育研究. 硕士学位论文. 上海：上海师范大学音乐舞蹈学专业，2018.

张睿. 硕士研究生与导师关系的调查与分析——以综合性大学Z为例. 硕士学位论文. 苏州：苏州大学高等教育学专业，2014.

朱正平. 试论当代大学生的闲暇生活与闲暇教育. 硕士学位论文. 长沙：湖南师范大学教育学 · 教育学原理专业，2005.

二、外文文献

Lai C L, Hwang G J. Effects of mobile learning time on students' conception of collaboration, communication, complex problem-solving, meta-cognitive awareness and creativity. International Journal of Mobile Learning and Organization, 2014, 3.

Green C S, Pouget A, Bavelier D. Improved probabilistic inference as a general mechanism for learning with action video games. Current Biology, 2010, 23.

Russoniello C V, O'Brien K, Parks J M. EEG, HRV and psychological correlates while playing bejeweled II: a randomized controlled study. Annual Review of Cybertheapy and Telemedicine, 2009, 7.

Marton F, Säljö R. On qualitative differences in learning: I —outcome and process. British Journal of Educational Psychology, 1976, 46.

Festinger J A. A theory of social comparison processes. Human Relations, 1954, 7.

Biggs J, Kember D, Leung D Y P. The revised two-factor study process questionnaire: R-SPQ-2F. British Journal of Educational Psychology, 2001, 71.

Biggs J. Individual differences in study processes and the quality of learning outcomes. Higher Education 1979, 8.

Trapnell P D, Campbell J D. Private self-consciousness and the five-factor model of personality: distinguishing rumination from reflection. Journal of Personality and Social Psychology, 1999, 76.

Shipway R, Holloway I, Health and the running body notes from an ethnography, International Review for the Sociology of Sport, 2016, 51.

Smith T W, Colby S A, Teaching for deep learning. The Clearing House: A Journal of Educational Strategies, Issues and Ideas, 2007, 80(5).

Bentz V M. Deep learning groups: combining emotional and intellectual learning. Clinical Sociology Review, 1992, 10(1).

附　　录

附录1

表1　26位受访研究生基本信息表（学术硕士）

序号	性别	年级	学校	学位类型	本科专业	研究生学科	发表论文	在研荣誉	婚恋状况	访谈方式	访谈地点	访谈时间	受访者编号
1	男	2018	S大学	专业硕士	工学	工学	2篇	国奖等	单身	线下	办公室	20201210	B-M-20201210-O
2	女	2018	S大学	学术硕士	法学	法学	3篇	省优、国奖	单身	线下	教学楼	20201221	C-F-20201221-C
3	女	2018	S大学	学术硕士	管理学	管理学	6篇	国奖等	单身	线下	教学楼	20201230	C-F-20201230-C
4	男	2019	S大学	学术硕士	经济学	经济学	1篇	国奖等	单身	线下	宿舍	20201209	C-M-20201209-D
5	男	2018	Z大学	学术硕士	医学	医学	2篇	国奖等	单身	线上	微信语音	20201211	C-M-20201211-X
6	女	2018	S大学	学术硕士	理学	理学	2篇	国奖等	恋爱	线下	宿舍	20201214	F-F-20201214-D
7	女	2018	S大学	学术硕士	艺术学	艺术学	2篇	国奖等	恋爱	线上	腾讯会议	20201222	G-F-20201222-X

（续表）

序号	性别	年级	学校	学位类型	本科专业	研究生学科	发表论文	在研荣誉	婚恋状况	访谈方式	访谈地点	访谈时间	受访者编号
8	女	2017	S大学	学术硕士	文学	教育学	8篇	省优等	已婚	线上	腾讯会议	20201228	J-F-20201228-X
9	女	2019	B大学	学术硕士	教育学	教育学	4篇	一等奖学金	单身	线上	微信语音	20210130	L-F-20210130-X
10	男	2018	S大学	学术硕士	工学	工学	10篇	国奖，特奖	恋爱	线下	办公室	20201208	L-M-20201208-O
11	男	2019	N大学	学术硕士	理学	理学	0篇	名校奖（10万）	单身	线上	微信语音	20201211	L-M-20201211-X
12	男	2018	S大学	学术硕士	工学	工学	4篇	国奖等	恋爱	线下	办公室	20201213	L-M-20201213-O
13	男	2019	S大学	学术硕士	工学	工学	4篇	国奖，特奖	单身	线下	教学楼	20201214	L-M-20201214-C
14	男	2018	S大学	专业硕士	工学	工学	3篇	国奖，特奖	恋爱	线下	教学楼	20201221	L-M-20201221-C
15	男	2019	S大学	学术硕士	管理学	管理学	4篇	国奖等	恋爱	线下	教学楼	20201224	L-M-20201224-C
16	男	2018	S大学	学术硕士	工学	工学	2篇	国奖等	单身	线下	办公室	20201227	L-M-20201227-O
17	男	2018	S大学	学术硕士	工学	工学	5篇	国奖等	恋爱	线下	办公室	20201231	L-M-20201231-O
18	男	2018	S大学	学术硕士	理学	理学	2篇	国奖等	恋爱	线下	教学楼	20210116	L-M-20210116-C
19	男	2018	S大学	学术硕士	工学	工学	5篇	一等奖学金	单身	线下	办公室	20201209	M-M-20201209-O
20	女	2018	S大学	学术硕士	文学	文学	8篇	国奖等	恋爱	线下	教学楼	20201220	S-F-20201220-O
21	女	2018	S大学	学术硕士	法学	法学	3篇	国奖等	恋爱	线下	宿舍	20201222	S-F-20201222-D
22	女	2018	S大学	专业硕士	工学	工学	3篇	国奖，特奖	单身	线下	教学楼	20201213	W-F-20201213-C
23	女	2018	S大学	学术硕士	文学	艺术学	5篇	国奖，特奖	单身	线下	宿舍	20201211	Z-F-20201211-D
24	女	2018	S大学	学术硕士	文学	文学	10篇	国奖，省优	单身	线下	教学楼	20201213	Z-F-20201213-C

（续表）

序号	性别	年级	学校	学位类型	本科专业	研究生学科	发表论文	在研荣誉	婚恋状况	访谈方式	访谈地点	访谈时间	受访者编号
25	女	2018	S大学	学术硕士	文学	教育学	6篇	国奖等	恋爱	线上	微信语音	20201222	Z-F-20201222-X
26	女	2019	S大学	学术硕士	经济学	经济学	1篇	国奖，腾奖	恋爱	线下	教学楼	20201223	Z-F-20201223-C

（注：为减少表格内容篇幅，研究生期间的荣誉使用简称。“国家奖学金”简称“国奖”；“省优秀学生”简称“省优”；“腾讯创新奖”简称“腾奖”；“特等奖学金”简称“特奖”。）

表2　3位受访研究生基本信息表（专业硕士）

序号	性别	年级	学校	学位类型	本科专业	研究生学科	发表论文	在研荣誉	婚恋状况	访谈方式	访谈地点	访谈时间	受访者编号
1	女	2019	S大学	专业硕士	文学	教育管理	0篇	市小学英语资源集一等奖	已婚	线上	微信	20210707	Y-F-20210707-W
2	女	2019	S大学	专业硕士	文学	教育管理	1篇	市教学设计一等奖	已婚	线上	微信	20210707	L-F-20210707-W
3	女	2019	S大学	专业硕士	文学	教育管理	0篇	市初中英语微课大赛二等奖	已婚	线上	微信	20210709	F-F-20210709-W

（注：访谈问题主要与第六章第三节“平衡学习与婚恋关系”相关。）

附录2　W研究生三年规划编制过程

W研究生有较明确的目标，在入学之初就将攻博作为生涯阶段总目标，并在导师指导下制定了一份个人三年长期规划。原始材料是一幅流程图，由于篇幅所限，便将流程图细分为5张图。以下是W研究生制作规划的具体思路。

（一）自我分析，确定目标

图1呈现的是规划制作前的具体分析。规划需谋定而后行。W通过分析自我，确定发展目标，结合对自己能力发展的预期，大致对三年的规划有初步的想法。W认为，长期目标的实现需要一个漫长的奋斗过程，长期规划应该时常“被看见”，因此W选择了以流程图的形式来制定长期规划。W给长期规划的制定设立了可视化、灵活调整、图表化、可拆解的原则，如图1所示。

规划分析

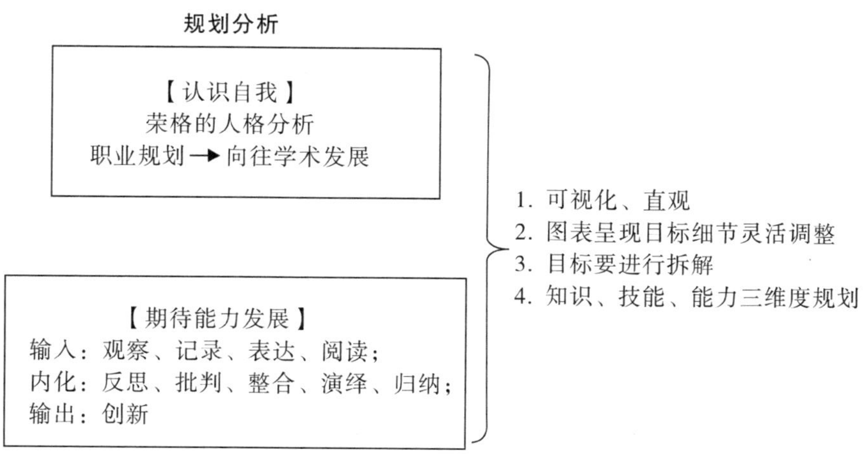

图1

（二）以终为始，目标倒推

1. 资讯的收集——磨刀不误砍柴工

在确立攻读教育学博士学位后，W查询了相关大学的博士招生要求和学校研究生培养方案、利用互联网搜索引擎浏览博士申请的经验帖、听取导师的指导建议、询问在读的学长学姐以获得更多资讯。在收集资讯的初期阶段，必然会经历一个无章法、碎片化的过程，有焦虑、茫然、不确定的情绪。任何运筹帷幄的坦然都建立在万事俱备的基础之上，要想制定出适合且可操作的长期规划，需要周全的了解与分析。

结合已收集到的资讯，W先明确了研究生毕业时要达到哪些具体目标。W将目标依次列为：语言目标、绩点目标、证书目标、学术成果目标、实践目标以及获奖目标。W还将这六个目标进一步分为确定性目标和不确定性目标，确定性目标是指经过合理安排、不懈努力一定可以达成的目标，可控程度高；而不确定性目标是指除了努力之外还受其他因素影响的目标，可控程度略低于确定性目标。W将语言目标、绩点目标、证书目标、实践目标归为确定性目标，学术成果目标、获奖目标归为不确定性目标。W表示，如此分类有利于灵活调整任务的优先级。这样的设计也符合规划的灵活留白原则，即规划不要定得太死。

2. 知识、技能、能力的三维度目标分类

W认为，再复杂困难的目标，将其一步步拆解、分类，使之具体明确化，通过持之以恒的坚持也是可以达成的。这样的思路同样适用于把就业作为长期目标的研究生。W将总目标进一步细化，将其分类为知识目标、技能目标和能力目标，如图2所示。

技能目标，指的是研究生学习过程中需要熟练掌握的各类科研工具。尽早熟练操作科研工具既可以帮助研究生提升学习和科研效率，又可以使研究生借助技能工具辅助学术成果的产出。根据W就读专业的学科特点，W将技能罗列为：文献管理技能、办公应用技能、统计分析技能、绘画图表技能以及数据分析技能。值得注意的是，W在技能处备注了“待补充”，这样在后续的学习过程中遇到值得学习的技能时就可以及时添加。

知识目标。研究生学习离不开大量的文本阅读，有目的的阅读既能不断完善研

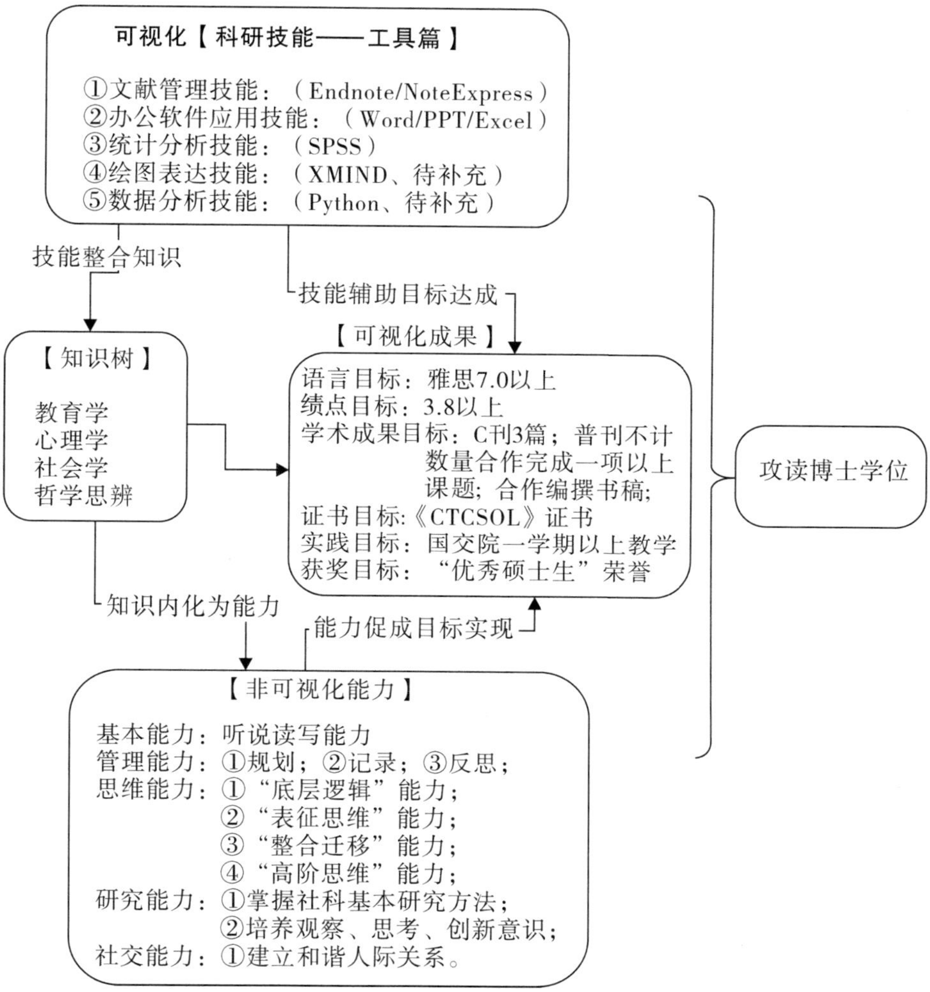

图2

究生个人知识结构，也能培养一定的学术兴趣，为研究生的后续学术发展奠定良好基础。W结合其自身的阅读兴趣、本专业培养方案要求、导师推荐的书目，将知识体系分为教育学、心理学、社会学、哲学等学科。

3．无法在简历上呈现的能力目标分类

能力很难在简历中表示，简历可以写个人的学历信息、获奖荣誉、实践经历、技能证书等，但无法直观地说明具备的能力。能力是在交往或实践的过程中逐步表现的。W根据对自身发展的期待，将目标能力列为：基本听说读写能力、自我管理能力、思维能力、研究能力、社交能力等。其能力目标的设立不仅是为了达成三年的阶段性目标，也是为了未来更好的生涯发展。不论是否深造，听说读写能力、自我管理能力、建立和谐人际关系的能力和高阶思维能力等都值得纳入人生规划中。

知识、技能和能力都不是孤立的，它们之间有一定的联系。熟练掌握技能、使用工具有利于高度整合学科知识，高度整合的学科知识又有助于内化成个人的能力素养，反过来能力的提升也可以促进更多知识技能的掌握，如此便形成了互相促进的正向循环。W还注明了技能和能力的获得都能促成最终目标的实现。

（三）时期分段，化繁为简

在图3中，W将研究生三年划分为三个时期，分别是学术适应期、学术训练和专业实践期、学术成熟期。针对不同的时期，W有不同的规划安排。在学术适应期，W为了尽快适应研究生生活做出妥善安排，图中表示在学术适应期要："正确认识学术、培养学术兴趣、明确学术规范、架构学习生涯。"这个安排设计是值得参考借鉴的，从其对各个时期的命名就可以看出其规划任务也是循序渐进的，难度逐渐增加蕴含了"最近发展区"的思想。

对应技能的目标，W将技能学习安排在研究生一年级和二年级。从图3可以看出，技能学习的安排也是有先后顺序的。W借鉴了"四象限时间工作法"，将横坐

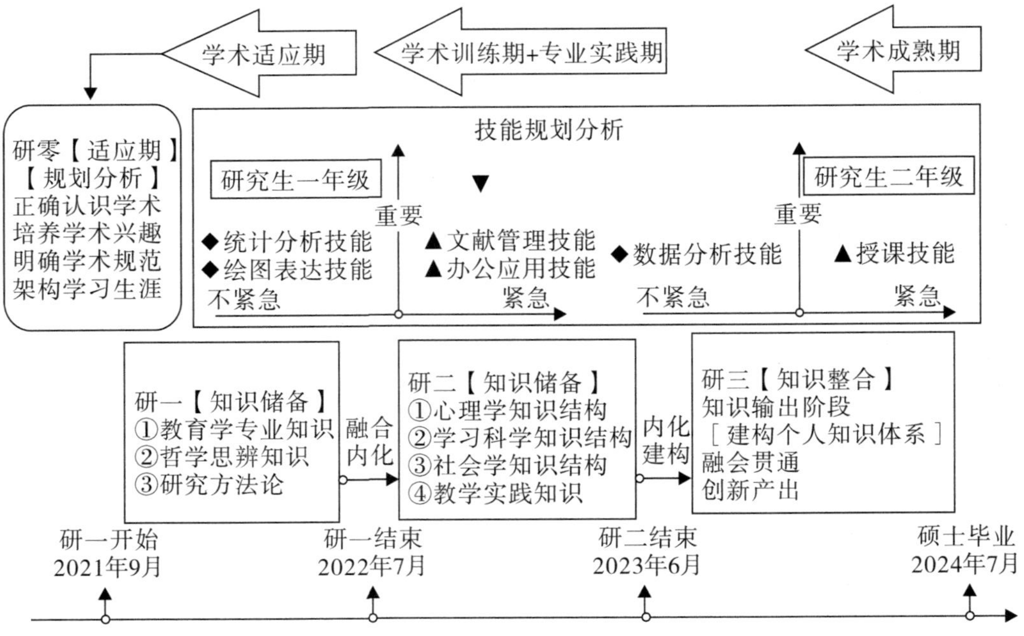

图3

标的正方向设计为“紧急”，横坐标的负方向设计为“不紧急”，纵坐标只有正方向，且设计为“重要”。这样就形成了一个二象限的坐标轴，并通过明确技能学习的紧急程度，有序安排总目标所要求的技能学习。

知识目标的分解与W设计的三个学术时期相对应。学术适应期以培养学术兴趣、明确学术规范为目标，因此研一设计为本专业学科知识、思辨知识、方法论；而对应学术训练期和专业实践期，就补充了心理学、学习科学，甚至教学实践的知识；在学术成熟期则注重知识的融会贯通与输出。实际上研三阶段就要着手准备申请博士的材料了，等到研究生三年级才写论文是来不及的。

（四）学年目标、学期目标、月目标——输入、内化和输出

W的规划设计理念其实很简单，就是一步步把目标具体化。图4中，表格设计横向维度为月目标、学期目标、学年目标，纵向维度为输入、输出、内化、技能、实践。月目标和学期目标是学年目标的进一步细化，其目标设计是量化的，方便后续再落实到周计划和日计划之中。纵向表格中的“输入”“内化”“输出”这个任务设计角度也有一定的参考意义。在学习的过程中，仅有“输入”易缺乏思考，仅有“输出”则难有进步。科学合理的设计应该是在“输入”的过程中“输出”，在“输出”的过程中及时查漏补缺。“内化”也是必不可少的，内化便是发挥元认知的作用，意味着要及时记录、定期复盘。如果有“输入”的量却没有内化机制，容易造成“消化不良”，对学习失去兴趣。

表1是W研究生一年级的规划表，表2是W研究生二年级的规划表。可以看出，研究生二年级的任务难度设计高于研究生一年级，与学术训练期相契合。W的学年、学期、月目标设计只有学习任务，忽视了健康和社会联系，因此这两份规划还有需要改进之处。

表1

研一	月目标	学期目标	学年目标
输入	1. 完成约80篇文献阅读整理； 2. 完成1～2篇英语文献阅读； 3. 掌握一门CTCSOL专业课	1. 整本阅读导师推荐书5本； 2. 认真修读学校专业课程	1. 完整阅读书目达10本； 2. 完成专业学习
内化	1. 回顾、整合每月的文献摘录； 2. 批判阅读文献形成报告5篇	梳理教育学、哲学的文献	撰写感兴趣前沿课题的文献综述报告1篇

（续表）

研一	月目标	学期目标	学年目标
输出	课后时间撰写课程论文1篇（4个月达4篇，保质保量）	完成一篇较高质量论文	1. 发表2篇高质量论文 2. 修改课程论文，投刊
技能	1. 每一个月熟悉工具篇的一个技能； 2. 月背诵英语单词600个； 3. 月书法作品4次	1. 熟练掌握必要科研工具； 2. 初步掌握英语读写	1. 考取CTCSOL证书 2. 工具篇的技能完全掌握
实践	——	完成党员规定的义工时	——

表2

研二	月目标	学期目标	学年目标
输入	1. 完成约80篇文献阅读整理； 2. 完成1～2篇英语文献阅读	整本阅读重要学科书目6本	1. 完整阅读书目达15本； 2. 阅读英语文献2～3本
内化	1. 回顾、整合每月的文献摘录； 2. 批判阅读文献形成报告5篇	梳理教育学、社会学、心理学、哲学的文献	整合各学科的知识
输出	日常留意感兴趣的教育现象、教育问题，及时记录以及分析	完成1篇较高质量论文	1. 发表2篇高质量论文 2. 完成毕业论文选题； 3. 完成书稿写作
技能	1. 每一个月熟悉工具篇的一个技能 2. 阅读英语期刊10篇； 3. 月书法作品4次	数据分析技能学习	1. 参加雅思考试 2. 工具篇的技能完全掌握
实践	——	进入“国交院”实习	——

（五）落实规划的策略

1. 习惯养成——“让惯性推着走”

学会“让惯性推着走”。惰性是人的天性，人在无所事事时，只愿下意识地做自认为“轻松快乐”的事情。然而任由潜意识支配，只做令自己快乐的事情，又谈何成长，谈何进步？如若放任惰性滋长，再完美的计划都将难以落地。

W认为，越是让自己畏惧的任务，越要想办法完成。由于总是逃避英语的学习，W便利用假期，培养每天至少花30分钟学英语的习惯。这样坚持了两三个月后，定时打开学习软件看外刊、练口语已成为习惯。W认为，养成习惯之后，无须运用自制力就能达成计划。人每天能运用的自制力是有限的，消耗殆尽之后，必须通过休息才能恢复。W的办法就是每过一段时间建立一个简单的任务习惯，让习惯成自然。

2. 规划可视化——念念不忘，必有回响

W认为，将目标简洁地呈现，时不时看看总目标、中期目标、小目标，就会努力往目标上靠，即使在没有条件的情况下，也会发挥主观能动性创造条件。W说，以前心里没有目标和方向，闲来无事时会拿起手机漫无目的地看资讯、刷小视频。在这个过程中，大脑源源不断地产生快乐源泉“多巴胺”，令人无法放下手机。W采取的策略是设计出一张简洁明确的规划图，贴在日常工作台上，时常回顾目标。

3. “六休一”或“五休二”的周计划——给时间留白

W在制定周计划过程中不会将日程填满，否则，当突发事件与已制定计划冲突时计划就无法落实。在任务繁忙的阶段，W会制定“六休一”的周计划；在假期，W就会将其调整为“五休二”的周计划。具体哪天休息都是具体情况具体分析，如果任务都完成了，便心安理得地休息，约朋友见面聊天，适当放松。但如果有意外事件耽搁了计划，未完成的任务就挪到休息日，完成任务之后照样可以休息。采取这样的策略，计划都是能落实的。随着每个计划的落实，进度条慢慢增加，距离总目标就越来越近。

4. 主线与支线任务——利用好碎片化知识

W认为，当下学习的发生不一定在课堂上或图书馆里。互联网时代，丰富的网上学习资源唾手可得，不需要专门找个集中的整块时间按照书本章节的顺序进行学习。主线任务就是需要花整块的时间完成的学习任务，如阅读文献、写论文等；支线任务则是将碎片化知识体系化。W表示复盘的工作包括回顾、整合、反思，可以整理偶然看过的碎片化知识。当你心中有方向时，你就会在资讯选择上下意识地注意对你实现目标有帮助的内容。每天花两三个10分钟，学一些碎片化知识，及时收藏，在空闲的时间整理归纳好，日复一日，很多知识就在不知不觉中掌握了。成长时常就发生在不知不觉之中。

后 记

本书是深圳大学研究生培养质量重点指标突破项目“研究生学习获得感测评及提升研究”的阶段性成果。在撰写过程中以质性探究为主，辅以文献研究、案例研究、比较研究等方法，尽可能关注研究生的学习体验，倾听研究生成长路上花开的声音，寻求深度学习相关理论支撑，尽可能提出促进研究生学习与发展的建议，期望为研究生教育组织与领导者提供参考，为研究生导师的教学提供资源，为研究生改进学习提供借鉴。

全书框架设计、修改与统稿由李臣之完成。具体分工如下：

第一章第一节、第三节（李臣之），第二节（温蓝青、李臣之）；第二章（刘树生、李臣之）；第三章第一节（张潇云、方丽），第二节（方丽），第三节（张潇云）；第四章第一节、第二节（邓智虎），第三节（帅飞飞）；第五章第一节（刘芳珍），第二节（梁舒婷），第三节（梁舒婷、刘芳珍）；第六章第一节（王璐璐），第二节（陈洁敏），第三节（黄芸芸）。

在本书的质性探究过程中，剑桥大学、中山大学、深圳大学等高校优秀研究生热心参与，深圳大学研究生院领导与同仁为课题立项、研究推进提供了大力支持。本书在出版过程中，得到了广东教育出版社黄春青原总编、郝琳琳总监、王燕行责任编辑始终如一的臂助。在此深表谢忱！

在研究过程中，参考了深度学习、研究生教育等相关研究成果，没有这些研究的启发，本书将难以面世。特别感谢！

编著者

2021年8月18日